天生就會跑
Born to Run

克里斯多福・麥杜格◎著
Christopher McDougall
王亦穹◎譯

天生就會跑

Born to Run

作　　者　克里斯多福・麥杜格（Christopher McDougall）
譯　　者　王亦穹
木馬文化社長　陳蕙慧
副總編輯　李欣蓉
讀書共和國出版集團社長　郭重興
發行人兼出版總監　曾大福
出　　版　木馬文化事業股份有限公司
發　　行　遠足文化事業股份有限公司
地　　址　23141 新北市新店區民權路 108-3 號 8 樓
電　　話　(02)22181417
傳　　真　(02)22188057
郵撥帳號　19588272 木馬文化事業股份有限公司
法律顧問　華洋國際專利商標事務所　蘇文生律師
印　　製　成陽印刷股份有限公司
三　　版　2019 年 10 月
三版2刷　2022 年 2 月
定　　價　360 元

國家圖書館出版品預行編目 (CIP) 資料

天生就會跑 / 克里斯多福 . 麥杜格 (Christopher McDougall) 著 ; 王亦穹譯 . -- 三版 . -- 新北市 : 木馬文化出版 : 遠足文化發行 , 2019.10
面 ;　公分
譯自 : Born to run
ISBN 978-986-359-644-8(平裝)
1. 馬拉松賽跑 2. 長跑 3. 運動員
528.9468　　108001843

善行無轍跡

——老子，《道德經》

第一章

孤獨才能與鬼魂同居。

——安．麥可斯，《即興篇章》（Anne Michaels, Fugitive Pieces）

這幾天以來，我一直在墨西哥的西馬德雷山區尋找一個神出鬼沒的人，他的名字叫「卡巴羅．布朗柯」，直譯就是「白馬」。我的追尋終於有了成果，在一個最意料之外的地方遇上了他：不是在傳聞中他經常出沒的荒野深處，而是在灰撲撲的沙漠小鎮，一間老舊旅館昏暗的大廳裡。

「沒錯，」櫃台接待人員用西班牙語邊說邊點頭：「白馬卡巴羅在這裡。」

「真的嗎？」不知道已經有多少次，我在其他很多古怪的地點聽別人說我「剛與他擦身而過」。我甚至開始懷疑，也許白馬這個人只不過是傳說，是本地人自己編造出來的尼斯湖水怪，專門用來嚇唬小孩，愚弄容易上當的美國佬。

「他總是在五點前出現。」接待員補充道：「就像儀式一樣固定。」

一種如釋重負的感覺讓我想擁抱她，又因為這份成功的喜悅而想要與她擊掌相慶。我看看手錶，我就快見到這個神秘的人物了，只要再過……等等。

「可是現在已經六點多了。」

接待員聳聳肩。「也許他走了。」

我頹然倒進一張舊沙發，全身又髒又餓，充滿挫敗；我不但筋疲力盡，而且一切的線索都用光了。

有人說白馬卡巴羅是個逃犯，還有人說他原本是拳擊手，在擂台上打死對手後自我放逐。他的真名與年紀無人知曉，大家也不知道他來自何方。他就像昔日美國西部的流浪槍手，所過之處留下的只有荒誕不經的傳說，還有一絲捲菸的味道。到處都流傳著關於他的描述與目擊故事，有些居地相隔極遠的村民發誓見過他在同一天內光靠跑步來回兩地。有關他本人外表的描述也相差極大，從「愛開玩笑又親切」到「怪裡怪氣又高大」都有。

白馬的傳說雖然版本很多，某些基本細節卻始終相同：多年前他抵達墨西哥，深入環境險惡的「銅峽谷」地區，與當地的塔拉烏馬拉族人（Tarahumara），一群近乎傳奇的石器時代超級運動員住在一起。傳說中的塔拉烏馬拉人很可能是全世界最健康、最安詳的一群人，也是有史以來最偉大的跑步者。

談到超長距離跑步這件事，塔拉烏馬拉人堪稱天下無敵：賽馬、獵豹、奧運馬拉松選手全都望塵莫及。很少有外人見過正在跑步的塔拉烏馬拉人，但種種驚人的故事在峽谷中早已流傳數百年，傳述著他們超人般的韌性與寧靜。曾有探險者發誓，他見過塔拉烏馬拉人空手徒步擒鹿，在奔逃的獵物身後不斷追趕，直到牠筋疲力竭後倒斃，「連蹄子都掉了下來。」另一名冒險者乘著驢子，花了十小時才越過銅峽谷一處山頭，但塔拉烏馬拉跑者卻可以在九十分鐘內完成同樣旅程。

曾經有位疲憊不堪的探險者累倒在一處山腳下，遇上一個塔拉烏馬拉女子。她遞給他一個葫蘆說：「喝一點吧。」裡面是濃濁的飲料。喝了幾口後，他驚訝地發現體內湧出新的活力，於是起身一舉越過山峰。這名探險者後來說，塔拉烏馬拉人還擁有某種配方，可以調製出特殊的精力食品，讓他們健康、強壯、銳不可當，只需幾口就可提供大量精力，足供他們整天奔跑不必休息。

不管塔拉烏馬拉人懷藏著什麼秘密，這些秘密未曾外流。到今日為止，這個部族的人仍然住在比鷹巢還高的峭壁邊緣，幾乎完全與外界隔離。峽谷區有如失落的世界，位於北美洲最偏遠的荒野，堪稱陸地上的百慕達三角洲，專門吞噬誤闖進去的社會邊緣人與亡命之徒。各式各樣的意外事件都可能在那裡發生，而且峽谷區內難關重重，就算能逃脫生吃活人的美洲豹、致命毒蛇還有殘酷烈日，你仍然得面對「峽谷熱」——一種可能致命的精神崩潰，起因是峽谷內絕望的恐怖。越深入峽谷，週遭的一切就越像教堂的墓穴，將你緊緊封閉起來。四周的牆壁逐漸靠攏過來，陰影蔓延，鬼魂的低語不斷迴響，每條出路似乎都被光禿禿的岩石阻斷。迷路的探險者承受著極大的瘋狂與絕望，最後可能會割斷自己的喉嚨，或是縱身跳下懸崖峭壁。也難怪很少有人見過塔拉烏馬拉族人的居所，更別說這些神秘人物本身了。

但不知怎地，白馬卡巴羅這個人卻能夠成功深入峽谷。他真是奇人中的奇人，傳說他在峽谷裡受到塔拉烏馬拉人接納，視為朋友與同志。他顯然身懷塔拉烏馬拉人的兩樣絕技——神出鬼沒與韌性堅強，因為儘管峽谷中到處有人目睹他的蹤影，卻似乎沒人知道他住在哪裡，也不知道下一刻他會在哪裡現身。每個人都告訴我，如果說世界上還有誰最清楚塔拉烏馬拉人的古老秘密，那就是白馬這位荒山獨行客了。

我一心一意想找到白馬卡巴羅，就連在旅館沙發上打瞌睡的時候，腦中也幻想著他的聲音。「聲音可能就像卡通裡的瑜珈熊在墨西哥速食店點捲餅吧……」我迷迷糊糊地想道。像他那樣的人，行跡遍及各處，卻到處格格不入，想必一向過著封閉的生活，連自己的聲音都難得聽見。也許他會說些怪異的笑話，然後自己笑得樂不可支；也許他會有響亮的笑聲，還有糟糕到讓人聽不懂的西班牙話口音。也許他聒噪又吵鬧……也許……

等等。這不就是他的聲音嗎？我猛然張開眼睛，眼前的男子膚色跟死人一樣蒼白，滿身泥土，戴著破爛草帽，正在和接待員閒聊。他枯瘦的臉上是一道道塵土的痕跡，就像印第安人出征前抹上臉的油彩。被陽光晒到褪色的頭髮從草帽底下亂蓬蓬地竄出，很可能只用獵刀修剪過。他看起來像遭遇船難漂流到荒島的流浪漢，儘管接待員滿臉無聊的樣子，他卻急切著想要和接待員說話。

「你是卡巴羅？」我啞著聲音問道。

蒼白的男人轉過頭，臉上帶著微笑，讓我覺得自己像個笨蛋。他看起來並不緊張，只是有點困惑。隨便哪個觀光客，遇上瘋子在沙發上突然大喊「白馬！」的時候，多半都是這個表情。這不是卡巴羅吧。根本就沒有白馬卡巴羅這個人。整件事是場騙局，我被耍了。

然後這個蒼白的男人開口了。「你認識我？」

「天啊！」我脫口歡呼，匆匆爬起身：「見到你我開心死了！」

他臉上的笑容消失，視線迅速投向門口，顯然準備下一刻就奪門而出。

第二章

這一切的開頭，是一個沒人能回答我的簡單問題。

這個問題只有八個字，卻引領我找到一張照片，裡面是個男人，穿著很短的裙子，跑得非常快。而從這張照片開始，接下來我找到的人、事、物越來越奇怪：我遇上一樁謀殺、販毒游擊隊，見到一個獨臂男人（他頭上綁著個奶油乳酪空罐）。我還見到一位美貌的金髮護林員，她自我救贖的方式是脫光衣服在愛達荷州的森林裡裸奔。此外，還有個綁馬尾的衝浪小姑娘，她闖進沙漠裡全速奔跑，完全不顧生死。而另一位年輕又有天份的跑者將會喪生，另外兩個也差點丟了一條小命。

我不斷搜尋，在搜尋過程中找到了赤腳蝙蝠俠、光屁股跑步男、沙漠裡的布須希曼族，聽聞了腳趾指甲拔除手術，以及一個熱衷長距離跑步與性愛派對的教派，還有藍脊山脈的野人。後來終於找到古老的塔拉烏馬拉族，和他們謎樣的門徒，白馬卡巴羅這個人。

最後，我那個簡單的問題，終於有了答案，但此時我也已捲入了世人前所未聞的終極跑步賽，一場秘密的終極賽事：當代最傑出的超馬跑者，對戰史上最強的超級跑步一族，賽場是一條五十英里的秘密小徑，除了塔拉烏馬拉人之外無人曾經踏上這條小徑。直到這場終極比賽的時刻我才驚訝地發現，《道德經》裡的古老教訓「善行無轍跡」，不是虛無縹緲的比喻，而是實實在在、關鍵無比的訓練守則。

一切都要從二〇〇一年年的一月說起。當時我問醫生：「我的腳為什麼會痛？」

我正向國內最頂尖的運動醫學專家求診，因為我的腳痛得就像有根無形的冰鑿往腳掌裡猛刺。之前一個星期的某天，我正在鄉間積雪的道路上進行簡單的三英里慢跑，突然我整個人痛得慘叫出聲，抓住右腳，在雪地裡搖搖晃晃高聲咒罵。我以為腳底被尖銳的石塊刺傷，要不然就是踩到雪地裡的舊釘子。冷靜下來之後我開始檢查傷勢，想知道血流得多不多。但我沒看見半滴血，鞋子上連個破洞都沒有。

「問題出在跑步。」幾天後，我一跛一跛走進了喬托格醫生在費城的診療室，而他證實了我的猜測。說他是這領域的權威一點也不誇張；喬托格醫生不但開拓了運動醫學的整片疆土，而且還是權威之作《跑步運動員》（The Running Athlete）一書的共同作者，該書是有關各種運動傷害的放射線掃描分析權威之作。這位名醫為我照了X光，看著我忍痛邁步，然後宣布我的骰骨受了傷，那是與足弓平行的一小簇骨頭，但直到它變成我疼痛的源頭，我才知道原來人體內有這些骨頭存在。

「可是我跑步的分量根本不算什麼，每隔一天才跑個兩三英里吧，而且地點還是泥土地，不是在柏油路上。」

都一樣。「人體不是被設計來這樣虐待的。」喬托格醫師回答：「尤其是你的身體。」

我很清楚他的意思。別人經常告訴我，以我一百九十五公分的身軀，一百多公斤的體型，天生就該乖乖坐著別動，要不然就該去幫總統擋子彈。我這種身體，不適合重重踩上人行道。年過四十以後，我也開始認同這些說法有幾分道理。這五年來我不太打籃球，改練長跑，後果是後腿肌腱撕裂（兩次），阿基里斯腱拉傷（不只兩次），腳踝扭傷（左右腳輪流遭殃），足弓疼痛（揮之不去），而且因為足跟酸痛，下樓梯的時候不得不倒退著、踮著腳尖走。現在看來，我腳上最後一個沒受傷的部位，顯然也加入了反叛陣容。

奇怪的是，撇開腳不談，我幾乎可說是擁有金剛不壞之身。身為雜誌《男性健康》的記者，又是《君子》雜誌「好動男子」專欄的原創作家之一，我的工作有大半時間是在從事半極限運動上。我曾乘腹部衝浪板越過四級急湍，搭滑雪板滑下巨型沙丘，騎登山腳踏車橫越北達可他州的荒野地區，還曾經為美聯社到全球三個戰區進行報導，在非洲最動盪、最危險的地區一待就是好幾個月，這些事全沒傷到我半根毫毛。但我一到街上跑個幾英里，竟然就突如其來痛得滿地打滾，彷彿被路邊飛來的流彈打個正著。

在其他運動項目中，這種洋洋灑灑的受傷記錄，必然代表我從事該項運動的能力不足。不過在慢跑這項運動中，這樣的慘狀實在稀鬆平常，真正奇怪的反而是那些從不受傷的人。每一年，每十個跑者當中就有高達八人受傷，無論你是胖是瘦，跑得是快是慢，是馬拉松冠軍或是只在週末跑得喘吁吁的門外漢，你和所有其他人一樣，全都有弄傷自己膝蓋、腳脛、後腿肌腱、髖部、腳跟的危險。下次排隊參加「感恩節火雞快跑」的時候，你不妨左右看一下：從統計上來說，你和左鄰右舍只有一個人能安然歸來，幾個星期後繼續參加「聖誕慢跑」。

任何預防措施都無法阻止這場腿部浩劫。你大可掏錢買鞋跟裝有金屬彈簧圈的跑鞋，或是買一雙利用微晶片調整氣墊的愛迪達鞋，但過去三十年來，受傷數字一點也沒下降過。真要說的話，反而還有緩慢上升的趨勢，例如阿基里斯腱斷裂的比率就增加了百分之十。跑步似乎成了健身界的酒駕：你可以躲過一時，甚至還能享受一點樂趣，但慘劇隨時在轉角處等著你。

對於這種現象，運動醫學或許會譏諷為「根本不是什麼新鮮事」，或者用醫學文獻裡常見的委婉說法是：「運動員所從事的運動若包含跑步之動作，可能會使得腿部承受重大壓力。」《運動傷害論壇》就曾經斷言：「腳步每次落地，衝擊強度都超過跑者體重的兩倍。乍看之下堅不可摧的岩石，不斷捶打後最終還是會化為粉末；跑步帶來的衝擊最後也會毀掉你的骨頭、軟骨、肌肉、肌腱、韌帶。」據美聯社報導，骨科醫生認為長距離跑步是「嚴重危害膝蓋健康的行為」。

這種可怕的行為，衝擊的不是「堅不可摧的岩石」，而是身體最敏感的部份之一。你知道貫穿腳部的神經是什麼來歷嗎？它們跟你的生殖器官神經屬於同一個網絡。你的腳就像兩只小水桶，裡面裝滿了感覺神經元，每個神經元都四處伸展，不斷偵測感覺與刺激。一旦出現了輕微刺激，神經脈衝便飛快地傳遍整個神經系統，只需在腳底搔癢，就能讓神經線路超載，造成全身抽搐。

難怪南美洲的獨裁者對付不肯開口的囚犯時，特別喜歡從腳下手。酷刑「打腳掌」是將受刑人頭下腳上綁起來，鞭打他們的腳底板，這把戲由西班牙宗教法庭首先發明，後來全世界每個變態的虐待狂都熱愛這招，高棉的赤柬與海珊邪惡的兒子烏代尤其熱衷此道，因為他們有點解剖學知識，知道腳底與腦部瞬間交換訊息的能力，只有臉部與手掌差堪比擬。腳趾頭感受到最輕柔的撫觸或最細小的沙粒時，趾頭上的神經就跟嘴脣與指尖一樣靈敏。

「難道這種疼痛完全沒辦法醫嗎？」我問托格醫生。

他聳聳肩。「你可以繼續跑步，但只會因為相同的問題不斷回來找我。」他邊說邊輕彈手裡的針筒，滿滿一筒的可體松發出滴滴輕響，等等他就要把這玩意注進我腳底。我還必須另外訂做矯正鞋墊（四百美元），裝進我的動作控制慢跑鞋（要價一百五十美元起跳，我需要兩雙交替著穿，所以是三百）。但這一切都只能暫緩荷包真正大失血的時刻：那就是遲早會到來的下次門診。

「想聽聽我的建議嗎？」最後他做出結論：「買台腳踏車吧。」

我向他道謝，答應會照他的建議去做，然後馬上背著他去找別的醫生。托格醫生年紀畢竟有點大了，也許他太保守，注射可體松的時機也太快了點。有個當醫生的朋友向我推薦一位專看運動傷害、自己也是馬拉松跑者的足科醫生，所以我預約了隔週的門診。

這位足科醫生又替我照了一次X光，然後用他手掌大拇指按我的腳。「你應該是得了骰骨症候群。」他做出結論：「我可以幫你注射可體松消炎，但你得開始穿矯正鞋墊。」

「該死。」我咕噥道。「托格也是這麼說。」

他正要離開房間去拿針筒，聽到我的話時猛然停住。「你已經去找過喬托格了？」

「沒錯。」

「你也注射過可體松了?」

「是啊。」

「那你來這裡做什麼?」他問道，顯得不耐煩而且疑神疑鬼，彷彿認為我一定愛死了針頭刺進腳底最敏感部位的感覺。也許他懷疑我是個有被虐狂的毒蟲，對疼痛與止痛藥上癮。

「你知道托格醫師是運動醫學教父吧?他的診斷一向備受尊重。」

「我知道。只是想再確認一下而已。」

「我這針就不打了，但是我們可以約個時間訂做鞋墊，你也該認真考慮一下，找個慢跑之外的運動。」

「好主意。」我回答道。我一輩子也趕不上這位醫生慢跑的功力，而且他剛剛才證實了托格醫生的診斷，也承認托格是運動醫學界的大老，看法不容質疑。所以我開始尋找下一個醫生。

其實我不是冥頑不靈，我對慢跑也沒那麼熱衷。如果把我所有慢跑的里程加起來，其中大概有一半是在乏味無聊與疼痛中度過。但儘管我已經二十年沒有重讀《蓋普眼中的世界》這本小說了，卻一直忘不了書中一個小片段——也許這就是我執著的原因之一。你絕對猜不到是哪一段:我印象最深的是主角蓋普上班到一半時，衝出門外就開始跑上五英里的情景。這個場景當中有某種很容易引人共鳴的元素，因為跑步結合了人類最本能的兩種衝動:恐懼與愉悅。我們在害怕時奔逃，也在狂喜時奔跑;我們奔離危機，也純粹因為取樂而奔跑。

社會情勢最嚴峻的時候，我們跑得也最多。美國曾經出現過三次長跑熱潮，每次都是在發生全國危機的時候。第一次風潮發生在大蕭條時期，超過兩百位跑者在全美路跑大賽中一天進行四十英里賽程，成功帶起了跑步風氣。之後慢跑沉寂下來，直到一九七〇年代早期才又燃起火花，當時美國正努力從種種危機中振作，包括越戰、冷戰、種族暴動、犯法的總統，還有三位備受敬仰的社會領袖遭到暗殺。第三次風潮何時興起呢？在九一一攻擊後一年，山徑慢跑（trail-running）突然成了全國成長最快的戶外活動。也許一切只是巧合，但也許人類心理中有某個機制，某段觸發反應的編碼，會在察覺危機逼近時，啟動最原始也最強大的求生技能。從釋放壓力與感官愉悅的角度來看，人類在生命歷程的很早期、早在我們能夠享受性愛之前很久，就已經先開始享受跑步了。一切與跑步相關的裝備與欲求，早在我們出生時就已配備齊全，只待我們縱身出發，不斷奔跑。

這才是我要找的東西。我要的不是裝在鞋跟裡的昂貴塑膠塊，也不是每月必須注射一次的止痛劑；我要的是可以讓我盡情奔跑，卻又不會遍體鱗傷的方法。我對慢跑沒有特別興趣，但我希望自己能跑。所以我又找了第三個醫生：艾琳・戴維斯，生物力學專家，也是德拉瓦大學運動傷害專科診所的主任。

戴維斯醫生要我踩跑步機，先是赤腳，然後又換了三種不同的跑鞋。她要我慢走、小跑、盡全力跑，然後又要我在測力板上來回跑，測量腳步落下時衝擊的程度。最後她將錄影放給我看，嚇得我目瞪口呆。

在我的想像中，我自己應該像個狩獵的印第安人一樣輕巧敏捷。但螢幕上出現的我卻是學探戈學不成的科學怪人，整個身體時起時落，腦袋超出了畫面之外，兩手來回揮舞，像是在本壘板宣佈安全上壘的裁判。十三號尺寸的大腳重重落地，咚咚作響，整個影片簡直像是有曼波鼓配音一樣。

這還不夠糟。戴維斯醫生按下了慢速播放鍵，好讓我和她可以慢慢欣賞我的右腳如何扭曲，左膝如何下沉，背部如何弓起猛烈抽搐，有如癲癇發作，亟需別人在我嘴裡塞個皮夾叫我咬緊，然後開始求救。請看我這副德性，全身上下跳動，左搖右擺，彷彿是上鉤的魚兒正在猛力掙扎。我到底是如何完成「往前跑」這個簡單動作的？

「好吧，」我問道：「到底該怎麼跑才對？」

「真是個經典問題。」戴維斯醫生回答。

經典問題的經典答案是什麼呢？這就沒那麼好回答了。也許我可以將背再挺直一點，如果用多肉的腳掌、而非骨頭較多的腳跟著地，也許可以多吸收一點衝擊。不過……這樣也只不過解決了現有的問題，還可能引出新的麻煩。用新的步法跑步可能對腳跟與阿基里斯腱帶來不習慣的衝擊，然後又搞出一堆新傷。

「跑步對腳的傷害很大。」戴維斯醫生表示。她的口氣既委婉又遺憾，我聽得出其中的弦外之音。「對你的腳傷害尤其嚴重。你個子太大了。」

我又回到了原點。這幾個月來我向不同的專科醫師求診，不斷在網路上搜索生理學的資料，問題卻始終像鬼打牆一樣，不斷重新出現在我面前：

我的腳為什麼會痛？

因爲跑步不適合你。

我為什麼不適合跑步？

因爲跑步會讓你腳痛。

但到底為什麼？羚羊沒有脛骨骨膜炎，野狼不會冰敷膝蓋。我才不相信每年有百分之八十的北美野馬因為腳部衝擊無法奔馳。這讓我想起一句話，據說是英國跑步名將羅傑．班尼斯特說的。這人一邊唸醫學院，一邊從事臨床研究，一邊練習講出言簡意賅的雋語，然後還成了世上第一個在四分鐘內跑完一英里的人。他說：「在非洲，每天早上都有瞪羚醒來，知道自己必須跑得比最快的獅子還快，否則就會被吃掉。每天早上也有獅子醒來，知道自己一定要跑得比最慢的瞪羚還快，否則就會餓死。不管你是獅子還是瞪羚，每天太陽一出來，你最好趕快開始跑。」

地球上所有其他哺乳動物都仰賴自己的腿求生，為何唯獨我們人類例外？再仔細想想，為什麼像班尼斯特這樣的人可以每天衝出實驗室，穿著薄薄的皮拖鞋沿著堅硬的灰渣跑道練習，不但跑得越來越快，而且從不受傷？為什麼有些人每天太陽一出來就到外頭跑步，跑得像是獅子或班尼斯特，其他人若不注射一大堆止痛消炎藥，就沒辦法把腳放到地上走路？

這些都是好問題，不過我很快就會發現，唯一知道答案、且唯一將答案身體力行的那些人，從不開口。

尤其不會對像我這樣的人開口。

二〇〇三年冬天，我到墨西哥進行採訪，偶然翻閱起一本西班牙文的旅遊雜誌。突然間被一張照片吸引，那是耶穌沿著落石堆往下跑的照片。

仔細一瞧我才發現，照片裡的人不是耶穌，不過他穿的卻是長袍與涼鞋，正從碎石堆上往下衝。我開始努力判讀那段西班牙文字，卻搞不懂句子為什麼用現在式來寫。內容似乎是某個亞特蘭提斯傳說，與一個智慧出眾、已然滅絕的超人帝國有關。後來我才慢慢弄清楚，我的解讀有兩個地方大錯特錯：帝國並未滅絕，傳說也非全然不可信。

當時我人正在墨西哥。為《紐約時報雜誌》尋找一名失蹤歌手，還有她所創設的洗腦邪教。但跟雜誌上那篇文章比起來，我自己的報導突然顯得乏味異常。行跡詭異的流行歌手不過是一時話題，但塔拉烏馬拉族人卻歷久長存。這個獨自隱居在神秘峽谷裡的小部落與外界毫無聯繫，卻似乎解決了人類所有已知的困擾。不管你追求的是精神、肉體或是靈魂的完美，塔拉烏馬拉人似乎都已經在這些領域上無懈可擊，彷彿他們已經把居住的山間洞穴偷偷改造成諾貝爾和平獎得主的培育房，從中孕育出的每個人都致力於消除世上的仇恨、心臟病、脛骨骨膜炎還有溫室氣體。

塔拉烏馬拉族的居地內找不到罪行、戰爭，也沒有竊盜行為。沒有貪汙、肥胖、用藥成癮、貪婪、家暴、虐兒行為、心臟病、高血壓，也沒有二氧化碳排放問題。他們沒有糖尿病、憂鬱症，甚至不會老，五十來歲時還可以跑得比十幾歲的人快，八十歲的老爺爺也可以長程攀山越嶺。他們幾乎不會得癌症，而且還把聰明才智發揮到經濟事務上，發明一種獨一無二的金融系統，以酒與慷慨的助人行為作為貨幣；在他們的金融體系中流通的不是金錢，而是恩惠與大桶的玉米啤酒。

在一般人的想像裡，由酒精與免費善行為基礎的經濟系統，最後必然淪為醉鬼的整日狂歡，每個人都左右開弓持杯狂飲，就像狂吃賭城自助餐的破產賭徒。但這套系統在塔拉烏馬拉族人之間卻運作良好，這也許可歸功於他們不但勤奮，而且異常誠實。一名研究者甚至大膽推測，塔拉烏馬拉人的誠實傳統已經根深蒂固到了一個程度，也許他們腦內的化學機制已經無法再說謊了。

成為地球上最善良、最快樂的一群人還不夠，塔拉烏馬拉人還是最強悍的一群。能與他們超人般的寧靜相媲美的，只有他們對痛苦與「lechuguilla」的忍耐力——一種用響尾蛇屍體與仙人掌汁液釀成的可怕龍舌蘭酒。據少數親眼見過塔拉烏馬拉人狂歡的外人表示，狂歡者到最後情緒變得極為高亢，已婚女子彼此扯掉上衣，展開上空摔角，一名咯咯笑的老人則在她們身旁打轉，一面用玉米桿戳她們的臀部。已婚男子眼神空茫直視前方，癱坐在一旁。族人居住的銅峽谷地區每逢收穫季節，歡樂的氣氛甚至連墨西哥著名的觀光海灘坎昆也會相形失色。

如此狂歡整晚後，塔拉烏馬拉人會在隔天早上自動自發來場大賽跑，距離不只兩英里，長度不只兩小時，而是足足持續兩天。根據墨西哥歷史學家奧馬達的記述，一名塔拉烏馬拉跑步冠軍曾經一口氣跑了四百卅五英里，相當於從紐約市出發，一路馬不停蹄跑到底特律。據說其他塔拉烏馬拉跑者可以輕易跑上三百英里，相當於在馬拉松賽中來來回回跑上十二趟，看著太陽昇起、落下、再度昇起。

他們跑的不是鋪過的平坦道路，而是陡峭又忽上忽下、全由他們雙腳踩出來的峽谷小徑。傳奇腳踏車選手蘭斯．阿姆斯壯是史上耐力最強的運動員之一，不過他第一次參加馬拉松賽時也是慘不堪言，幾乎每英里都要補充能量凝膠，卻還是差點跑不完。跑完紐約市馬拉松賽後他傳簡訊給前妻：「唉，我的媽呀！慘斃了。」而塔拉烏馬拉人居然可以一跑就是他的十二倍距離？

一九七一年間有一位名叫葛倫的美國生理學家深入銅峽谷地區，他對塔拉烏馬拉人的體能大感吃驚。在歷史上必須一口氣回溯二千八百年，才找得出足以與這族人相比較的例子。「大概從古代的斯巴達人以後，就再也沒有其他人有如此超卓的體能。」這是葛倫博士在《美國心臟期刊》裡發表研究時的結論。但塔拉烏馬拉人跟斯巴達人有一點不同：他們的心腸跟佛菩薩一樣慈悲，並沒有把超凡的體力拿來攻擊彼此，而是用於和平共處。芝加哥大學的人類學家、專研塔拉烏馬拉族的丹尼爾．諾維克博士表示：「就文化上來說，塔拉烏馬拉族仍然是未解的一大謎題。」

塔拉烏馬拉族的確非常神秘。事實上，就連這個族名也只是個假名。他們真正的名字是拉拉穆里（Rarámuri），意為奔跑一族。至於塔拉烏馬拉這個名字，則是不懂他們語言的西班牙征服者所發明，沒想到最後卻取代了本名，因為拉拉穆里人如其名，寧可跑遠也不願多費口舌解釋。這一族人對抗侵略的一貫方式就是拔腿逃開。多年來他們飽受騷擾，一開始是西班牙征服者柯提茲帶著武裝入侵者踏入他們的故土，後來又有十九、廿世紀之交的軍閥潘丘．維拉與當代墨西哥毒梟的入侵。塔拉烏馬拉人對攻擊的回應就是跑得越來越快、越來越遠，直到沒人追得上，而他們也越來越深入銅峽谷。

「天啊，他們的紀律一定嚴格到驚人。」我暗想。「完全的專注與集中，就像是奔跑的少林武僧。」

倒也不然。塔拉烏馬拉人偏好的是嘉年華般熱鬧的長跑。若要討論飲食、生活方式與意志力的話，他們恐怕會讓田徑教練的臉色大變。他們喝起酒來像是每個星期都在過年，一年內喝下大量的玉米啤酒；成年的塔拉烏馬拉人當中，每三天就有一天不是醉醺醺、就是正從酒醉中醒來。他們跟運動員阿姆斯壯不同，不靠富含電解質的運動飲料恢復精力，也不在訓練之間特別補充高蛋白營養棒。事實上，他們幾乎不攝取蛋白質，平常只吃玉米粉，再配上他們最喜歡的野味——烤老鼠。賽跑時塔拉烏馬拉人不搞集訓或減量訓練，不做伸展操也不暖身，只是慢慢逛到起跑線，邊閒聊邊說笑……然後一口氣跑他個四十八小時。

他們爲什麼不會受傷殘廢？我感到非常疑惑。整件事就像報表裡出現了錯誤數字：我們擁有尖端科技跑鞋和特製鞋墊的現代人，不是應該更能毫髮無傷地奔跑嗎？而塔拉烏馬拉人跑步量比我們多出許多，跑步的環境比我們更惡劣，腳上穿的幾乎稱不上是鞋，受傷率不是應該高得多嗎？

他們的腳比較強壯，因爲他們跑了一輩子，我心想，然後馬上發現自己的想法有錯誤。**如果這樣的話，他們受傷的機會應該更高：如果跑步對腳不好，跑得越多應該傷得越重。**

我把報導丟到一邊，心裡既好奇又惱怒。塔拉烏馬拉人看似極為落後，卻又違反一切既有的概念，就像禪師的機鋒一樣，讓人氣餒又摸不著頭腦。最強悍的人反而最溫和；飽經摧殘的腿反而跑得最快；最健康的人飲食偏偏最不均衡；不識字的民族反而最有智慧；生活最困苦的人反而過得最快活……

跑步又跟這一切有什麼關係？世上最有智慧的民族恰好也是跑得最快的一群人，這難道只是巧合嗎？過去的人若想追求真理，就必須攀登喜馬拉雅山，才能得到真正的啟發。而我突然想到，若想搞清楚這一切，我只需要越過德州邊境就成了。

第三章

從德州何處越過邊境，這倒是頗費人思量的事情。

雜誌《跑者世界》要我想辦法進入銅峽谷，尋找塔拉烏馬拉人。但開始搜尋這些幽魂般的部族人物前，我得先找個尋鬼專家協助我。人家告訴我，薩瓦多・奧爾金是這個任務的不二人選。

薩瓦多白天在銅峽谷邊緣的拓荒小城瓜卓契市擔任政府職員，晚上則在酒吧裡的樂隊擔任歌手，而他的外表與工作倒也相稱：啤酒肚加上漆黑的眼珠，嘴裡彷彿咬著玫瑰般的英俊相貌，的確很搭配像他這種把時間平均分配給辦公桌與酒吧高腳椅的男人。不過薩瓦多有個兄弟，就與他大大不同，堪稱是墨西哥教育系統裡的奇人印第安那瓊斯。每年這位兄弟都在驢子上載滿鉛筆、作業本，披荊斬棘進入銅峽谷地區，為峽谷底部的學校補充存貨。薩瓦多本身也喜愛冒險，所以他也會偶爾丟下工作，陪著兄弟走上一遭。

「沒問題，老兄。」我找到他時，他馬上這樣對我說：「我們可以去找阿納佛・昆馬利。」

如果他話就說到這裡，我一定會樂翻。先前在找嚮導時，我早就聽說整個塔拉烏馬拉族裡面，阿納佛是目前腳步最快的跑者，而他一家子堂表姻親兄弟姪兒幾乎都與他不相上下。我原本想都不敢想可以直接找到昆馬利家族的神秘小屋。問題是，薩瓦多的嘴巴沒停下來，他還在繼續講。

「我滿確定自己找得到路。」他繼續說：「雖說我自己從來沒到過那裡。不過管他的，到最後總是找得到路的。」

這番話本來應當讓我大失信心的，但跟其他我問過的人比起來，薩瓦多已經算是超級樂觀了。四百年前，塔拉烏馬拉人逃到了人跡罕至的地方，從此便努力研究如何讓別人找不到他們。到今天，許多塔拉烏馬拉人仍住在懸崖側面的山洞裡，靠長竿爬上洞口。一旦進了洞口，收起長竿，他們便彷彿消失在岩石裡。還有些人住在偽裝得極為巧妙的小茅屋裡。著名的挪威冒險家卡爾・倫霍茲在銅峽谷探險時，①有次經過一整個塔拉烏馬拉村莊，卻完全沒發現任何住屋或人類的行跡。後來得知村莊存在，才讓他大吃一驚。

倫霍茲堪稱蠻荒探險的一把老手，一八九〇年末期進入塔拉烏馬拉人居地前，他曾經花了好幾年與婆羅洲的獵頭族共同生活。因此不難想像，他在墨西哥的時候信心受到了多大打擊：辛辛苦苦橫越沙漠，冒死攀登懸崖，好不容易到了塔拉烏馬拉人的居地……

卻什麼也沒發現。

倫霍茲在《神秘墨西哥：西馬德雷山區部落五年探險記》中寫道：「這些山脈啟發了我的靈

魂，但在這些崇山峻嶺當中跋涉，也耗盡了我的體力與耐力……除非親身造訪過這些山脈，否則你無法理解，也無法體會旅程中必然面臨的困難與焦慮。」

要體會這種辛苦，條件是你到得了這些山區。「乍看之下，塔拉烏馬拉人的居地似乎根本無從進入。」法國劇作家安東尼．亞陶這麼抱怨：「運氣最好的時候，頂多也只有幾條幾乎認不出來的小徑，而且每往前進二十碼，道路似乎就自動消失了。」一九三〇年代他費盡千辛萬苦進入銅峽谷，目標是尋找傳統巫醫的智慧。亞陶和嚮導好不容易才找到一條路，卻發現想走這條路，需要過人的膽識。原來塔拉烏馬拉人有個基本原則，那就是如果想甩掉跟蹤者，最好的辦法就是選一條只有瘋子才敢跟上來的路。族人的路線蜿蜒在陡峭的地形上，踏上去根本就是找死。

一八八八年，一名叫做費德里克．舒亞卡的冒險者在銅峽谷探險筆記中寫道：「踏錯一步路，就可能摔落兩三、百呎深的峽谷底部，搞不好連個全屍都沒有。」

這位舒亞卡並不是什麼風花雪月的浪漫詩人。他是美國陸軍中尉，打過邊境戰爭，後來與印第安蘇族人共同生活，從事人類學研究。「死無全屍」對他來說並不陌生。他曾挑戰當時各種最險惡的環境，包括兩年嚴酷的極圈之旅。但進入銅峽谷後，連他也得重新修正自己的觀念。他眺望這個漫無邊際的荒野時，感到由衷的激動與贊嘆：「馬德雷山區荒涼未知的曠野實在是壯麗脫俗，就算與安地斯山脈或喜馬拉雅山巔相較，也毫不遜色。」不過看完壯麗的景致，他馬上感到高度疑惑：「這些人的孩子是如何在懸崖上長大，卻沒有全部摔死？這真是這群怪人最神秘的本事。」

在今天，網路已經讓世界縮小成地球村，Google衛星影像更讓你能窺視遠方陌生人的後院，但維持傳統生活的塔拉烏馬拉人仍然跟四百年前一樣難以捉摸。一九九〇年代中期，有個探險隊深入銅峽谷內部，隊員突然感到坐立不安，彷彿有看不見的眼睛正在窺視他們。

「我們的小隊在銅峽谷裡持續前進好幾小時，連個人影都沒看見。」一名成員寫道：「突然間，就在峽谷深處，比大峽谷還深的底部，我們聽見塔拉烏馬拉人的鼓聲回音。簡單的鼓聲，一開始很微弱，很快就越來越強。回音在崖壁的岩石間迴盪，很難聽清楚數目與真正位置。我們問當地嚮導他們在哪裡。她回答：『誰知道呢？塔拉烏馬拉人要是不想被發現，誰也別想看到他們。』」

我們坐上薩瓦多牢固可靠的四輪傳動卡車出發時，月亮還高掛天上。太陽升起時，我們早已離開柏油路，正沿著一條泥土路搖搖晃晃前行，這路線看起來不像道路，反倒像小溪的河床。我們盡可能用低檔，引擎發出呻吟聲，一路顛簸前進，彷彿捲入海上暴風雨的貨船。

我本想用地圖與指南針記下路線，但有時我還真分不出薩瓦多是故意轉向，還是真的想繞過某個從山下滾下的大石頭。反正沒過多久，都沒差別了，不管我們身在何處，早已遠離已知的世界。我們仍然順著林中的狹窄通道曲折前進，但地圖上除了一整片無人跡的森林外，什麼都沒標記。

「這裡種了好多大麻。」薩瓦多邊說邊指向環繞我們附近的山丘。

要在銅峽谷執法巡邏，是完全不可能的事，所以這裡成了兩個敵對毒閥的根據地：「洛斯齊塔」與「新血幫」。兩股勢力都網羅了退役的特種部隊士兵，而且心狠手辣。洛斯齊塔最惡名昭彰的暴行就是將不合作的警察活活塞進燃燒中的柴油桶，還有將抓到的敵人餵給幫內吉祥物——一隻孟加拉虎。慘叫的受害者斷氣後，他們便將燒焦或被啃爛的頭顱小心翼翼收拾起來，當作宣傳樣品，或是用來標記勢力範圍。比方說，某個毒幫曾將兩名警員的腦袋戳在木樁上，立在政府機關外，旁邊用西班牙文寫著「認清誰才是老大」。然後在同一個月，他們還把五顆人頭丟進擠滿人的舞池正中央。儘管我們目前所在的位置還只是銅峽谷邊緣地帶，平均每個星期仍然出現六具左右的無名屍體。

但薩瓦多好像不在乎，只管繼續往前開進叢林，一邊嘀咕著抱怨一個名叫瑪莉亞、似乎非常麻煩的女人。突然間他猛然閉嘴，迅速按掉車裡的卡帶音響，眼睛緊盯前方。在前方的煙塵當中，一台車窗全黑的紅色道奇卡車正迎面駛來。

「毒幫份子，」他喃喃說道。

確實是毒幫。薩瓦多將車子盡可能往右側的懸崖邊緣靠，畢恭畢敬放開了油門，從原本大約每小時十英里的時速降到完全停止，努力讓出每一吋路面給紅色的道奇大卡車。

「我們不敢招惹你們，」這是薩瓦多表達的訊息：「只是在處理一點自己的事，跟大麻沒有關係。拜託你們不要停下來……」萬一他們堵住我們的去路，一湧而出，用來福槍指住我們，逼我們慢慢清楚交代來意呢？我們是否能說清楚，自己為什麼要他媽的大老遠跑到墨西哥的大麻重地？

實話是絕不能說的，否則我們就死定了。除了警察外，墨西哥毒幫最痛恨兩種人：歌手和記者。這裡說的不是俚語中常用的「歌手」——告密者或諂媚者，而是貨真價實、彈吉他唱情歌的歌手。過去一年半以來，已有十五名歌手遭到毒幫處決，其中包括樂團「佩瑪與罪人」二十八歲的美貌女主唱佩瑪。她在演唱會後遭人射傷，但並未當場斃命，槍手隨後追殺至醫院，她的手術才剛結束，還沒復原就命喪槍下。一位帥哥藝人艾利薩德跨過邊境前往德州麥卡倫市表演，卻遭AK47步槍掃射身亡。戈麥斯獲得葛萊美獎提名後不久即遭殺害，行刑者先是點火焚燒他的下體，將他勒死後丟到大街上。這些藝人為什麼會成為毒幫的目標？沒有人知道。只能說也許禍根是他們的名氣、外貌與天賦。他們威脅到毒幫老大對自己地位的信心，所以才慘遭毒手。

毒幫對歌手採取無法預測、毫無原因的殘殺，也許只是出於一時高興，不過對付記者可就全是公事公辦了。有關毒幫的報導會被轉載到美國報紙上去，讓美國政治人物大大丟臉，緝毒署因此承受壓力，更賣力進行掃毒。被惹火的洛斯齊塔就曾朝媒體編緝部裡丟手榴彈，甚至還派殺手越過美國邊界，追殺礙事的記者，過去六年內有三十名記者喪生。有天墨西哥維亞艾摩沙市當地報紙的總編輯在辦公室外發現一顆低階緝毒士兵的人頭，上面有張紙條：「下個就是你。」命喪毒幫的記者人數實在太多，墨西哥記者在殉職或被綁架排行榜上高居第二，僅次於伊拉克。

現在我倆自投羅網，居然以歌手和記者的身份大搖大擺開車進了他們後院，這些毒梟可省下不少麻煩。我趕快把筆記本塞進褲子底下，匆匆看了一下前座，想再多藏點東西，不過看來是沒救了，車裡到處都是薩瓦多和樂團灌錄的帶子，我皮夾裡有一張簇新的媒體證，腳下的背包裡裝滿了錄音機、原子筆，還有一台相機。

紅色道奇卡車從我們身邊開過。今天是個明朗的晴天，吹著清涼又帶著松針香氣的微風，但卡車卻緊閉窗戶，神秘的乘員全都躲在塗得漆黑的玻璃後面。卡車減速了，引擎發出轟轟的聲響。

繼續開吧，我在腦海裡不斷複誦，**不要停不要停不要停……**

卡車停下來了。我不敢轉頭，只能用力將眼珠轉向左邊偷瞧。薩瓦多也直視前方，雙手在方向盤上靜止不動。我將眼神重新投向前方，絲毫不敢動彈。

我們坐著不動。

他們也坐著不動。

我們悄無聲息。

他們也悄無聲息。

一週六件謀殺案。我心裡想道。連老二都被燒掉。我彷彿見到自己的腦袋滾進奇瓦瓦市的舞池地板，女人的細高跟鞋驚慌地從旁踩過。

突然間，引擎聲再度劃破空氣，我的眼神再度轉向左邊。紅色道奇大卡車重新發動了，轟隆隆地從旁駛過。

薩瓦多盯著側邊照後鏡，直到死神的卡車在滾滾煙塵中消失。然後他重重一拍方向盤，再度大聲扭開唱著「唉耶耶」的卡帶音樂。

「好極了！」他興高采烈地大喊。「迎向更多冒險吧！」

原本我整個心臟緊緊揪住，幾乎可以夾破胡桃硬殼，現在開始慢慢放鬆，可惜時間並不長。

幾個小時後，薩瓦多用力踩下煞車，然後掉轉方向，猛然向右駛出崎嶇不平的小徑，開始在林木間穿梭。我們越來越深入樹林，輾過吱嘎作響的松針，有時駛過的坑洞實在太深，讓我的頭直撞上車頂。

四週的樹木越來越濃密，薩瓦多也越來越安靜。自從遇到死神卡車以來，他首度關掉了音樂。剛開始我還以為他想享受樹林裡的孤寂與安靜，所以我也想放輕鬆，和他一起欣賞周圍環境。但等我終於打破寂靜發問時，他卻只悶哼了兩聲。我猜到發生了什麼事：我們迷路了，而且薩瓦多不想承認。我更仔細盯著他的動作，發現他放慢速度，察看樹幹，彷彿樹皮上刻著無字天書，可以從中破解出一幅地圖。

「麻煩大了。」我開始認清事實。全身而退的可能性大概只有四分之一，另外還有三種可能性：其一，大剌剌開回洛斯齊塔毒幫的地盤；其二，在黑暗中車子墜入懸崖；其三，在荒郊野外亂轉，直到我們吃光乾糧，其中一人把另一人吃下肚。

然後，就在日落時，我們目睹了彷彿超自然的奇景。

我們駛出樹林，眼前出現一大片峽谷。大地上的裂縫如此深廣，另一端看起來彷彿處於不同的時空裡。往裂縫底下看時，當初天翻地覆的能量似乎還凝結在石塊中，彷彿哪個憤怒的神祇打算毀滅地球，將整個星球劈裂了一半又回心轉意。眼前是二萬平方英里的曠野，到處是扭曲的峽谷，比美國的大峽谷更深，更廣。

我走到懸崖邊緣，心臟忍不住開始狂跳。若不小心墜落下去，落到底部的時間可能是……無窮無盡。在遙遠的下方，鳥兒正在盤旋，隱隱可以看見底部的急湍，彷彿老人手臂上細細的藍色靜脈。我的胃開始抽緊。這怎麼可能下得去？

「總有辦法的。」薩瓦多向我保證。「塔拉烏馬拉族人整天爬上爬下。」

這種話沒辦法鼓勵我，所以薩瓦多又想出別的話來安慰我。「嘿，陡一點比較好。下去的路這麼難走，毒幫不會在那裡打轉的。」

我不知道他是說真的，或只是撒個謊讓我振作。再怎麼說，他總該比我熟門熟路吧。

①Carl Lumholtz，一八五一—一九二二，曾在澳洲、墨西哥等地探險，並曾與塔拉烏馬拉族人共同居住過一年，寫成兩巨冊《神秘墨西哥：西馬德雷山區部落五年探險記》（Unknown Mexico: A Record of Five Years' Exploration Among the Tribes of the Western Sierra Madre），於一九〇二年出版。

第四章

兩天後，薩瓦多丟下背包，擦擦滿臉大汗，說道：「到了。」

我看看四周，除了石頭和仙人掌什麼也沒有。

「到哪裡了？」

「就是這裡呀，」薩瓦多說：「阿納佛和他親戚就住這裡。」

我不懂他在說什麼。就我視線所及，這裡跟過去幾天來我們跋涉經過的荒野完全一樣，就像蠻荒星球。自從兩天前把卡車停在峽谷邊緣後，我們一路連滾帶爬，總算抵達峽谷底部。剛開始能在平地上行走讓我鬆了一口氣，不過好景不長，隔天早上我們直接下水，逆流前進，卻發現兩岸高聳的岩壁越逼越近，我們在河裡只能勉強從中間擠過，奮力向前，一邊將背包頂在頭上，在深及胸口的河水往前推進，高聳的岩壁後方，太陽不見了，我們在潺潺流水聲與一片黑暗中一吋吋向前進，彷彿正慢慢走進海底。

最後薩瓦多在濕滑的岩壁上看到一道縫隙，我們從那裡爬到另一頭，河道現在已經在我們身後了。不過第二天還沒過完一半，我就開始懷念起陰森森的黑暗水道了。火辣辣的太陽迎頭高照，四周除了光禿禿的石頭什麼都沒有，斜坡爬起來簡直就像不銹鋼溜滑梯。最後薩瓦多終於停下，而我則靠在石頭上喘息。

「該死，他可真耐操。」我心想。薩瓦多晒黑的臉上大汗淋漓，但他卻還站得住，臉上帶著怪異的表情，似乎在期待著些什麼。

「怎麼了？」我問道。

「他們就在這裡。」薩瓦多邊說邊指向一個小山丘。

我連忙起身，跟著他穿過一道岩間縫隙，然後發現眼前有個黑黑的出入口。小山丘其實是座小茅屋，用泥磚蓋成，然後偽裝成山丘的外形。除非真的整個人爬上去細看，否則根本無從發現。

我重新看了四周，想看看自己是不是錯過了其他偽裝的小屋，但不管朝哪個方向看去，都沒有其他人類生活的蛛絲馬跡。塔拉烏馬拉人就是這麼喜歡離群索居，甚至連族人彼此之間也離得遠遠的。就算同一個村莊的人也希望鄰居住遠一點，最好看不見彼此的炊煙。

我張口想叫嚷，然後又閉上嘴巴。黑暗中已經有人站在那裡，正看著我們。然後，阿納佛・昆馬利，整個塔拉烏馬拉族裡最受敬畏的跑者，踏出屋外。

「Kuira-bá，」薩瓦多用他唯一知道的塔拉烏馬拉話問候。這句話的意思是「我們都是一體」。

阿納佛看著我。

「我們都是一體，」我趕快跟著重複。

阿納佛低聲說了一句話，聲音輕得像嘆息。他伸出手進行塔拉烏馬拉式的握手——用指尖輕輕拂過對方，然後又消失在屋內。我們在外等著，然後又等了許久。就這樣嗎？茅屋裡一點聲息也沒有，也看不出他是否還會出現。我繞過角落，想看看他是不是從後門溜了。另一個塔拉烏馬拉人正在後牆的陰影裡睡覺，但阿納佛則不見蹤影。

我拖著疲倦的腳步回到薩瓦多身邊。「他還會不會出現？」

「不知道，」薩瓦多聳肩道。「也許我們把他惹毛了。」

「這麼快？怎麼會這樣？」

「我們不該這麼冒冒失失闖上門。」薩瓦多自責不已。他興奮過了頭，誤踩了塔拉烏馬拉禮節中的地雷。接近塔拉烏馬拉洞穴前，必須先在幾十碼外的地上坐下等待，視線還得望向反方向一會兒，彷彿自己沒什麼事做，只是剛好逛到附近。有人現身邀請你進洞穴最好，如果沒有的話，只能起身走開，絕不能像薩瓦多和我一樣直闖洞口。塔拉烏馬拉人認為，外人想要跟他們往來，必須在事前先得到他們的准許。外人未經邀請就將視線投向他們，簡直就等於是在別人光溜溜時闖進浴室一樣無禮。

幸運的是，阿納佛並不跟我們計較這些。過了一會兒後他又再度現身，提著一籃甜萊姆。我們來得不巧，從他口中我們知道他全家人都因流感病倒了。屋後那個人是他的大哥佩德羅，病情甚至嚴重到起不了身。不過阿納佛還是邀我們留下休息。

「坐下吧，」他說道。

我們隨便找了塊涼蔭地就坐下休息，開始剝起萊姆，凝望著滾滾河流。我們唏哩乎嚕地吃著萊姆，將籽吐在泥地上，阿納佛則默默望著河水。每隔一會兒就轉頭打量我，似乎在估量我是何方神聖。他一直沒開口問我們是誰，也沒問我們有何貴幹，看來是打算靠自己弄清楚。

我不想失禮地盯著他，但阿納佛長得實在很好看。他棕色的肌膚像是擦亮的皮革，深色的眼眸別具神采，剪成西瓜皮的黑髮下，雙眼閃動著自信又略感興趣的光芒。他讓我想起早期的披頭四：所有成員彷彿結合成一股犀利、好奇、安靜、英俊、赤裸裸的力量。他身上穿著典型的塔拉烏馬拉服飾：長至大腿的裙子，還有色澤火紅、如海盜上衣一樣擺盪的短袍。每次只要稍有動作，他腿部肌肉的線條便像融化的金屬般流暢地變換滑動。

「咱們碰過面，你記得吧？」薩瓦多用西班牙語對他說道。

阿納佛點點頭。

阿納佛曾連續三年從家裡跋涉好幾天，前往奇瓦瓦州南方的瓜丘契市參加橫越峽谷的六十英里賽跑。這是場一年一度、所有山區塔拉烏馬拉人都會參加的比賽，另外還有極少數幾個墨西哥跑者會想試試運氣，跑來與他們較量。阿納佛連續三年拔得頭籌，從他哥哥佩德羅手上奪下冠軍，第二、第三名則分別是他的親戚阿瓦拉多，還有他的姻親西爾瓦諾。

這位姻親西爾瓦諾也堪稱奇人，活在傳統世界裡，也見過現代社會。幾年前，他和一個在塔拉烏馬拉部落裡興辦小型學校的傳教士一起遠赴加州，參加馬拉松賽，獲勝後帶了一筆錢回家，足夠他買了一台舊卡車、一件牛仔褲，還給學校的校舍添蓋了一排側廂。西爾瓦諾平常把卡車停在峽谷頂部，偶爾會爬上山，開車到瓜丘契市。雖然他找到了賺大錢的方法，卻從來沒有再回去美國比賽。

在世俗其他人眼裡，塔拉烏馬拉人真是活生生的自相矛盾。他們排斥外人，卻對外在世界著迷不已。就某方面而言這點倒也說得通。如果你熱愛超長距離跑步，當然偶爾也會想拋開束縛，試試自己能跑多遠，跑到哪。曾經有個塔拉烏馬拉人在西伯利亞現身；他不知怎地上了停泊的貨船，後來又遊蕩過西伯利亞大草原，最後才被人送上船，回到墨西哥。一九八三年，一個穿著寬鬆傳統裙子的塔拉烏馬拉女性在堪薩斯州小鎮街上被人發現到處閒晃。她被送進精神病院，在裡面待了十二年，最後好不容易才有個社工發現她不是在囈語，而是在說某種沒人知曉的語言。

「你會到美國參加賽跑嗎？」我問阿納佛。

他繼續呼哧呼哧地嚼著萊姆，吐出種子，一會兒之後聳聳肩。

「你會繼續參加瓜丘契市的比賽嗎？」

呼哧。呼哧。聳肩。

這下我可明白挪威探險家倫霍茲當年說的話了。他說塔拉烏馬拉男性害羞得不得了，要不是有啤酒，部落早就滅絕了。「不可思議，」倫霍茲曾經驚嘆道：「我敢毫不遲疑地說，儘管塔拉烏馬拉男性尚未開化，卻害羞到不敢向妻子提出婚約中的權利。全靠啤酒，這些人才得以生存繁衍。」用白話文來說，就是這些塔拉烏馬拉男人得先喝到醉醺醺，等到不知害羞為何物時，才有勇氣和妻子共度春宵。

後來我才知道，我又犯了塔拉烏馬拉社交大忌第二條：像條子般問個不停。阿納佛的沉默並不失禮，反倒是我連珠炮般的問題令人很不自在。對塔拉烏馬拉人來說，直接問問題代表硬要索取別人腦中的訊息，是耀武揚威的表現。他們絕對不會突然對陌生人敞開心房，暢談自己的秘密。畢竟在歷史上，他們就是為了要逃避外人，才躲到這裡來。以前塔拉烏馬拉人曾對外界打開大門，結果外面世界卻以奴役回報，還將他們的頭顱割下，高懸在九呎長的竿子上。西班牙的淘金者為了宣布佔有塔拉烏馬拉族的土地（還有他們的勞力），砍下了部落領袖的頭。

「拉拉穆里人被人像野馬一樣圍起來，被迫到礦坑裡當奴隸。」有一份文獻是這樣記載的。凡是反抗者都被拿來當成真人凌虐秀的材料，被擒住的塔拉烏馬拉人死前會遭嚴刑拷打，要他們講出部族的秘密。光是這些，就足以讓倖存的塔拉烏馬拉人學會提防怪異的陌生訪客了。

後來塔拉烏馬拉人與外界的關係只能說每況愈下。早年美國西部開荒時期，賞金獵人若是割下阿帕契族的頭皮，可以獲得每塊一百美元的獎賞，但不久之後這些壞心獵人就學會一套盡量擴大收益、又能降低風險的惡毒方法。他們不去找驍勇善戰的阿帕契族，反而大量屠殺生性和平、髮色相似的塔拉烏馬拉人，藉此賺取獎金。

有時候，好人甚至比壞蛋更要命。耶穌會教士出現時，手裡拿著聖經，肺裡卻藏著流感病毒。他們前來應許永生，結果卻散播了即時的死亡。塔拉烏馬拉人沒有對抗病毒的抗體，所以西班牙流感病毒就像森林野火般迅速傳播，幾天內就能滅絕整個村莊。塔拉烏馬拉獵人可能只離開一個禮拜尋找獵物，回家時卻看見家裡只剩屍體與蒼蠅。

難怪塔拉烏馬拉人對陌生人的戒心足足持續了四百年，甚至驅策他們躲進峽谷深處這塊地表上最後的避難所。他們的字彙也因此將人類分成涇渭分明的兩邊。在塔拉烏馬拉語中，人類只有兩種：逃離麻煩的「拉拉穆里」，還有帶來麻煩的「恰波契」。這種看法當然略嫌武斷，不過話又說回來，每個星期都有六具無名屍體從峽谷上掉到他們頭上，因此也不能說他們錯到哪去。

對阿納佛而言，請我們吃萊姆後，他已經盡到了社會責任。旅行者已經吃喝休息過，現在他可以像族人躲進峽谷一樣，躲回自我的小世界裡。不管我在那兒坐上一整天，拿一大堆問題轟炸他，但他已經沒有義務從小世界裡探頭出來了。

第五章

「沒錯，你得在族裡待上好長一段時間，他們才會接受你。」當天晚上，安哲・納瓦・羅培茲告訴我。他在下游的小城木諾拉契管理一所塔拉烏馬拉學校，離阿納佛・昆馬利家的茅屋只有幾英里。「待很久，年復一年，就像白馬卡巴羅一樣。」

「等等，」我打斷他的話，「像誰一樣？」

他解釋，「白馬卡巴羅」是個又高又瘦，膚色慘白的白人，總是含含糊糊說著自己奇怪的語言，毫無徵兆地就從山裡冒出來，從小徑大步跑進村裡。他首次現身是在十年前，一個炎熱的禮拜天午飯後不久。塔拉烏馬拉人沒有書面文字，更不可能寫下對於奇怪人形生物的文字目擊報告，但安哲對那次事件的時間、年份還有怪異過程非常確定，因為當年碰上白馬的就是他。

當時安哲正在屋外眺望著峽谷山壁，注意返校學生的動靜。他的學生平常住在學校，禮拜五時各自離去，大老遠爬山回到山裡的家，週日再慢慢晃回學校。安哲通常會在學生走山路時從底下數點人數，所以那天他頂著正午的大太陽待在屋外，卻看見兩個孩子從山上連滾帶爬地衝下來。

兩個孩子全速衝向河裡，想都不想就嘩啦啦過河，彷彿惡鬼在後頭追著不放。等他們跑到學校，氣喘吁吁地向安哲說話時，連他們自己也認為真的有鬼在追他們。

孩子們說，他們正在山裡放羊，沒想到有個古怪生物突然從頭頂的樹梢竄過。那東西外表看來像個人，但是比他們見過的人都高大，顏色跟死人一樣慘白，瘦得幾乎只剩骨頭，頭上還有一大叢火紅的頭髮。那東西沒穿衣服，不過就一個身材高大的裸體死人來說，它跑步的速度可真不差；兩個孩子還沒來得及看第二眼，它就已經消失在叢林裡了。

反正他們也沒膽留下來看第二眼。兩個孩子飛也似地逃回村裡，搞不清楚到底看到了誰，或是看到了什麼。不過見到安哲後，孩子們終於冷靜下來，喘過氣，想通了那個是什麼東西。

「這是我看過的第一個『惡鬼』。」其中一個孩子說道。

「惡鬼？」安哲問道：「你怎麼知道那是個鬼？」

這時已經有幾個大人晃了過來，想知道發生了什麼事。孩子們又重述了自己的遭遇，描述那東西骷髏般的外表，亂蓬蓬的頭髮，還有它從他們頭上跑過的模樣。大人們聽完了孩子的敘述，把他們拉回現實。峽谷裡的影子足以愚弄任何人，應該是孩子們想像過頭了。不過再怎麼說，都不能讓影子把小孩子嚇得疑神疑鬼。

「那東西有幾條腿？」大人們問道。

「兩條。」

「它有向你們吐口水嗎？」

「沒有。」

這就是了。「那不是鬼。」大人們說道：「只是個『阿里瓦拉』。」

「阿里瓦拉」意思是死人的靈魂。沒錯，這就合理多了。惡鬼是邪惡的幽靈，在晚上出沒，利用四肢奔跑前進，會殺死綿羊，在人的臉上吐口水。死人的靈魂則沒什麼惡意，只是來收拾自己在世的痕跡。塔拉烏馬拉人連死了都不讓別人發現自己留下的蹤跡。當他們去世後，靈魂會匆匆趕往各處，取回生前的足跡或是身體掉落在外的毛髮。他們平常剪頭髮的方式是將頭髮緊纏在樹枝上，然後用刀子割斷，所以死後還得收拾這些遺落在外的髮束。死者的靈魂清理完在塵世間留下的所有痕跡後，才可以展開死後的生命。

「清理的過程要花上三天。」大人們提醒孩子：「女性的話得花上四天。」「阿里瓦拉」的頭髮看起來亂糟糟是必然的，因為所有剪下的頭髮都得再裝回頭上。他們全速行動也理所當然，因為要辦的雜事跟山一樣高，時間卻只有三天。再仔細想想，孩子們能看見「阿里瓦拉」也算是頗為難得，因為塔拉烏馬拉族人的靈魂通常速度飛快，一般人只能看見一團煙塵掃過林間。大人們提醒孩子，就算去世了，這些靈魂仍然是奔跑一族。

「你能活著，是因為你的父親跑贏了鹿；他能活著，是因為他的祖父跑贏了阿帕契族的戰馬。連我們拖著塵世間的肉體時，都能夠跑出這樣的速度，想想看，等你拋下肉體後，能跑多快！」

安哲聽著孩子們的敘述，心裡盤算著要不要告訴孩子，其實還有另一個可能性。安哲在木諾拉契城裡算是個異類，他是個有一半墨西哥血統的塔拉烏馬拉人，曾經離開峽谷一段時間，到墨西哥村莊上學。他仍然穿著傳統塔拉烏馬拉涼鞋，還繫著族裡的髮帶，但跟族人不同的是，他身穿褪色工作牛仔褲，而非傳統兜襠布。他的內心世界也改變了，儘管他仍然信奉塔拉烏馬拉族的神祇，但他忍不住會想，也許那個荒野怪物只是個從外面世界晃進來的「恰波契」，帶來麻煩者。

當然了，跟小徑上的幽魂比起來，「外人闖入」這個想法更不可能。一般人若是沒有充份理由，根本不會在蠻荒之地跑這麼遠前來族人的住處。也許是個躲避法網的逃犯？追求異象的神秘主義者？還是被酷熱逼瘋的淘金客？

安哲聳聳肩。就算那個獨自遊蕩的「恰波契」屬於上面任何一種人，他也不是塔拉烏馬拉人見過的第一個。有條自然法則（要說是超自然法則也行）是這麼說的：怪事總發生在人們突然消失的地方，例如非洲叢林、太平洋群島、喜馬拉雅山荒原等地。只要是探險隊會消失的地方，就一定會有已滅絕的物種、史前巨石像、神出鬼沒的雪人、堅不投降的日本老兵突然冒出來。

銅峽谷也一樣。甚至就某些方面而言，它的環境比前述那些地方更惡劣。馬德雷山區所處的山脈橫貫美洲大陸，從阿拉斯加一直延伸到巴塔哥尼亞高原。具備野外求生技巧的亡命之徒可以在美國科羅拉多搶完銀行，然後一路越過各種荒野隘口與沙漠，安全溜進墨西哥的銅峽谷，全程中他的身旁方圓十英里內搞不好半個人都沒有。

銅峽谷是美洲大陸上最理想的露天避難所，這裡不但有怪人在此土生土長，還吸引了不少外來怪胎。過去一百年來，峽谷裡款待過所有北美大陸上叫得出名號的邊緣份子：土匪、神秘主義者、殺人犯、吃人的美洲豹、印第安的卡曼契族戰士、阿帕契族的盜匪、有被害妄想症的採礦人、軍閥潘丘維拉手下的叛軍，這些人全都曾經躲進銅峽谷逃過追兵。

阿帕契族領袖傑若尼莫躲避美國騎兵追緝時，就曾經逃進銅峽谷。他的族人、真名早已失傳的亡命之徒「阿帕契小子」，雖被形容成「像沙漠鬼魅般來去無蹤」，但也一度前來銅峽谷裡避過風頭。據說他「沒有一定的行動模式，沒人知道下一刻他會在哪裡出現。每絲陰影，每道細微的聲音，都可能是已經逼近身邊，正要下殺手的阿帕契小子。一個膽戰心驚的拓荒者說得好：『通常等你看見阿帕契小子時，逃命已經完全來不及了。』」

要進峽谷迷宮裡追捕這些亡命之徒，就要冒著再也出不來的風險。美國騎兵軍官約翰柏克曾寫道：「峽谷區的風景壯麗，身處其中卻猶如地獄。」寫下這段話時，他二度追進峽谷逮捕傑若尼莫的任務又失敗了，而且自己差點沒辦法活著出來。在峽谷裡，小石頭滾落山底的回音不會逐漸減弱，反而左右迴盪，越來越響，直到最後聲浪當頭襲下。兩根杜松樹枝摩擦的聲響，就足以嚇得整整一連的騎兵拔槍在手，在石壁上自己扭曲變形的影子間，慌亂地四處搜尋敵人蹤跡。

銅峽谷之所以顯得陰森森，還不光是因為回音與想像力造成草木皆兵。峽谷折磨人的手法層出不窮，變換之快讓人不得不相信，裡面必然住著有虐待狂的惡靈。士兵被無情的烈日連烤了幾天後，看到天邊的幾朵烏雲往往大表歡迎；但只要幾分鐘，消防水柱般的豪雨就足以造成洪水，受困的士兵只能拼了老命爬上滑溜溜的岩壁逃生。一名叫做馬薩伊的阿帕契逃犯正是用這個方法殲滅一整個騎兵班：他「將對手引進峽谷，讓對手被大雨造成的暴漲山洪沖走」。

銅峽谷中危機重重，就連喝口水都可能讓人喪命。阿帕契酋長維多利歐曾將追捕他的美國騎兵誘進峽谷深處，然後在唯一的泉水處埋伏。騎兵們知道敵人就在水源處，但在酷熱的煎熬下，他們喪失勇氣與理智，別無選擇，寧可在頭部挨一槍早早解脫，也不想被焦渴時腫起的舌頭慢慢噎死。

美軍史上最強悍的兩名將領，也不是銅峽谷的對手。一九一六年，潘丘維拉的部隊攻擊新墨西哥州一處小鎮，威爾森總統親自下令給「黑傑克」潘興將軍與巴頓將軍，要他們將潘丘維拉趕出銅峽谷的老巢。十年過後，潘丘維拉仍然逍遙在外。就算有強大的美國陸軍為後盾，潘興與巴頓面對縱橫萬里的蠻荒之地，仍然束手無策。唯一可能提供情報者只有塔拉烏馬拉族人，但他們一聽到美軍聲響就溜得不見蹤影。在兩次世界大戰中，黑傑克潘興與血膽老將巴頓能把德國打得落花流水，面對銅峽谷卻也不得不俯首稱臣。

慢慢地，墨西哥聯邦部隊學會了一種「你自找的怨不得人」的策略。他們瞭解，如果追兵在峽谷內吃盡苦頭，逃犯在裡頭也不會有好日子過。亡命之徒在裡面不管碰上什麼事（無論是餓死、遭美洲豹攻擊、發瘋、一輩子與世隔絕），多半都比墨西哥法庭能施加的懲罰更可怕。因此大多數時候，聯邦部隊會在峽谷前勒住座騎，讓逃進峽谷的強盜在這座自找的監獄裡自生自滅。

許多闖進峽谷的冒險者再也沒有出來過，因此銅峽谷又有「邊境百慕達三角洲」之稱。歷史上的傳奇人物「阿帕契小子」和馬薩伊羅馬通過骷髏關，進入銅峽谷，從此再也沒有人見過他們。著名報紙專欄作家，憤世嫉俗名作《惡魔字典》的作者安布魯斯·比爾斯於一九一四年在銅峽谷失蹤。據說他正要前往密會潘丘維拉，卻在途中不幸墜谷，從此消失人間。大家只要假設一下，如果CNN當今最紅主播安德森庫柏在採訪時失蹤，會造成多大轟動，就可以知悉當時搜索比爾斯的陣仗如何浩大。結果連一點蛛絲馬跡都沒找到。

迷失在銅峽谷裡的人究竟是遭逢厄運，或是彼此互相殘殺？沒人曉得。如果是在過去，可能讓他們喪命的有山獅、蠍子、珊瑚蛇、乾渴、嚴寒、飢餓或是「峽谷熱」這種症狀，而這年頭這份致命清單還得再加上一樣：槍手的子彈。自從毒幫在銅峽谷生根以來，他們便透過高倍數望遠鏡看守自己種植的毒品作物，性能強到連幾英里外的葉子抖動都看得見。

所以安哲才懷疑，自己還有沒有機會碰上那個奇怪生物？外頭那麼危險，他凶多吉少。那個生物要是不夠聰明，不曉得避開大麻園區，搞不好還沒聽到槍聲，腦袋已經不見了。

「呼啦啦！朋友友友……」

解開謎團的時刻，來得比安哲的預期還快。當他還在太陽下瞇起眼睛，尋找返校學童時，遠方突然傳來呼喊的回音，接著一個赤身裸體的傢伙，邊揮手邊衝下小徑往河邊跑來。

從近距離看，那個生物並非完全赤裸，但也算不上衣著整齊，以塔拉烏馬拉標準來看更是襤褸得很。儘管塔拉烏馬拉族人不喜歡被外人看見，但卻一向衣飾漂亮，男性穿著顏色鮮豔的短上衣，胯間的白色兜襠布前後各一片，像裙子般自然垂下，隨風搖曳。他們用七彩繽紛的腰帶縛住兜襠布，頭上還綁著顏色相近的頭帶。塔拉烏馬拉女性的穿著更是亮眼，鮮豔的裙子加上色彩諧調的上衣，漂亮的棕色肌膚在珊瑚色的項鍊與手鍊襯托下搶眼之至。不管你身上那些沒用的登山裝備設計如何新潮，一站到塔拉烏馬拉人之間，包管你覺得自己打扮寒酸。

就算跟那些飽受烈日曝曬的採礦客相比，這個生物的衣著也未免太過破爛。他只穿著一件灰色短褲，一雙涼鞋，還有一頂破舊的棒球帽，就這樣。沒有背包，沒有上衣，顯然也沒帶吃的，因為他一到安哲身前，就用蹩腳西班牙話討食物，一邊還急急忙忙比著將東西塞進嘴裡的手勢：能不能給他一點吃的呢？

「Assag，」安哲用塔拉烏馬拉語對他說道，一邊示意要他坐下。有人拿出一杯「皮諾爾」，這是一種塔拉烏馬拉玉米粥。陌生人忙不迭地稀哩呼嚕喝起來，邊吞還邊想說話，用力揮舞著手，像喘氣的狗般吐出舌頭。

「你在跑步嗎？」安哲問道。

陌生人點點頭。他用不太靈光的西班牙文答道。「一整天。」

「為什麼？」安哲問道。「要跑到哪裡？」

陌生人開始滔滔不絕，對安哲來說，他的敘述從表演藝術的角度看來非常有趣，但就溝通的目的來看幾乎無從理解。安哲勉強弄懂了一些內容，大概知道這個孤單的旅人要嘛就是徹頭徹尾的瘋子，要不就是其實也沒那麼孤單。他聲稱自己還有個更神秘的助手，某個阿帕契戰士，名叫拉蒙·奇貢，意為「光芒，操他媽的小氣鬼」。

「那你呢？」安哲問道。「你又叫什麼名字？」

「卡巴羅·白馬。」對方答道。白馬。

「聽起來不錯。」安哲邊說邊聳肩。

白馬沒有停留太久。喝完水和第二杯「皮諾爾」之後，他便揮手道別，回到小徑上繼續前進。他離開時邊跺腳邊尖叫，像野馬般氣勢洶洶向前，孩子們被逗得開心極了，邊笑邊追在他身後，直到他再度消失在荒野中。

「白馬這人還不錯，」安哲為他的故事下了結語：「當然囉，只要你不介意他那種瘋瘋顛顛。」

「你說他還在這一帶出沒嗎？」我問道。

「老兄，當然了。」安哲回答：「昨天才剛來過，我還用那個杯子裝水請他喝。」

我四下瞧了瞧，沒見到杯子。

「昨天杯子還在。」安哲堅持。

從安哲這幾年陸續聽到的消息看來，卡巴羅住在巴托畢拉斯山一帶自己搭建的小屋裡。他每次出現在安哲的學校裡時，身上永遠只有腳上的涼鞋，一件上衣（如果有穿的話），還有一袋綁在腰間的「皮諾爾」玉米粥乾粉，就跟塔拉烏馬拉人一樣。當他四出奔跑時，他似乎只靠採集，以及塔拉烏馬拉文化中最重要的互惠制度，來度過日子。

塔拉烏馬拉族人的「互惠制度」（korima）和「業報觀念」（karma）發音相似，概念也頗為相近，但這是當地特有的觀念。一個人有義務將多出來的資源分享給別人，而且不可期望回報。禮物一旦送出手，就再也不能視為原主人的所有物。塔拉烏馬拉人沒有貨幣制度，所以互惠制度就是他們的交易方法，一切經濟活動都建立在互施恩惠上，偶爾也交換一整缸的玉米啤酒。

白馬的外表、打扮、口音都不像塔拉烏馬拉人，但骨子裡他是他們的一份子。安哲曾聽說，塔拉烏馬拉跑者進行穿越峽谷的長途奔跑時，會利用白馬的小屋做為歇腳處。白馬也得到回報，每當他在荒野中奔跑時，安哲的村莊總是歡迎他過來吃頓飯，休息一下。

安哲用力揮手，猛然比向某個方向，某個過了河、上了峽谷頂端、沒有塔拉烏馬拉人居住，所以也從來沒什麼好事發生的方向。

「那裡有個村莊，叫做亞巴布宜納，」他說道。「薩瓦多，你知道那裡嗎？」

「嗯。」薩瓦多含糊地應道。

「你知道那裡發生什麼事嗎？」

「嗯……」薩瓦多回答。語氣聽起來像是**該死，我當然知道**。

「過去許多最好的跑者都來自亞巴布宜納這個村子，」安哲說：「那裡有條很棒的小徑，可以讓他們在一天中跑得老遠，比從這一帶出發遠得多。」

不幸的是那條小徑太棒了，最後墨西哥政府決定在上面鋪上柏油，將它擴建成道路。卡車開始進入亞巴布宜納，裡面裝載著塔拉烏馬拉人從來沒吃過的食物——汽水、巧克力、白米、砂糖、奶油、麵粉。亞巴布宜納人愛上了澱粉與甜食的滋味，卻買不起這些東西，於是他們放棄了自己的田地，開始搭便車到瓜丘契市，在那兒當洗碗工與苦力，要不就是在車站裡賣些不值錢的小玩意。

「這件事發生在二十年前，」安哲說道：「現在，亞巴布宜納已經沒有跑者了。」

亞巴布宜納這個村子裡發生的事件，嚇壞了安哲，因為現在風聲傳來，政府要在峽谷底部開闢道路，而且會直接穿過他住的村莊。至於政府為什麼要建這條路，安哲實在搞不清楚。塔拉烏馬拉人不想要這條路，而他們是這裡唯一的住民。銅峽谷的新道路只有毒幫老大和盜伐林木者用得著，這也讓墨西哥政府在荒野中建造道路的用意顯得莫名奇妙。不過話又說回來，與毒幫掛鉤的士兵與政客多得是，看來新路的開發背後似乎也有原因。

「倫霍茲害怕的正是這回事。」我心裡暗想道。一個世紀以前，這位有遠見的冒險家已經提出警告，塔拉烏馬拉人正面臨消失的危機。

「未來的世代中，只會剩下當今科學家從族人口中得到的記錄，還有科學家對他們風俗習慣所做出的研究。未來再也不會有新的塔拉烏馬拉族資料。」這位挪威冒險家預言：「他們在今日獨樹一幟，因為他們是遙遠過去的遺跡，是人類發展過程的重要樣本。人類歷史是由許多神奇的原始部落所開發與建造，塔拉烏馬拉族正是這樣的部落。」

「有些我們族人對傳統的尊重，還不如卡巴羅。」安哲哀嘆道。「白馬這人反而比較像話。」

我倚著安哲的校舍牆壁重重倒下。疲勞的雙腿微微抽動，腦袋因極度疲憊轟轟作響。來到這麼遠的地方已經夠累人了，但現在看來，追尋才剛開始。

第六章

「真是上了個大當！」

薩瓦多和我隔天早上離開，趁著天色亮時一路趕往峽谷邊緣。薩瓦多走得飛快，有時無視山路轉角直直向前，手在山壁上摸索，彷彿抓著監獄牆壁的無助囚犯。我在後頭勉力跟上，心裡卻忍不住越來越覺得我們被耍了。

離安哲的村莊越遠，不愉快的念頭就越是纏繞不去：也許有關白馬的怪異故事根本就是他們最後一道防線，專用來打發窺探族裡秘密的外人。跟所有成功的騙局一樣，這個荒山獨行客的故事活龍活現，卻又令人難以置信。有這樣一個熟知古老塔拉烏馬拉秘密的現代人存在，簡直是遠超出我期望的好，好到令人不敢相信。白馬聽起來不像真人，反倒像傳說。我忍不住想，也許安哲受不了我的問題，乾脆捏造個故事引開我的注意力，把我們遠遠支使開，等到我們恍然大悟時，人早在幾百英里外了。

不是我有被害妄想症。過去真的曾經有人編造故事，放出煙幕彈保護這奔跑一族。作者卡斯塔尼達在一九六〇年代寫下廣受歡迎的「巫士唐望」系列書籍，①其中具有驚人智慧與耐力的墨西哥巫師幾乎可以確定是塔拉烏馬拉人，不過卡斯塔尼達顯然是出於同情心，故意將書中的部落寫成亞基族。他想必認為，萬一這些書惹來一大票渴求迷幻植物的嬉皮入侵墨西哥，老奸巨猾的亞基族一定比溫和的塔拉烏馬拉人更能照顧自己。

儘管我覺得自己可能被擺了一道，一件小事卻讓我有了繼續探索的動力。昨晚安哲讓我們在他僅有的一間空房過夜，那是一間小小的磚房，平常當作學校保健室使用。第二天早上，他更非常仁慈地請我們在出發前吃早餐，共享豆子與自製的玉米餅。那天早上結著霜，當我們坐在屋外，捧著冒煙的碗取暖時，一群孩子從校舍中湧出，經過我們身旁。老師沒讓這些孩子呆坐在位子上受凍，而是讓他們離開教室，用塔拉烏馬拉族的方式取暖。換句話說，幸運的我可以親眼目睹一場「拉拉基帕里」，塔拉烏馬拉族的賽跑遊戲。

安哲站起身，將孩子不分男女分成兩組，然後取出兩個棒球大小的木球，每組拿到一個。接著他伸出六根手指：孩子們要從學校到河邊來回跑六遍，全長大約四英里。拿到球的孩子將球丟到地上，彎起一隻腳，足尖停留在球邊，然後慢慢放低身形預備……

開始！

兩個孩子大腳一踢，球從我們身邊掠過，快得像是從火箭筒發射出來似的。所有孩子衝上前去，跟著球跑上小徑。兩隊似乎勢均力敵，不過真要我賭的話，我會押注十二歲的馬瑟利諾領軍的那隊。他鮮紅的襯衫像火焰般飄在身後，白色裙子像白煙般拍打著腿部，整個人看起來像是人形的火炬。這火炬追逐著滾動中的球，嫻熟地再度將它往前踢下小徑，全程中步法幾乎沒有一絲遲滯。

馬瑟利諾跑步的模樣驚人之至，幾乎讓人看不清楚。他的雙腿在岩石間瘋狂地交互移動，但腿部以上的部份卻悠閒之至，幾乎紋風不動。光看他腰部以上的軀體，你還以為他正在滑雪呢。高昂著頭，黑髮飄逸的他，就像每個美國高中徑賽選手都會在臥室張貼的海報，海報上一定是運動員史提夫．普方坦。②我覺得自己彷彿看見了美國慢跑的未來。這麼英俊有才華的孩子，應該出現在家家戶戶的早餐玉米片盒上才對。

「沒錯，我聽見了你的心聲，」安哲說道：「他流的就是這樣的血。他爸爸是個了不起的跑步高手。」

馬瑟利諾的父親馬努爾．魯納在通宵進行的「拉拉基帕里」賽跑遊戲中，可以打敗任何人。安哲向我解釋，真正的拉拉基帕里是塔拉烏馬拉文化的精神與核心；塔拉烏馬拉文化的獨到之處，全都在拉拉基帕里的高潮中展現出來。

首先，比賽的兩個村莊會先聚在一起，整夜打賭，痛飲一種烈到可以燒壞油漆的自製玉米酒。接近破曉時兩邊的隊伍預備開賽，每隊大概派出三到八人左右。跑者沿著一段較長的小徑來回跑，像足球員快攻時一樣運球，比賽可能長達二十四小時，甚至四十八小時，全看前一晚如何商定，但跑者不能退出或是放慢腳步；球在多達三十二條急速移動的腿中來回彈跳，跑者必須隨時準備好快衝、轉向或是迂迴前進。

「我們把拉拉基帕里稱作人生比賽。」安哲解釋：「你永遠猜不到比賽的難度，不知道它何時結束，也無法控制過程。你只能調整自己去適應。」

另外，安哲補充說，沒有人能夠獨立完成比賽，就算是馬努爾這樣的高手，也得靠全村支援才能獲勝。親朋好友提供「皮諾爾」玉米粥讓跑者補充體力，夜晚降臨時村民會點燃一種富含樹汁的松枝，跑者就靠這些火炬在黑夜中賽跑。要通過比賽的考驗必須具備所有塔拉烏馬拉族的美德：力量、耐心、合作、專注、毅力。更重要的是，你必須熱愛跑步。

「那小子以後會跟他爸爸一樣厲害。」安哲朝著馬瑟利諾點頭說：「如果我不喊停，他會這樣跑上一整天。」

馬瑟利諾到達河邊後，馬上轉身把球踢向一個六歲小男孩。那孩子掉了一隻鞋，而且正在跟鬆掉的腰帶奮鬥，但接到球之後的短暫時刻他神采飛揚，得意地領著隊伍往前衝，一邊用只剩一隻鞋的單腳往前跳，一邊緊抓住裙子免得掉下來。就在那一刻，我開始體會到這種比賽真正的妙處。在充滿障礙的小徑上來回衝刺時，選手在整場比賽中不斷被拖慢速度，而且難題隨時會冒出來。球就像是在彈珠檯上般來回衝撞，每當馬瑟利諾努力將球從岩縫間踢出來時，速度較慢的孩子就能趕上。比賽場地消除了不平等的因素，每個人都有露一手的機會，沒有人會被遺忘在一旁。

男孩女孩們全在山徑上奔跑，但似乎沒有人真的在乎輸贏。沒有人吵架或賣弄，更令人驚訝的是，沒有人發號施令。安哲和教師興味盎然地看著孩子奔跑，卻不開口喊叫下達指示，甚至不為他們加油打氣。孩子們興致一來便加速，沒那個心情時便放慢速度，偶爾太過興奮喘不過氣來時，便自己找個樹蔭休息一會。

但馬瑟利諾跟其他孩子不一樣，他從來不必放慢速度，一點也不感疲倦，上坡跟下坡一樣輕鬆自如，來回擺動的雙腿步伐意外地短，但看起來只覺流暢，不覺突兀。他在塔拉烏馬拉男孩中個子算高，臉上的微笑跟麥可喬丹在開賽倒數前的笑容如出一轍，那是因競賽刺激而流露的笑容。他的隊伍往學校跑回來時，馬瑟利諾從河邊一塊大石上將球猛然踢向左邊，球照著他估算的弧線飛出，在崎嶇的河床上，他在短短幾秒內猛然衝出五十碼，剛好來得及接住自己踢出的球。

安哲用斧背敲響一條鐵欄杆，比賽結束。孩子們開始排隊進入教室，大一點的孩子還撿了些木頭，準備給火爐當燃料。幾乎沒有人回應我們對他們的招呼，因為他們當中許多人直到上學後才初次聽到西班牙話。不過馬瑟利諾卻離開隊伍向我們走來。安哲告訴過他我們的來意。

「祝你們旅途如意。」馬瑟利諾說道。然後還說了一句跟白馬有關的話，裡面有個我沒聽過的字。

「他說什麼？」我問薩瓦多：「他爸爸知道白馬卡巴羅的傳說？他把這故事告訴別人過？」

「不是。」薩瓦多答道。「那個字的意思是朋友。」

「白馬卡巴羅是你爸爸的好朋友嗎？」我問道。

「是，」馬瑟利諾點點頭，然後走進教室。「他是個很好的人。」

好吧，那天下午我心想，**安哲也許會擺我們一道，但我無法不相信那位「小火炬」**。安哲說此刻白馬卡巴羅也許正要到克里爾鎮去，不過我們動作要快。要是沒追上他的話，根本無從得知下一秒他會在哪裡出現。白馬常常好幾個月不見影蹤，沒有人知道他上哪去，也不知道他何時回來，這次錯過他，也許就沒有下個機會了。

至少我確定安哲有件事沒有說謊：我發現自己兩條腿力氣驚人地充足。我們離開他那裡、踏上攀爬出峽谷的長征之前，他遞給我一個撞得凹凸不平的錫杯，告訴我裡面的東西對我很有幫助。

「你會喜歡這東西的。」他向我保證道。

我看著杯裡，裡面裝滿爛泥般稠稠的東西，看起來像是沒有米的米布丁，還有一大堆帶著黑點的泡沫，我很確定那是孵到一半的青蛙蛋。要不是身在銅峽谷，我一定會以為有人在耍我。這玩意根本就是頑皮小鬼從水族箱裡撈出的泡沫渣，打算騙個笨蛋喝下去。也許我可以再樂觀一點，這是某種混著河水的發酵草根湯，不過就算它的味道沒讓我滿地打滾，裡面的病菌多半也會整得我半死不活。

「好極了。」我邊說邊左顧右盼，想找株仙人掌後面將它偷偷倒掉。「這是什麼？」

「伊斯奇耶（iskiate）。」

聽來有點耳熟……然後我想起來了。大無畏的冒險家倫霍茲在一次特別艱苦的探險中，曾經掙扎著到塔拉烏馬拉族的住處乞食。眼前是高聳的山峰，必須在天黑前抵達山頂，當時他筋疲力盡，滿懷沮喪，無論如何都沒有上山的力氣。

「近傍晚時我到了一處洞穴，有個女人正在製作這種飲料。」倫霍茲稍後記述道：「我非常疲倦，完全不知道該如何爬上兩千呎高的山峰，返回營地。但等我吃了東西，又喝下『伊斯奇耶』解渴後，新的精力突然源源出現。後來我沒費什麼力，輕輕鬆鬆就回到山頂，這件事令我大吃一驚。自從那次經驗後，『伊斯奇耶』就一直是我危急時的好朋友。它的功效強大，可以補充體力，提振精神，我真得宣稱這是人類一大發明。」

族人秘製蠻牛飲料！這我可得好好見識一下。「我把它留下來晚點喝。」我對安哲說道，然後將伊斯奇耶裝進還有半壺水的腰間水壺裡。壺中已經加入碘片消毒，不過為了保險起見，我又多丟了幾顆進去。雖然我也快累垮了，不過跟倫霍茲不一樣，我還沒累到自暴自棄，拿水中病菌和整年的長期腹瀉開玩笑。

幾個月後，我得知「伊斯奇耶」還有另一個名字——「冰涼奇異子」。製作方式是將奇異子（chia）溶解在水中，加上一點糖與一些萊姆汁熬煮。就營養成份而言，一湯匙的奇異子相當於鮭魚、菠菜、再加人類生長荷爾蒙的混合物。這些種子體積雖小，卻含有超高濃度的omega-3與omega-6脂肪酸、蛋白質、鈣質、鐵、鋅、纖維素、抗氧化成分。如果你流落荒島，身邊只能帶一種食物，幾乎沒有比奇異子更好的選擇。如果你對鍛鍊肌肉、降低膽固醇、減少心血管疾病發生率有興趣的話，那麼吃上幾個月的奇異子之後，你搞不好都可以從荒島游回家了。奇異子在史上曾經備受珍視，阿茲提克人拿來當貢品獻給皇帝，他們的跑者上戰場前也會咀嚼這些種子。霍皮族印安人進行從亞歷桑納至太平洋沿岸的著名長跑時，就是利用奇異子補充體力。事實上，墨西哥的奇亞帕斯省之名字就是得自奇異子，過去在該區，這種作物地位與玉米、豆類相當，都是重要的現金作物。儘管種種優點讓奇異子似乎跟黃金一樣寶貴，但種植奇異子卻意外地簡單。事實上，只要你有塊地方種植奇異子，就可以製作自己的獨家精力飲料了。

而且這精力飲料還真他媽的可口。等到碘片溶解到差不多，我馬上試喝了幾口，得出這個結論。儘管碘片讓飲料帶有微微的藥味，但「伊斯奇耶」喝起來就像水果雞尾酒，還帶著點誘人的萊姆香。也許追蹤任務讓我格外興奮也有關係，總之短短幾分鐘後，我覺得精神百倍，就連在結霜泥地上過夜後一整個早上的頭痛也不翼而飛。

薩瓦多卯足了力趕路，打算在還沒天黑前趕到峽谷邊緣。我們離目標只差一步，但就在還剩兩小時的上坡路時，太陽消失了，峽谷立時陷入濃濃暗影，舉目所見只有深淺不同的黑暗。我倆爭論著是否要拿出睡袋，在原地紮營過夜。但食物和飲水已經在一個小時前消耗完了，而且氣溫正快速降到零度以下。如果我們摸黑前進個一英里，也許還能利用峽谷上殘餘的日光走完剩下的路。最後我們決定冒險一試，因為我不想在懸崖邊的狹窄小徑上整夜發抖。

我們身旁一片漆黑，我只能跟著薩瓦多嘎吱嘎吱的皮靴聲前進，至於在這九彎十八拐的山路上，他如何向前摸索卻又不跌下山谷，我實在無法想像。但先前在林中越野時，他找路的能力的確神奇的很，所以我認為自己現在也該乖乖閉嘴，好好跟著他的一舉一動，然後……然後……

等等，他的靴子聲呢？

「薩瓦多？」

沒有回應。該死。

「薩瓦多！」

「別往這裡走！」他的聲音從我前方某處傳來。

「怎麼搞——」

「閉嘴！」

我乖乖聽話，站在黑暗中，不知他媽的到底怎麼回事。幾分鐘過去了，薩瓦多依舊無聲無息。

「他會回來的。」我告訴自己。「要是失足落谷，他一定會大聲尖叫，會聽到撞擊聲或什麼的。不過這也他媽的太久了——」

「這裡可以了，」我頭頂上方右邊傳來叫聲。「可以過來，但是慢一點！」我慢慢改變方向，朝他的聲音一吋一吋緩緩前進。左方的地面突然往下急沉，薩瓦多剛剛還差多少就會一腳踏空，我連想都不敢想。

當晚十點時，我們成功抵達峽谷頂部，爬進睡袋時不但冷得要命，而且疲憊不堪。隔天早上天還沒亮我們就已起身，加快腳步回到卡車處。太陽昇起時，我們早已駛著卡車上路，在只靠人們口耳相傳的蜿蜒原始小徑上，繼續追尋白馬卡巴羅的蹤跡。

只要遇到農田或小村莊，我們一定會停下車來，問問居民是否認識卡巴羅。不管到哪裡，薩馬奇克村也好，胡西契的小學也好，得到的回答都是一樣的。是啊，當然認識！他上禮拜才剛經過……幾天前才來過……昨天見過……他才剛離開……

我們抵達一處全是破舊木屋的小聚落，停下來買點食物。「當心一點，」在路邊開店的老婦人對我們說道，一面用枯瘦顫抖的手將覆滿灰塵的袋裝洋芋片與溫熱的可樂遞給我們。「當心點，我聽說過卡巴羅那傢伙。他是個發瘋的戰士。有人死了，他瘋了。他可以空手宰了你。聽著，」為了怕我忘記，她又補上一句：「他是個瘋子。」

最後有人目睹卡巴羅的地方是在古老的採礦小鎮克里爾。擺香菸攤的婦人告訴我們，她那天早上才見到卡巴羅，沿著鐵路朝鎮外走去。我們一直往前追到鐵路盡頭，沿路打聽消息，最後終於來到佩雷斯旅社。在那裡聽到的消息讓我又興奮又緊張：卡巴羅現在應該正在這裡。

也許我該慶幸自己在角落的沙發上睡著了，因為身處陰影中的我，至少把這孤獨的流浪者好好看了個清楚——卡巴羅一看見我，馬上轉身準備衝回荒野中。

①Carlos Castaneda，一九二五－一九九八，出生於秘魯的美國作家。他的十二冊「巫士唐望（Don Juan）」系列作品售出逾八百萬冊，但內容引發諸多批評，認為其可信度不足。

②Steve Prefontaine，一九五一－一九七五，美國著名跑者，曾經保持兩千公尺到一萬公尺等多項賽事的全國紀錄。他的成就也促發了一九七〇年代美國跑步風潮。

第七章

幸運的是，我比較靠近門口。

「喂！呃……你認識安哲吧？」我一邊擋住卡巴羅唯一的出路，一邊結結巴巴說道：「塔拉烏馬拉族學校的那個老師，還有胡西契的艾西多羅，還有，呃……魯納，馬古爾．魯納……」我連珠炮般地說出一串名字，希望他能認出其中一兩個，不要把我用力撞到牆上去，然後往旅社後方的山裡逃。「……不，不是馬古爾，是馬努爾，馬努爾・魯納。他兒子說你們兩個是好朋友。他兒子是馬瑟利諾，你認識馬瑟利諾吧？」

但是我說得越多，他的神情就越憤怒，到最後簡直猙獰極了。我趕緊閉上嘴。在昆馬利門前的慘敗讓我學到了教訓：如果我安靜下來，讓他有機會以自己的步調估量我一番，也許他會冷靜下來。我靜靜站著，他則瞇著眼，從他的農夫草帽下緣盯著我，表情充滿懷疑與鄙夷。

「沒錯，」他悶哼：「馬努爾是我的朋友。你他媽的又是誰？」

我不知道他心情變幻不定的原因是什麼，所以我只好先解釋自己不是哪些人。我告訴他，我不是警察，也不是緝毒署的探員，只是個作家兼差勁跑者，來此的目的是想更瞭解塔拉烏馬拉人。他是逃犯與否跟我無關。事實上，若他真是個逃犯，反倒會讓他的話更有說服力：如果光憑雙腿，不靠其他交通工具，他就能躲過執法機關這麼多年，想必他有絕對的資格加入塔拉烏馬拉人的行列。我會暫時拋開好市民的職責，不去舉報他，好聽聽他逃亡半生的故事。

卡巴羅的怒容沒有消失，但他也沒有繞過我離開的打算。直到後來我才知道自己運氣好極了。在他不尋常的一生中，我在一個不尋常的時刻碰上他：就某方面而言，卡巴羅其實也正用自己的方式在尋找我。

「好吧。」他說道：「不過先等我吃點東西再說。」

他帶我走出旅館，穿過一條滿是灰塵的小巷，來到一張不起眼的小門前。我們跨過門口正在逗貓咪的小男孩，直接走進狹窄的客廳。緊臨客廳的壁龕裡，一個老婦人正在舊瓦斯爐上攪著一鍋香噴噴的菜豆。

「你好呀，卡巴羅。」她招呼道。

「你好，老媽媽。」卡巴羅回應。我們在客廳中一張不穩的木桌旁坐下。卡巴羅告訴我，他在峽谷各處都有這樣的老媽媽朋友，當他在峽谷漫無目的地奔跑時，只需花上幾毛錢，這些老太太就願意讓他飽餐一頓豆子和玉米片。

儘管老媽媽神態自若，我還是能看出為什麼卡巴羅首度從塔拉烏馬拉族的居地經過時，會嚇壞當地人。酷熱的陽光加上卓絕的忍耐力，讓卡巴羅看起來像個野人。他身高足足有六呎多，天生的白色皮膚已經變得深淺不一，從鼻尖的粉紅色到脖子上的胡桃色都有。長長的四肢加上精瘦的肌肉，讓他看起來像是某種大型動物皮包骨的架子。想像一下魔鬼終結者被丟進強酸裡，出來的骨架就是卡巴羅的模樣了。

沙漠的烈日讓他無時無刻總是瞇著眼，所以他的臉只剩下兩種表情：懷疑或失笑。當晚不管我說了什麼，我始終搞不清他究竟是覺得我這人妙透了，還是認為我鬼話連篇。卡巴羅將注意力集中在你身上時，整個人咄咄逼人；他像獵人搜尋獵物般專心聆聽，彷彿他從聲調中就可以得到話語的資訊。不過說也奇怪，他學習口音的功夫真不是普通的差，儘管在墨西哥住了十多年，他的西班牙話聽來仍舊非常刺耳，彷彿是看著拼音卡一字一字唸出來的。

「最讓我緊張的是……」卡巴羅開口說道，不過卻立刻住口，眼睛因飢餓而瞪得老大。砰一聲老媽媽把兩只大碗擺上我們面前，灑上碎香菜、墨西哥胡椒，還有幾滴萊姆汁。原來卡巴羅在旅館裡之所以臉色猙獰，不是因為通往自由之路被擋住，而是因為通往食物之路被我堵住。那天早上他原本只打算在附近走走，泡泡林子裡的天然溫泉。但他在林間瞥見了一條從未見過的隱約小徑，熱水澡和健走的點子就頓時拋到九霄雲外。一跑不可收拾的他連跑了幾個小時都沒停下。途中碰上一座山峰，他因此展開了三千呎的攻頂之旅，相當於攀登紐約帝國大廈兩次。最後他轉進一條可以回到克里爾鎮的小路，原本輕鬆的林間泡湯之旅竟然成了筋疲力盡的山徑馬拉松。當我在旅館堵住他時，他從日出開始就粒米未進，幾乎已經餓到神智不清了。

「我老是迷路，最後只能直接越過眼前的高山，嘴裡咬著水瓶，頭上還有美洲鷲盤旋，」他說道：「真是太美了。」從塔拉烏馬拉人身上，他學到了最早也是最重要的教訓，那就是隨時隨地都可以開跑，就跟嗅到野兔蹤跡的狼一樣。對卡巴羅而言，跑步就像住在郊區的人開車一樣，是四處移動的首選交通工具。無論到何處，他總是邁開步子就跑，身上的裝備跟新石器時代的獵人一樣簡單，而且跟他們一樣，他從不在乎自己跑向哪裡，跑上多遠。

「聽著。」他說道，邊指向自己破舊的健行短褲，還有舊到該進垃圾筒的涼鞋。「這就是我所有的裝備，我到哪裡都穿著它們。」

他停下話，大把大把將冒煙的辣豆子塞進嘴裡，然後再就著酒瓶大口灌下啤酒，將豆子沖下肚。沒兩下他就解決了碗裡的食物，但老媽媽重新裝上豆子的速度也快得很，他的湯匙不必慢下來。就這樣，他的手在碗裡、嘴邊、啤酒罐間來回移動，動作簡潔又有效率，彷彿晚餐不是他整天運動的終點，而是另一階段的鍛練。在桌子另一端聽他吃飯，就像聽見汽油灌進油缸的聲音：舀起，呼哧，呼哧，咕嚕，咕嚕，舀起，呼哧，呼哧，咕嚕……

不過每隔一會兒，他就會抬起頭來，匆匆忙忙對我說一段話，然後再把頭埋進碗裡。「沒錯，我曾經是打拳的鬥士，老兄，排名第五。」重新進攻食物。「讓我緊張的是，你就這麼猛然蹦出來對我大嚷大叫。這裡多得是綁架和謀殺，毒幫搞的鬼。我就認識有個人被綁架了，老婆付了一大筆贖金，不過他們還是宰了他。要命的很。好在我什麼都沒有，老兄，我只是個印第安老美，喜歡低調地跟塔拉烏馬拉族人跑跑。」

「抱歉——」我開口道，但他已經再次埋頭大嚼豆子。

我現在還不想拿一大堆問題轟炸卡巴羅，不過聽他說話就像在看快轉的獨立製片電影一樣；創痛、笑話、幻想、記憶剪影、怨恨、因怨恨而起的罪惡感、古老智慧一閃即逝的片段——這一切全都像汽笛風琴的樂聲般一湧而出，快得令人眼花撩亂，卻又破碎得難以捕捉。他會先講起一件事，接著談起下一件，還沒說完就又跳到第三個話題，然後回頭修正第一個故事裡的細節，抱怨兩句第二個故事裡的人物，再因為剛才發的牢騷對我致歉，因為老兄啊，他花了一輩子的工夫克制自己的火氣，不過這又是另一個故事了……

他告訴我，他的真名叫米卡．真實，來自科羅拉多，嗯，其實是加州。如果我真的想搞懂拉拉穆里人，也就是塔拉烏馬拉族人，那我該去親眼見見那個在山上一走就是二十五英里的九十五歲老人。你知道他為何這麼健康？因為從來就沒人跟他說他應該去老人之家等死。老兄，你的生活取決於你對自己的期望。最好的例子，就是白馬這個人以他養的狗為自己取名，這就是「真實」這個名字真正的出處，來自他的狗。當然很多時候「真實」那隻好老狗比他還要好，不過那又是另一段故事了……

我一邊等待，一邊用指甲刮著啤酒罐上的標籤，暗想他有沒有可能冷靜一點，讓我搞懂他媽的此人現在正在說什麼。逐漸地，卡巴羅的湯匙慢了下來，最後完全停止。他喝乾第二罐啤酒，然後心滿意足地往後靠。

「Guadajuko!」他露出牙齒微笑著說道。「這字可以學學。這是拉拉穆里話裡的『酷！』」

我把第三罐啤酒推到他身前。他則用太陽曬傷的瞇瞇眼懷疑地打量它。「老兄，這我可不敢當了，」他說：「我整天沒吃東西，現在可不像拉拉穆里人那麼能喝。」

但他還是拿起酒罐啜了一口。整天在高聳的山峰間徘徊，可真叫人口渴的了。他咕嚕咕嚕長吸了一口，然後懶洋洋躺回椅子上，讓椅子兩隻前腳懸空，手指撫著幾乎沒有多餘脂肪的腹部。我現在可以看出來，他體內的某種開關似乎啟動了。也許他就是得多喝那幾口啤酒才能放鬆，又或許在他真正放鬆下來說故事前，他就是得先釋放一點緊繃的壓力。

這個由卡巴羅開始的故事讓我聽得目眩神迷。他一直說到深夜，令人驚嘆的情節貫穿了他從外面世界消失以來的這十年，裡面充滿詭異的角色、神奇的冒險、激烈的競賽；最後甚至還包括了某個計畫，某個大膽的計畫。

逐漸地我才發現，原來計畫裡也有我的角色。

第八章

要瞭解卡巴羅的夢想，你得先回到一九九〇年代早期。當時有個來自亞歷桑納州的野外攝影師，名叫里克・費雪。他問自己一個不難想到的問題：如果塔拉烏馬拉人是世界上耐力最強的跑者，他們為什麼沒有在全球最激烈的那些賽事中展現身影？也許族人們該見見費雪。

在費雪看來，這事對大家都有好處。名不見經傳的鄉下小鎮可以因為怪人賽跑贏得超高電視曝光率，費雪可以成為第二個鱷魚先生，尋找到消失的部落，塔拉烏馬拉人則得到一等一的公關廣告，還可成為媒體寵兒。好吧，的確，塔拉烏馬拉人是全世界最害羞、最不願意浮上檯面的一群人，而且還花了幾百年逃離與外界的接觸，但再怎麼說……

好吧，這些障礙可以晚點再處理，攝影師眼前還有更棘手的問題。比方說，他對跑步一無所知，會說的西班牙話沒幾句，更別提族人的母語了。他壓根兒不知道上哪找塔拉烏馬拉跑者，也不知道該怎麼說服他們離開安全的洞穴，跟他到充滿妖魔鬼怪的外面世界闖盪。這些都還不打緊，假設他真的召集了一整組塔拉烏馬拉田徑隊，他又該怎麼他媽的不開車而把他們帶出峽谷，不用護照送進美國？

幸運的是，費雪天生有些特殊本事。第一就是他神奇的方向感，簡直堪稱腦內GPS。世上有些家貓被主人帶到阿拉斯加度假的時候走失，卻有辦法憑方向感回到堪薩斯州的老家，費雪就有這種類似的本事。在這星球上，如果要從最令人頭昏眼花的峽谷裡摸出一條出路，沒有人比得上他，而且這套本領似乎出自本能。他離開中西部老家到亞歷桑納大學唸書前，見過最深的東西大概就是田邊的排水溝。不過一到亞歷桑納，他就一頭栽進峽谷探索，深入難以想像的蠻荒之地。還在讀大學時，他就開始在亞歷桑納迷宮般的莫戈隆峽谷區探險。在他進入莫戈隆峽谷區探勘的那段期間，鳳凰城當地的山岳協會會長才剛在那裡遇難，原因是罕見的突發山洪。費雪完全沒有探險經驗，裝備等級與童軍團差不多，最後不但活著離開該區，還帶回了令人目眩神迷的地底奇景照片。

就連名著《超越巔峰》的作者、冒險專家克拉考爾，也對他讚不絕口。他在費雪生涯早期就直言斷定：「費雪是世上頂尖的莫戈隆峽谷專家，掌握了其中無數秘密。」費雪帶領他進入了「一片全然絢麗的新世界，我從未見過類似的景象」。那裡就像威利旺卡的巧克力冒險工廠一樣魔幻，充滿鮮綠色的泥沼，粉紅色的水晶塔，還有深藏地底的瀑布。

這裡就要提到費雪另一樁獨門本事：說到吸引大眾目光，說服別人去做他們寧可不幹的事，連電視佈道家在費雪面前都要感到羞愧（好吧，假設這些電視佈道家還知道羞愧為何物的話）。克拉考爾最津津樂道的經典故事，就是一九八〇年代中期費雪到銅峽谷的溯溪之旅。那時連費雪自己也不知道目的地是哪裡，不過在克拉考爾眼裡，「那次峽谷探險的難度，可以和長征喜馬拉雅山相比。」費雪甚至還成功找到兩個同伴（一個朋友和他的女友）一塊出發。一切進展順利，直到費雪無意間將筏子停在一處大麻田畔。突然間，毒幫守衛現身，手上還端著上膛的來福槍。

別擔心，費雪掏出一大疊有關他的新聞報導，這些東西他總是隨身攜帶（沒錯，就算正從事濕答答的溯溪之旅，在沒人說英語的墨西哥蠻荒也一樣）。瞧！別惹我。我嘛……呃……怎麼說……重要啦！是大人物！

守衛被他搞得昏頭轉向，乖乖放行，沒想到費雪之後又停在另一個毒幫營地旁。這次事情就糟糕了。費雪一行人被一群惡棍團團圍住，這些人當時喝得醉茫茫，又在沒有女人的荒野裡待得久了，一個個慾火衝天。其中一人抓住了同行的美國女性，當她的男友想將她拉回來時，來福槍柄毫不留情地砸上他的胸膛。

這可把費雪惹毛了。這次他不再揮舞剪貼簿，而是整個人大暴衝。「你們這些很壞很壞的人！」他怒氣衝天的大吼，用初中程度的西班牙語大罵那些惡棍，「你們這些壞傢伙！」像發了瘋似地，他狂吼「很壞很壞！」直到惡徒終於把這尖叫的瘋子推到一旁讓他閉嘴，然後逕自走開。費雪靠著好膽識逃過一劫，當然了，他也把沒忘記把這個消息確實傳到記者克拉考爾耳朵裡。

費雪喜歡出風頭，這點毫無疑問，因此他不斷找機會讓自己出名。一九八〇年代大多數冒險家都在與義大利籍的登山專家梅斯納競爭，搶登喜馬拉雅山的十四座最高峰，費雪卻反其道而行，深入探索山底下更瑰麗的奇幻世界。他靠著一九三〇年代英國情報人員貝利上尉的筆記（貝利上尉在亞洲地區偵察叛亂份子活動時，於西藏偶然發現了一個秘密山谷），重新找到了傳說中位於西藏的欽塔瀑布，在轟然而下的水簾後，藏著通往全世界最深峽谷的入口。從此，費雪探索的腳步遍及五個大陸，穿過戰區與殺人不眨眼的民兵，他探索過的地下王國包含波士尼亞、衣索比亞、中國、那米比亞、波利維亞、後來又重訪中國。

情報人員、呼嘯的子彈、史前王國……費雪的經歷豐富異常，這樣的人走進酒吧時，大概連海明威都要對他尊敬三分。但無論到過何處，費雪最後總是回到他最喜愛的地區——銅峽谷。就像迷人的鄰家女孩一樣，銅峽谷是他放不下的夢想。

有次前往銅峽谷的探險中，費雪和未婚妻凱蒂・威廉斯認識了派特西諾・羅培茲，與他結為好友。派特西諾是個年輕的塔拉烏馬拉人，伐木建造的新路通過家鄉，讓他從此進入了現代世界。派特西諾相貌跟好萊塢明星一樣英俊，擅長演奏只有兩條弦的塔拉烏馬拉部族傳統樂器，而且又跟外面世界的人合作愉快，因此受到奇瓦瓦州觀光部的聘請，成為銅峽谷列車的代言人。那是一列繞著銅峽谷頂景點行駛的豪華觀光列車，遊客可以在冷氣車廂裡享受西裝筆挺的侍者服務，一邊觀賞下方的蠻荒景象。派特西諾的工作就是拿著自製的手工小提琴（這是他們族人過去被西班牙人奴役時學會的手藝），為宣傳海報擺姿勢拍照，彷彿在告訴別人，下面的塔拉烏馬拉人整天過著英俊猛男拉琴作樂的快活日子。

費雪和凱蒂對派特西諾提出要求，能不能帶他們見識「拉拉基帕里塔」，也就是塔拉烏馬拉族人傳統的賽跑狂歡會？**說不定可以**，派特西諾答道。接下來的事情證明，派特西諾已經充分適應了現代社會：**只要你們付錢就成**。他向費雪和凱蒂提出條件：如果他們願意為全村送食物過去，他就負責召集跑者。

如何？

成交！

費雪和凱蒂如言送上食物，而派特西諾讓他們見識的賽跑可真是他媽的了不得。兩人到達村裡時，看到的不是老掉牙的普通賽跑準備，相反地，三十四名塔拉烏馬拉男子已經脫到只剩兜襠布和涼鞋，醫者正在為他們做賽前的預備按摩，他們則把握最後一分鐘猛灌「伊斯奇耶」提神飲料。村裡長老一聲大吼，所有人都動身衝向賽道，那是一條長達六十英里的泥徑，比賽毫不留情地從清晨持續到傍晚。賽跑大隊瞬間就衝過費雪與凱蒂身邊，速度之快，路線之精準，簡直就像成群移動的麻雀。

哇！這才叫跑步！本身也是超馬老手的凱蒂看得興奮不已。從小她就看著父親艾德．威廉斯比賽，儘管老艾德住在密西西比河的河岸低地處，卻訓練自己成為無堅不摧的山路跑者。想瞭解艾德韌性有多強，從他最鍾愛的比賽就知道——那是全世界比賽中最嚇人的一種：位於科羅拉多的百英里超限馬拉松，惡名昭彰的里德維爾百英里耐力賽。他已經完成這趟賽事十二次，而且七十歲時仍然下場參賽。

費雪腦中浮現一幅美好遠景：派特西諾可以替他找來跑者，未來的老岳丈艾德可以提供籌辦賽事的細節。他只需找幾個慈善團體捐捐玉米，打動塔拉烏馬拉人，也許再找家運動鞋公司，贊助他們穿上比那些涼鞋更堅固的貨色，然後……

費雪繼續他愉快的想像，渾然不知自己正在描繪的，原來竟是一場大慘劇。

第九章

與痛苦為友，這樣你就永不落單。

——坎恩．克勞伯（Ken Chlouber），科羅拉多礦工，里德維爾百英里耐力賽創辦者

最要命的紕漏就是，費雪沒考慮到，這場超馬賽的地點是科羅拉多州的里德維爾。

里德維爾高踞科羅拉多落磯山脈兩英里高處，是北美最高的城市，一年中許多時候它也是最冷的城市。氣溫低到消防隊過去在冬天無法敲鐘開道，因為鑄鐘的金屬在極低溫下會被敲碎。光是往附近的山勢瞧上一眼，就足以讓披著浣熊皮取暖的早期拓荒者發抖。「眼前的景象令人難以置信，是先民見過最雄偉，也最嚴峻的地形。」研究里德維爾地區的歷史學家是這麼敘述的：「跟另一個星球差不多。除了最敢冒險的人之外，每個人都被這陌生兇險的地形嚇得膽顫心驚。」

當然了，事情總是會改善的。消防隊現在改用喇叭示警，除此之外，嗯……沒什麼改變。「里德維爾這個地方，是礦工、無賴、惡劣雜種的老家。」礦工坎恩．克勞伯如是說。他在一九八二年首創里德維爾百英里耐力賽，當時他是個丟了工作、能馴野馬、騎著哈雷摩托車、十足硬派的礦場

工人。「住在海拔一萬呎高處的傢伙們，骨子裡的東西是不一樣的。」

管他硬派不硬派，里德維爾最有名的醫生初次聽到坎恩想辦比賽的計畫時，氣得七竅生煙。「你不能讓人在這種海拔高度跑上一百英里，」伍德渥醫生怒沖沖地警告，甚至還氣得用手直指到坎恩臉上。當然囉，醫生的手指很可能會因此而折斷，因為只要見過坎恩的人都知道，他腳穿十三號的大釘鞋，惡狠狠的臉就跟他平常上班時負責爆破的石頭一樣線條分明。一般人馬上就知道，把手湊到他臉旁去是找死，除非你喝到爛醉或認真無比。

伍德渥醫生沒有喝醉。「你會害死那些參賽的笨蛋！」

「他媽的狗屎！」坎恩吼回去：「搞不好害死幾個人，人家才會重新想起我們的存在！」

一九八二年那個涼颼颼的秋天，就在坎恩與伍德渥醫生攤牌前不久，附近克萊邁克斯公司的礦場突然關閉，里德維爾全鎮頓失收入來源。「鉬」（moly）這種礦物可以用來增加鋼的強度，製造戰艦與坦克。冷戰逐漸過去之後，鉬的市場需求也隨之落空。里德維爾原本朝氣蓬勃，老式大街上擺著老式冰淇淋攤，但幾乎就在一夜之間，當地成了北美最蕭條，失業率最高的城鎮。里德維爾的居民中，每十個人就有八個在礦場打卡上班，剩下的人則專做這些礦工的生意。當地的個人平均收入曾經一度高踞科羅拉多州榜首，現在卻成了全州最窮的一郡。

事情糟到不能再糟了嗎？那你就錯了。

坎恩的左鄰右舍開始酗酒，打老婆，陷入憂鬱症，或是逃離家園。某種大規模的精神異常籠罩全鎮，成為死亡的先聲：一開始，人們是找不到方法支撐下去，但在歷經動刀爭鬥、觸法被捕、房屋將遭債主拍賣等危機後，他們連撐下去的意志都沒有了。

當地的醫生波納回憶道：「人們開始打包搬離，一走就是好幾百人。」他是里德維爾急診中心的負責人。他的急診室就跟陸軍野戰醫院一樣忙碌，不過湧入的病患，都有著叫人傷心的症狀。過去前來急診室的大多是在礦場扭傷、手指砸傷等傷勢。現在波納被迫為醉倒在雪地的礦工截肢，有時還得連絡警察，因為不少礦工妻子深夜求診，顴骨被打斷，一旁還有嚇壞的孩子。

「全鎮陷入要命的死氣沉沉。」波納醫生告訴我：「最後我們發現這個鎮可能永遠消失。」已經有大量礦工離開當地，留下來的人連小聯盟棒球賽的露天座位都坐不滿。

里德維爾剩下唯一的希望是發展觀光業，但這根本就是毫無希望。沒有笨蛋會跑到這裡來渡假。當地一年中有九個月天寒地凍，沒有可以滑雪的斜坡，空氣稀薄到光是呼吸都像在做有氧運動。環繞里德維爾的荒野環境惡劣無比，陸軍精銳的第十山地師甚至還曾到當地進行訓練，模擬阿爾卑斯山的戰鬥環境。

更糟的是，里德維爾的名聲跟自然環境差不多惡劣。過去幾十年來，那裡一直是西部荒野中最狂野的城鎮。有人曾經這樣記述：「當地是不折不扣的死亡陷阱，而且似乎以道德敗壞為榮。」十九、廿世紀之交曾經當過牙醫，後來卻成了使刀弄槍的賭徒「醫生」哈勒戴，與一起經歷過「OK牧場槍戰」的死黨懷特．厄普，就曾經在里德維爾的酒吧裡消磨時光。神槍手兼搶匪傑西．詹姆士也曾在此地出沒，吸引他的是載著黃金的驛站馬車，還有近在咫尺的絕妙山區藏身處。遲至一九四〇年代，第十山地師還禁止士兵進入里德維爾鎮內。士兵們也許強悍到足以對抗納粹，但可不是盤踞大街那些兇狠賭徒與妓女的對手。

沒錯，此地環境惡劣，坎恩清楚得很。全是剽悍的男人，還有更不好惹的女人，而且——

去他媽的！全都該死的去他媽的！那又怎樣！

如果里德維爾人只剩下硬撐一途，那就大家一起來撐個痛快吧！坎恩之前曾聽別人說過，以前在加州山區有個叫做戈帝．安斯雷的傢伙，他養的母馬跛了腳，無法參加全球首屈一指的西部山路耐力賽馬，於是他決定單人參賽。當天他出現在起跑線上，腳穿運動鞋，在內華達山脈的山路上足足跑了一百英里。途中他從小溪喝水，每到一處急救站就由獸醫檢查身體狀況，最後跟賽馬一樣在二十四小時內完成比賽，而且離時限還有十七分鐘。當然了，這傢伙不會是加州唯一的瘋子，所以第二年又有一個跑者在賽馬中亮相，隔年又有一個……直到一九七七年，所有賽馬全部消失在比賽中，西部耐力賽正式成為世上第一項百英里人類賽跑。

坎恩自己從來沒跑過馬拉松，不過如果隨便一個加州嬉皮都能跑上一百英里，這事應該不太難吧？更何況普通的比賽不夠看，里德維爾如果想重生，就得來個他媽的超夠力競賽，絕不能籌辦那種毫無特色的廿六點二英里馬拉松。

所以坎恩搞出的不是馬拉松，而是怪物般的比賽。

想試試這個怪物的滋味有多難受嗎？先將波士頓馬拉松賽來回跑個兩遍，全程記得嘴裡塞上襪子，然後再一股作氣爬上落磯山的派克斯峰。

完成了嗎？

很好。現在從頭再來一遍，這次記得蒙上眼睛。

這大概就是里德維爾百英里賽的難度：全程長度相當於四趟馬拉松，其中一半必須在黑暗中進行，中間還得兩度攀登高達一千六百呎的山峰。光是起跑線就與飛機開始調整機艙氣壓的高度一樣，而且沿途只會越來越高。

坎恩在二十五年前和伍德渥醫生對吼，舉辦第一屆比賽。今天他樂呵呵地同意道：「醫院的確靠我們賺了不少錢。只有在比賽時的那個週末，鎮上旅館床位和急診病床才會同時客滿。」

坎恩當然比誰都清楚。雖然第一次比賽時他因體溫過低住院，但之後他年年參賽。在里德維爾的比賽中，跌落懸崖、扭斷腳踝、過度曝曬、突發心律不整、高山症，全是司空見慣的傷勢。

就算一切順利，上面這些倒楣事都沒發生，里德維爾賽仍舊不可輕侮，大多數選手都先被整得七葷八素，然後在半途倒下。自稱超級馬拉松硬漢、希臘裔美國跑者迪恩・卡納茲頭兩次參賽時都無法跑完全程。里德維爾的居民目睹他兩度退出比賽後，給他取了個綽號：「阿倒（唉喲倒了一次，唉喲倒了兩次……）」，事實上，每年只有不到一半的參賽者可以跑完全程。

一場「中途棄權者比跑完全程者還多」的比賽，難怪會吸引一群希奇古怪的運動員。史提夫・彼得森，來自科羅拉多州，連續五年稱霸里德維爾耐力賽，也是高層意識教派「神聖瘋狂」的教徒。該教的教義是透過性派對、極限山路跑步、還有平價為人清掃家裡，達到涅盤的境界。另一個耐力賽的傳奇人物則是和藹可親的狗食大亨馬歇爾・烏利奇，他曾用手術摘掉腳指甲振作意志，因為他認為：「反正這玩意遲早要掉下來。」

坎恩後來遇見了著名的登山家艾隆・羅斯頓。艾隆有次右手被石塊壓住動彈不得，於是他用一把多用途工具刀的鋸齒刀刃，將右手切了下來。坎恩向艾隆提出令人吃驚的邀請：艾隆可以免費參加里德維爾耐力賽。坎恩的提議讓所有聽到的人都大吃一驚，因為衛冕冠軍得付錢，傳說中的長跑大師艾德・威廉斯得付錢，連坎恩自己都付錢參賽。艾隆卻可以免費參加——為什麼呢？

「他代表了里德維爾的真正精神。」坎恩表示：「我們有個座右銘——你比自己知道的還要強悍，你能完成的事也比自以為的要多。像艾隆這樣的人讓我們見識到，只要下定決心，我們能做到的事有多麼驚人。」

你大概以為可憐的艾隆已經吃足苦頭了，但在截肢意外發生剛滿一年後，他就接受了坎恩的邀請。全程揮舞著新義手的艾隆，在三十小時的時限內抵達終點，而且還贏得了銀牌。他讓世人知道完成里德維爾賽需要什麼本事，而且表達得比坎恩還要清楚：

你不必跑得快，但你最好天不怕地不怕。

第十章

完美極了！充滿野性、刺激的里德維爾百英里賽，正是費雪需要的。一如以往，他打算把事情搞大，像里德維爾這樣熱鬧的賽事正是最佳場所。英俊的神秘短裙食人族大破里德維爾比賽紀錄，你說ESPN頻道不會衝過來搶拍鏡頭嗎？別鬧了！

於是在一九九二年夏天，費雪再度開著他的老雪佛蘭巨無霸休旅車轟隆隆地駛進派特西諾的村莊。他已經拿到墨西哥旅遊局的證明文件，還帶著先前答應付給跑者的玉米。

派特西諾則哄了五個村裡同伴，讓他們暫時相信這個怪裡怪氣又異常激動的「恰波契」，帶來麻煩的人。西班牙語裡沒有類似「雪」的音，塔拉烏馬拉人發不出費雪的名字，但很快就以獨具的幽默感給他取了個綽號──「派斯卡多」，那個漁夫。這個名字顯然好唸得多，而且也準確捕捉到費雪的性格特質。他就像白鯨記裡的亞哈船長，捕捉大魚的飢渴從他身上散出，就像熱氣從引擎蓋上飄散出來。

管他的，就算族人叫他笨瓜費雪也不在乎，只要開跑那一瞬間他們全力以赴就行了。「漁夫」老大就這樣把塔拉烏馬拉族人隊員塞進雪佛蘭裡，踩下油門往科羅拉多出發。

比賽當天清晨四點，聚集在里德維爾起跑線的人群全都盯著五名塔拉烏馬拉人看呆了。他們身穿傳統裙子，正在與「漁夫」弄來的陌生黑鞋鞋帶奮戰。最後分享了同一根黑色雪茄後，他們害羞地站到其他二百九十名超馬選手身後，跟著他們一起倒數。三……二……

砰！里德維爾鎮長扣下他的老式大口徑獵槍扳機，塔拉烏馬拉人飛奔而出，大顯身手。

不過好景不常。還沒跑到一半，全部塔拉烏馬拉選手都放棄了比賽。該死，費雪對著每個被迫聽他講話的人哀嚎。我不該讓他們穿那些跑鞋的，也沒人告訴他們在途中的急救站可以吃東西。全是我的錯。他們從沒見過手電筒，把它們像火把一樣直指向天，難怪看不到路……

得了吧，藉口是找不完的。塔拉烏馬拉人再度令人失望，這些藉口全是老套。只有最狂熱的徑賽史學者才知道，墨西哥政府曾經兩度派遣塔拉烏馬拉跑者參加奧運馬拉松賽，一次是一九二八年阿姆斯特丹奧運，另一次則是一九六八年的墨西哥市奧運。兩次競賽中，族人都未能奪牌，理由是廿六點二英里的距離太短，塔拉烏馬拉跑者還沒來得及熱身，這種不入流的小比賽就結束了。

也許吧。不過如果這些傢伙真的是超人般的跑者，為什麼從來沒贏過任何比賽？如果你是自家後院的三分球神射手，那是沒人在乎的；比賽場上投籃得分才算數。但過去一世紀以來，每次參加外界比賽，塔拉烏馬拉人都丟臉出醜，鎩羽而歸。

開車回墨西哥的長路上，費雪沿路思索著上面的問題，最後他恍然大悟，當然了！如果你隨便從芝加哥的小學抓五個孩子打籃球，當然不可能贏過公牛隊；不是所有塔拉烏馬拉跑者都是賽跑高手。因為派特西諾找來的跑者都住在新關的道路附近，與外界接觸過，容易被說動參賽，比較能接受美國之旅。但同樣的教訓，墨西哥奧委會幾十年前早該學會了：最容易被收買的塔拉烏馬拉跑者，也許根本就不值得費事拉攏。

「咱們再試一次。」派特西諾懇求道。費雪找到的贊助商捐了大批玉米給他的村莊，他可不想放棄這筆橫財。這一次他答應將招攬人才的範圍擴大到別村去，深入峽谷，再及時趕回。新的塔拉烏馬拉隊要走老派作風。

沒錯，新找來的這批人實在老得可以。

第二次里德維爾百英里賽中，賽事創辦人坎恩對塔拉烏馬拉隊二代隊員仍舊不抱期待。隊長看起來像是提早到邁阿密海灘過退休生活的小精靈，個子不高，年紀大概是祖父級的五十五歲，身穿鮮豔粉紅花樣的藍色袍子，外加粉紅圍巾與直拉到耳朵旁的羊毛帽，臉上掛著一派樂天的微笑。另一個像牧羊人的傢伙看來大概四十來歲，身後那兩個戰戰兢兢的小鬼年紀不大，當他的兒子綽綽有餘。他們的裝備比去年更糟糕；塔拉烏馬拉人一到鎮上，馬上鑽進當地的垃圾堆，出來時手裡拿著一條條輪胎上割下的橡膠條，然後動手編涼鞋。這回他們不穿那些磨破腳的黑色跑鞋了。

比賽開始前數秒，塔拉烏馬拉人又不見蹤影了。又來這一套了，坎恩不屑地想道。就跟去年的賽事一樣，害羞的塔拉烏馬拉人躲到了參賽者最後面，槍聲一響，他們最後出發，然後就一直待在最後面，不受注意，也沒什麼表現……

……直到最後四十英里處。從那裡開始，維克里諾（貌似小精靈，喜歡鮮豔顏色的傢伙）和塞利多（四十幾歲趕羊的農夫）開始安安靜靜、幾乎是滿不在乎地，啪噠啪噠沿著山路邊緣向前跑，沿路不斷超越其他跑者。那裡正是登上霍普山口的三英里爬坡起點。馬努爾．魯納在這時趕上他們，然後與他們併肩齊跑。三名年長者就這樣領著較年輕的族人往前衝，簡直像是出獵的狼群。

喂喂喂！坎恩看見塔拉烏馬拉隊越過五十英里標線，開始回頭往他的方向衝過來，忍不住像蠻牛騎士般大吼了起來。眼前的事有點不太對勁，從族人臉上詭異的表情就看得出來。過去十年來，每個參賽跑者他都見過，但從沒有人像族人這樣，若無其事到……令人發毛，選手們連跑十個小時山路後，不是不支倒地，至少模樣也狼狽至極，絕無例外。哪怕是最好的超馬跑者，到這個階段通常也抬不起頭，只能垂首盯著地面，將全副意志力放在近乎不可能的任務上——舉起腳，交互前進。但那老個傢伙維克里諾呢？一派渾若無事，彷彿他剛睡飽午覺，抓了肚子兩把，決定讓小的們見識一下真正的大人怎麼比賽。

比賽到了六十英里處，塔拉烏馬拉隊已經快得像是騰雲駕霧。百英里賽中大約每隔十五英里就有個急救站，助手可以在那裡為跑者補充食物，更換乾襪子與手電筒電池。但塔拉烏馬拉人跑得實在太快，在山路上開車的費雪和凱蒂根本來不及趕上他們。

「他們似乎順著地勢在移動。」一名看得目瞪口呆的旁觀者表示：「就像是一朵雲或一團霧，飄過了山間。」

這一回，塔拉烏馬拉人不再是成群奧運選手中孤單又茫然的兩名原住民；也不再是穿著怪異運動鞋、從挖土機與公路侵入村內後便未曾奔跑的五個鄉巴佬。這一次，他們穩穩地以從小熟習的隊型前進，幹練的老手在前領隊，年輕又熱切的後輩在後推進，腳步沉穩，充滿自信，他們是真正的奔跑一族。

此時，在終點線彼端幾個街區外，另一種大異其趣的耐力賽正在進行中。每年都有狂歡者聚集在里德維爾第六街上，來場比賽事更久的大派對。比賽槍聲一響起，他們便開始大肆喧嘩作樂，足足持續三十個小時，直到比賽正式結束為止。不過除了痛飲雞尾酒外，這群人還有相當重要的功能，那就是只要一發現黑暗的遠方有跑者出現，他們便全力叫囂吵鬧，提醒終點線的計時員有選手來了。但這回這群酒鬼差點砸了招牌——凌晨兩點，老維克里諾和塞利多輕快無聲地迅速逼近，「就像山裡飄過的一團霧」，幾乎沒有人注意到他們的到來。

維克里諾首先越過終點線，塞利多以一秒之差緊接在後。馬努爾的新涼鞋在八十三英里處解體，赤腳跑的他因此受傷流血，不過他還是以飛快的速度越過回程綠松湖旁的山路，拿到第五名。第一個完成比賽的非塔拉烏馬拉人幾乎落後維克里諾整整一小時，大約是六英里的距離。

去年墊底的塔拉烏馬拉人不但今年後來居上，而且還把各項比賽紀錄完全推翻。維克里諾是馬拉松史上年紀最大的冠軍，十八歲的菲利柏．托瑞斯是有史以來完成比賽最年輕者。塔拉烏馬拉隊是唯一在前五名中拿下三席的小隊，而且跑得最快的兩個人年紀加起來幾乎有一百歲。

「真是太神奇了！」一個名叫哈利．杜普里的資深參賽老手對紐約時報表示。他參加過里德維爾賽十二次，原以為比賽中不會再有新鮮事，沒想到來自墨西哥的維克里諾和塞利多卻讓他跌破眼鏡。

「這些人個子不大，只穿涼鞋，從來沒受過長跑訓練，但他們卻輕而易舉地勝過世上最好的長跑選手。」

第十一章

「我早告訴你們了！」費雪興奮地大嚷。

他料中的事情還不止這些。突然間，大家都想更瞭解塔拉烏馬拉人。費雪答應明年還會帶他們來參賽，這句話就像點鐵成金的魔棒，將里德維爾百英里賽從沒沒無名的耐力賽變成媒體關注的大事。ESPN頻道簽下了轉播權；節目「運動大觀」製作了「這些超級跑者是誰」的特別報導，摩森啤酒簽下贊助合約。而儘管塔拉烏馬拉隊是全世界唯一痛恨運動鞋的隊伍，Rockport鞋業還是成了他們的正式贊助商。

各大媒體都派出了記者，《紐約時報》、《運動畫報》、《法國世界報》、《跑者世界》……叫得出名號的應有盡有。他們全都問主辦人坎恩同一個問題：

「有人可以打敗這些傢伙嗎？」

「有。」坎恩答道：「安就可以。」

安．崔森，三十三歲，加州某個社區大學的科學教師。如果你聲稱在人群中可以一眼認出她，你不是她的丈夫就是個騙子。她不太高，身材有點瘦，不太會打扮，灰褐瀏海下的臉孔沒什麼特色，基本上就是一般人想像中社區大學科學教師的模樣。不過起跑槍聲一響起，她馬上變了個人。

看到安從起跑線上飛奔而出，就像看到某個溫文儒雅的記者脫下眼鏡，穿上深紅色披風後變身成超人。她跑步時頭部高高揚起，雙手握拳，頭髮越過臉際往身後飄揚，被風吹散的瀏海下露出美洲獅般炯炯有神的棕色眼眸。穿著普通服飾的安看起來只是個五呎多一點的矮個兒，可是一換上跑步短褲後，便可看出她的身材比例跟巴西模特兒一樣勻稱，雙腿沒有一絲贅肉，背部像芭蕾舞伶一樣挺直，太陽晒黑的腹部結實堅硬，棍子打到上頭恐怕都會斷掉。

高中時安曾經練過徑賽，不過在她眼裡，不斷繞著人造橢圓形操場跑步，令人厭倦之至，「跟養在籠子裡的老鼠沒兩樣。」所以大學時她放棄跑步，成為生物化學家（連元素週期表都更有吸引力，可見徑賽對她來說有多無趣）。後來幾年間，跑步只是她抒發壓力的手段，每當她讀書讀到頭昏腦脹，或是畢業後到舊金山展開累人的研究工作時，她總是會到金門大橋公園小跑一陣，排遣緊張的情緒。

安說過：「我就是喜歡跑步時風吹進髮間的感覺。」所謂的比賽對她來說毫無意義。很快地，每天早上她總是先跑個九英里，從家裡跑進實驗室，減輕工作壓力。等她發現下班打卡時雙腿已經恢復活力後，於是乾脆跑回家。再來，管他的呢，既然連上班日她都可以每天跑上十八英里，那悠閒的禮拜六來個二十英里放鬆一下有何不可……

二十五英里也不錯……

來個三十英里好了……

某個禮拜六早上，安起床跑了二十英里。她在吃早餐時稍微休息了一下，然後又跑了回程的二十英里。那天屋裡剛好有些水電問題要處理，所以跑回家後她拖出工具箱，開始動手。黃昏時，她對自己當天的成果相當滿意：白天跑了四十英里，還獨力解決了一項棘手工作。為了犒賞自己，她又多跑了十五英里。

一天跑上五十五英里。她的親友開始疑惑，甚至擔心。安是不是有飲食障礙？還是得了運動強迫症？她是不是有什麼心理症狀，想藉現實中的跑步逃開潛意識裡的惡魔？「朋友告訴我，我這不是古柯鹼上癮，而是腦內啡上癮。」安表示。而她的回應實在無法令他們寬心：她告訴他們，在山間一口氣跑上幾十英里「非常羅曼蒂克」。

吃驚了吧？累壞人、髒兮兮、滿是泥巴、血淋淋、孤孤單單的山路跑步，怎麼能跟月光與香檳相提並論？

不過安仍然堅持跑步非常羅曼蒂克。當然囉，親朋好友無法理解，因為他們從來就沒跨過那條界線。對他們來說，跑步不過是辛苦兩英里把自己整個半死，一切只為了穿上六號牛仔褲。一般人總得到上了磅秤深受打擊後，才戴上耳機強迫自己跑完全程，但這種跑法不可能撐上五小時。要跑上五小時，你必須先放鬆自己，就像慢慢滑入裝滿熱水的浴缸般，讓身體逐漸適應一切，直到它不再抗拒跑步的衝擊，甚至開始享受箇中樂趣。

放鬆到一定程度後，身體適應了搖籃般的節奏，你會幾乎忘記自己正在跑步。一旦到達那彷彿飛了起來的柔和境界後，月光與香檳般的浪漫隨之浮現。「你必須與身體達成和諧，知道何時該加速，何時該放鬆。」安解釋道。你必須仔細聆聽自己呼吸的聲音，感覺背上有多少汗珠滑落，記得讓自己享用清涼飲水與含鹽點心，而且不斷誠實傾聽自己，檢查自己的狀況。還有什麼事比這樣極端細心地照料身體更性感？性感的事當然非常羅曼蒂克，對吧？

跑步對安來說只是消遣，但她跑的距離比許多正式馬拉松選手更遠。到了一九八五年，她決定要與那些正式的跑者較量較量。要參加洛杉磯馬拉松賽嗎？她忍不住打了個大呵欠。與其花上三小時在市區裡繞，她還不如回高中玩老鼠跑步算了。她要的是野性、刺激的比賽，可以讓她沉浸其中，就像在山裡的短程跑步一樣。

這玩意看起來有趣多了。她看到有個運動雜誌廣告時，心裡想道。就跟西部山路耐力賽一樣，美洲河流五十英里耐力賽原本是賽馬，現在卻成了人類的馬拉松賽。路線全在鄉間，是一條只有荒野馴馬師才用得著的路線。比賽不但炎熱，必須爬坡，而且還相當危險。（「沿途多毒橡」，跑者會看到類似警告。「馬匹與響尾蛇出沒，跑者請勿與其爭道」。）就算逃過毒牙與鐵蹄，比賽結束前你還得克服迎面而來的大難關：在山路上跑了四十七英里後，最後三英里是海拔一千呎山峰的上坡。

簡單說來，安的第一次比賽是一般馬拉松的兩倍距離，沿路毒蛇亂竄，還有熱到可以把人烤焦的烈日。好極了，聽起來一點也不無聊。

毫不令人意外地，這次初試啼聲讓她吃足了苦頭。當天的氣溫高到可以做三溫暖，而且她經驗太差，居然沒想到在華氏一百零八度的氣溫下必須帶瓶水。她對速度控制一無所知（這玩意要跑上七小時嗎？還是十小時，十三小時？），對野外賽跑的竅門更是外行（那些上坡慢慢走，下坡時才飛奔越過她的人讓她一肚子火。該死，是男人就好好跑，別玩這些花招！）

經過了一開始的緊張後，她放鬆下來，又回到熟悉的搖籃節奏。她再次抬起頭，讓瀏海往後飄，找回叢林獵豹般的自信。比賽進行到三十英里處時，幾十名跑者在潮濕悶熱下已經步履維艱，彷彿被困在剛烤出爐的瑪芬蛋糕裡，安脫水狀況雖然嚴重，卻越跑精神越好。事實上，她的精神好到足以打敗所有其他參賽女性，打破女性比賽紀錄，在七小時又九分鐘內就完成了兩倍馬拉松距離的野外長跑。

令人吃驚的首勝不過是未來一連串輝煌紀錄的起點。在西部百英里耐力賽，也是馬拉松界的超級盃中，安奪得了十四次女性組冠軍——紀錄橫跨三十年。跟她比起來，蘭斯．阿姆斯壯的七次環法單車賽冠軍不過是幾年內發生的小事。而且阿姆斯壯比賽時總是被照料得舒舒服服：無論他何時踩下踏板，總有一群專家隨侍在旁，監測他的卡路里攝取量，不停將分析結果鉅細靡遺送到他耳朵裡。安身邊卻只有在樹林裡等候的丈夫卡爾，他能提供的也只有計時的天美時手錶與半個火雞三明治。

阿姆斯壯一年只需為一場比賽訓練到顛峰狀態，安卻瘋狂參加各項比賽。有一段期間她平均每兩個月就參加一場超級馬拉松，而且持續四年。照說這麼頻繁的賽事應當會耗盡她的體力，但安卻像變種超級英雄般恢復神速。跑步似乎能補充她的精力，讓原本該累倒的她變得更強壯。月復一月，她跑得越來越快，只差一點就創下了驚人的完美紀錄：在那四年中她贏得了二十場比賽，唯一落到第二的一次剛好遇上重感冒。她沒有抱著面紙待在沙發上喝濃湯，反而參加了一場六十英里的比賽。

當然囉，每個人都有弱點，這是一定的。只不過……沒有人找得到安的弱點。安就像馬戲團裡的大力士，每到一處都可以打倒鎮上最強的傢伙。不管是公路或山路，平坦跑道或崎嶇山間，美洲、歐洲或非洲，她都戰無不勝。她打破了五十英里、一百公里、一百英里的世界紀錄，在跑道與公路賽中創下十個最新世界紀錄。在同一個月中，她通過了奧運馬拉松預賽，以平均每英里六分四十四秒的成績完成了六十二英里的世界終極賽，然後又在西部耐力賽與里德維爾百英里賽中獲勝。

但她始終無法贏得一個獎項：過去幾年來，有一項賽事的冠軍始終沒法拿下。她可以在各項小型賽事中打敗過所有其他男女選手，但每次一碰到那場頂尖賽事，總是至少有一名男性選手以幾分鐘之差搶在她前頭。

歷史不會再重演。一九九四年時，她知道自己的機會來了。

第十二章

一切的不對勁都從費雪沾滿塵土的雪佛蘭在比賽總部前停下開始。兩個穿著白色斗篷的男子下了車。

「嘿！」比賽創辦人坎恩一邊喊著一邊走出來歡迎他們：「快跑怪物又回來了！」他伸出手，一邊在腦海裡搜尋鎮上中學西語老師教過的「歡迎」。

「呃……Bee en benny——」他開口道。

一名斗篷男子面露微笑，伸出手來。突然間，費雪硬擋到他身前。

「住手！」費雪說：「別用這種支配的態度碰他們，否則你會付出代價。在他們的文化中這是一種罪行。」

搞什麼！坎恩覺得腦中一股血氣暴衝。**小子，你想瞧瞧什麼叫真正的罪行嗎？有種就再扯一次我的手臂**。當初費雪來求坎恩提供免費住宿時，對握手可是毫不在意。現在他掌握了勝利選手，還有豐厚的鞋業公司贊助資金，他就擺起大老爺的架子來了？坎恩正打算用釘鞋朝他腳上重重踩下去，不過他想起另一件事，好不容易才深呼一口氣，克制下來。

一定是安讓他緊張得要命。坎恩心想。**尤其媒體又把消息炒得這麼大**。

自從安表示將參加里德維爾賽後，媒體將相關報導炒上了天。現在他們不再問塔拉烏馬拉人是否將再度奪冠，只猜測這些印第安人是否將遭受奇恥大辱。「塔拉烏馬拉人認為輸給女人十分可恥。」類似的報導不斷登出，這故事實在令人無法抗拒：害羞的科學教師勇敢踏上洛磯山脈，對抗墨西哥部落大男人與所有其他男女選手，一切只為了在大賽中第一個衝過終點線。

如果要讓媒體停止對塔拉烏馬拉人造成壓力，那再簡單不過：只要費雪閉嘴就行了。原本從來沒有人把塔拉烏馬拉人當成大男人主義者，但費雪卻對記者表示：「他們從未輸給女人，這次也沒這個打算。」這說法真是前所未聞，對塔拉烏馬拉人來說尤其如此，但他們根本無從得知費雪說了什麼。

事實上，塔拉烏馬拉人的社會非常平權，男性對女性既尊重又溫柔，而且常常跟妻子一樣，將幼兒綁在腰後行動。男性雖與女性分開比賽，不過這也是出於實際需要：有一群孩子要照顧的母親可沒時間花兩天在峽谷裡四處跑。她們必須待在家裡附近，所以女性的比賽距離較短（當然是以塔拉烏馬拉標準來看。所謂的『短程』比賽大約是四十到六十英里左右）。優秀的女性跑者仍然備受敬重，而且還在男性賽跑時擔任「丘吉亞米」一職，也就是隊長兼主要收注者。事實上，跟崇拜陽剛橄欖球星的美國男人比起來，塔拉烏馬拉男人簡直就是女性主義的信徒。

費雪在之前塔拉烏馬拉隊全敗時已經大大丟臉，但這次由於他的大嘴巴，他發現自己夾在全國矚目的兩性大戰間，而且很可能再度敗北。兩年前安在里德維爾創下最佳成績，只落後維克里諾的記錄（二十小時零三分）三十分鐘，而且她不斷進步神速。就拿西部耐力賽來說好了，相隔一年後她足足進步了九十分鐘。惹毛了她，不知她會在里德維爾賽有何驚人表現。

而且安這次勝算十足：維克里諾和塞利多今年不再參賽（玉米該播種了，他們沒時間出來為好玩而跑），費雪失去了兩名最好的跑者。安已經贏過里德維爾賽兩次，比起費雪新召募的跑者，她大佔便宜，因為她更熟知山路上那些讓人昏頭轉向的轉角。在里德維爾賽中，只要錯過一個路標，你可能就得在黑暗中多跑好幾英里，才能重返路線。

安也能輕易適應高緯度，而且比起其他人，她更擅長分析自己，控制百英里賽跑中的補給問題。說到底，超馬賽基本上就是一連串「要／不要」的選擇。要現在吃東西或是再等一會？要直衝下這個斜坡或是把力氣留到平地上？要停下來看看襪子裡什麼東西癢癢的，還是繼續往前跑？極端的長距離讓每個問題都變得十分重要（小水泡可能導致整隻襪子浸血；現在不吃營養棒，等等可能連順著路標跑的力氣都沒有），一個小小錯誤決定就能毀掉整場比賽。但這對優等生安來說不是問題。在超長距比賽中，她的答題總是完美無缺。

簡單說來，塔拉烏馬拉人的確是表現驚人的業餘者，但這次他們碰上了真正頂尖的職業跑者（安現在是耐吉公司僱用的職業選手）。塔拉烏馬拉人享受過短暫的里德維爾冠軍榮光，但這次他們處境顯然不利。

所以費雪才找來那兩個穿斗篷的傢伙。

急著填補兩名老手空缺的費雪，跟著派特西諾爬上九千呎的高峰，抵達山頂上的邱圭塔村。他在那裡遇見四十二歲的「拉拉基帕里」賽跑高手馬堤麥諾，還有他的晚輩，二十五歲的璜恩。邱圭塔村的夜間寒意刺骨，白天卻又烈日高照，所以即使在賽跑時，邱圭塔的塔拉烏馬拉人也穿著垂到腳部的羊毛斗篷保護自己。當他們飛奔在山路上，斗篷飄揚在身邊時，看起來就像從煙霧中冒出來的魔術師。

馬堤麥諾和璜恩原本相當遲疑。他們從未離開過村裡，而且參賽的話他們就得跟可疑的白人打交道，不過費雪三兩下就直攻他們的弱點：他有錢，而且要談正經買賣。那年冬天，位處高地的邱圭塔村雨量不多，春天情況更糟，費雪知道村裡的糧食已經快要見底了。「跟我們一起去比賽，」費雪承諾：「我就送一噸玉米與半噸豆子進村裡。」

嗯……五十袋玉米對一整個村子來說不算太多，不過總比無法預測的收成好一點。如果可以帶其他人去作伴的話，也許去跑跑也不錯。

「我們還有其他跑得很快的跑者，」他們對費雪說道。「他們也可以來嗎？」

不行，費雪答道。就你們兩個。

私底下，「漁夫」費雪想玩點「社交工程」的技倆：盡可能從不同村莊挑選跑者，這樣他才有機會鼓動這些塔拉烏馬拉人彼此對抗。**讓他們來個自相殘殺**，費雪心想，**這樣才能贏得里德維爾賽**。這是個巧妙的計畫，不過完全失敗。如果費雪瞭解塔拉烏馬拉文化，他就會知道賽跑並不會使村莊分化，反而讓他們更加團結。跑步的目的是讓遠方的族人加強血緣與同志情感，也確保人人身體健康，可以活過緊急情況。當然了，參賽者一定會彼此競爭，不過這跟感恩節早上的家庭橄欖球賽又有何不同？在塔拉烏馬拉人眼裡，賽跑是友誼的慶典，費雪卻只看到互相殘殺的戰場。

男女大戰、村際大戰、主辦者與跑者經紀人的大戰——抵達里德維爾不過短短幾分鐘，費雪就挑起了三方面的衝突。然後他真正厲害的一手來了。

「喂，可以一起拍個照嗎？」一名參賽者看見了來參賽的塔拉烏馬拉人，於是這樣問。

「沒問題。」費雪答道。「你有二十美元嗎？」

「幹嘛？」吃驚的跑者問道。

補償你們的迫害罪行！因為「白人」利用塔拉烏馬拉人與其他原住民的行為已經持續了幾世紀。任何人對費雪這種索價合照的作法有意見嗎？隨便！費雪認為：「反正我也不喜歡你們這些超馬跑者，我巴不得塔拉烏馬拉人在你們的白種屁股上好好踢個兩腳。」

白種屁股？費雪多久沒有回頭看看自己屁股了？他到底是來幹嘛的？參加比賽，還是挑起種族戰爭？

全場沒有人獲准和塔拉烏馬拉人好好談話，連在他們背上拍拍，說聲「祝你好運」都不行。「漁夫」費雪會忙不迭擋到他們身前。連安・崔森都覺得費雪是一道充滿敵意的高牆。「費雪把塔拉烏馬拉人跟人群隔開，這種作法毫無必要。」她後來抱怨：「他根本不讓我們與他們交談。」

Rockport的管理階層也覺得莫名其妙。他們剛推出一款新的山路跑步專用鞋，整個宣傳活動都以里德維爾賽為主，鞋子的名字甚至就叫做「里德維爾比賽鞋」。費雪找上他們要求贊助時（「聽著，是他先來找我們的。」該公司副總裁東尼・波斯特事後告訴我），該公司將條件講得非常清楚。塔拉烏馬拉人將是宣傳的重點。Rockport會付出現金，塔拉烏馬拉人則必須穿上鮮黃的跑鞋，跟人群互動，而且在廣告中出現。這條件聽起來如何？

沒問題，費雪一口答應。

「後來我到里德維爾，初次碰上那個怪人。」波斯特繼續說：「他粗暴到無藥可醫。兩者的對比大得嚇人：塔拉烏馬拉人非常溫和，卻受到美國文化最惡劣的一面操弄。費雪那副德性，就好像……」波斯特停下來細想，在他不出聲時，彷彿可以見到他腦裡的恍然大悟慢慢成形。「就好像他在嫉妒，嫉妒大家將注意力全都轉向塔拉烏馬拉人。」

就這樣，在山雨欲來的戰鬥氣息中，塔拉烏馬拉人捏熄香菸，笨拙地跟其他跑者一起站在里德維爾法院前，歷史上人們在那裡吊死偷馬賊。其他選手與親友擁抱握手，在最後倒數聲中共享一種「我們即將共同赴死」的同志親切感，塔拉烏馬拉人在其中顯得份外孤單。

馬努爾．魯納溫和的笑容消失了，臉孔變得像橡樹一樣毫無表情。璜恩調整一下頭上的Rockport帽，躁動不安的腳上穿著簇新、價值一百一十美元的鮮黃跑鞋，內附厚厚的登山鞋墊。馬堤麥諾在洛磯山脈的刺骨寒風中裹緊斗篷，安．崔森則站在他們前方，輕輕放鬆自己的肌肉，眼睛直視著前方的黑暗。

第十三章

愛以身為天下，若可託天下。

——老子，《道德經》

六十五歲的魏吉爾博士獨自在山徑上等候。他一邊捧著熱咖啡溫暖雙手，一邊等著第一道手電筒的光芒穿過林間射來。

世界上沒有其他精英教練會到里德維爾來，因為他們對這場落磯山上的大型戶外瘋人院一點興趣也沒有。不管他們是自殘者或不入流的蠢蛋，還是喜歡自封什麼名號都一樣，反正這些人跟真正的跑步、奧運賽跑一點關係也沒有。在運動的位階排列上，大部份徑賽教練都認為超馬與大胃王比賽、性虐待遊戲等活動地位相當。

「好極了，」魏吉爾想著，一邊用力跺腳驅除寒意。「你們回家躲進熱被窩好了，讓我來研究這些怪胎。」因為他知道，這些怪胎可不尋常。

魏吉爾成功的秘訣就寫在名字上。「魏吉爾」（Vigil）這個英文字，還帶有「警覺」的意思，其他教練都不像他一樣有警覺性，能夠抓住大家都忽略的重要細節，這也是主宰他整個競技生涯的特徵。打從他還是個矮小的拉丁裔高中生開始，就設法擠進了橄欖球聯賽。當時選手中拉丁裔屈指可數，更別說像他這樣的矮個兒了。魏吉爾沒辦法和大個子比力氣，所以只能靠科學佔他們便宜。他研究槓桿效應、推進力和時間控制，找出如何運用腳力，讓他從蹲下到跳起快得像是裝了彈簧的鐵塊。到大學畢業時，這位矮小的拉丁裔高中生已經成了全聯盟一級球隊的後衛。後來他轉向徑賽發展，憑著不知疲倦的靈敏直覺，成為美國最了不起的長距賽跑專家。

魏吉爾不但拿下博士學位與兩個碩士學位，還為了追求失傳的長距跑步秘密，深入俄國內陸、秘魯山區，甚至穿越肯亞大裂谷高原區。他想知道，為什麼俄國教練要求短跑選手必須能赤腳跳下二十呎高的梯子，否則不許他們跑上一步；為什麼秘魯的古蹟馬丘比丘附近，六十歲的牧羊人只吃酸奶與草藥，不但不會餓死，而且還能登上安地斯山脈；日本的鈴木與小出教練有何神奇技術，能將慢走轉變成快跑馬拉松。他找尋擁有跑步智慧的老人，前往請教，在他們去世前探盡他們腦中的秘密。他堪稱是跑步這個領域裡的百科全書，許多相關知識在地球上其他地方都已消失，只剩他還知道。

他的研究帶來了驚人的回報。魏吉爾回到母校，科羅拉多州艾勒摩沙市的亞當斯州立學院，接掌奄奄一息的校隊，將它重新打造成人人生畏的軍團。亞當斯學院在之後三十三年中贏得二十六項全國比賽冠軍，其中還有國內跑步比賽有史以來最強勢的演出：一九九二年，魏吉爾的子弟兵一舉囊括全國大學錦標賽第二聯盟冠軍賽前五名，在全國賽事中毫不給對手留機會。魏吉爾也指導派特・波特拿下八次全美越野賽冠軍，這項紀錄是奧運馬拉松金牌選手法蘭克・薛爾特的兩倍、銀牌選手梅布・卡弗列吉的四倍。他本人則以連續十四年獲選全國大學年度優秀教練創下紀錄。一九九八年，魏吉爾受命成為美國進軍漢城奧運的長跑教練。

這一切都說明了此刻在全美教練中，為什麼只有老魏吉爾在凌晨四點站在凍死人的林子裡，等著看那個社區大學科學教師與七個奇裝異服的原住民男人。超馬比賽裡面，不合情理的事太多，魏吉爾知道，只要有自己無法解釋的事，其中必有奧妙。

就拿這個問題來說好了：為什麼里德維爾賽中幾乎所有參賽女性都能跑完全程，卻只有不到一半的男性完成比賽？每年有超過百分之九十的女性跑者可以把獎品腰帶戴回家，百分之五十的男性卻只能找藉口遮羞。就連創辦人坎恩也無法解釋女性通過率為什麼這麼高。

或者瞧瞧這個問題吧：假若塔拉烏馬拉人沒有參加上一屆比賽，那這場比賽還剩下什麼？

答案：一名猛衝向終點的女性。

塔拉烏馬拉人參賽引起了一陣狂潮。不過除了魏吉爾外，很少有人注意到一項驚人的結果，那就是一位名叫克莉絲汀・吉本斯的女性跑者以些微差距奪得第三名。要是比賽前費雪的廂型車在亞歷桑納州有個什麼意外，使得族人無法參加，那場比賽就會在原本紀錄的三十一秒後由女人奪冠。

這怎麼可能？一英里長的賽事中，女子成績從來就排不上世界前五十名。女性的一英里最快紀錄是四分十二秒，男性在一世紀前就已打破這個成績，當今高中組的男子選手超越這個成績可說稀鬆平常。在馬拉松賽裡，女性也許能偷偷擠進世界前二十名：二〇〇三年女性運動員寶拉・瑞克利夫創下二小時十五分二十五秒的女子世界紀錄，距離保羅・特傑二小時四分五十五秒的男子紀錄只有十分鐘。但在超馬賽裡，女性開始趕上男人。魏吉爾忍不住覺得奇怪；為什麼比賽時間越長，男女冠軍的成績差距越小？事情不是應該正好相反嗎？

超馬賽彷彿發生在另一個次元，地球上已知的規則沒有一項生效：女性比男性強壯，老頭子比年輕人能跑，穿著涼鞋的石器時代原始人跑得比所有人都快。而且距離是最不可思議的地方。超長距馬拉松選手腿部承受的壓力幾乎破表，一週跑上一百英里就會讓腿部因壓力直接受傷，但這些怪胎卻在一天內解決一百英里。有些人甚至在每週訓練中跑上兩倍的份量，照舊毫髮無損。難道超馬賽自備篩選選手的機制？魏吉爾疑惑道。超距馬拉松是否只吸引身體強韌的選手？還是選手們發現了延長體力的秘方？

因此魏吉爾才硬爬出被窩，將裝咖啡的保溫瓶丟進車裡，一路開過來，準備拜見那些體能天才的身手。他的猜測是，世上最佳的超馬選手已經快要重新發現長跑的秘密，而塔拉烏馬拉人從來沒有忘記過那些秘密。他的猜想即將讓他做出重大決定——倘若一切順利，這項決定不但會改變他的一生，影響也將廣及數千萬人。現在他只想親眼見見塔拉烏馬拉人，釐清一點事情。他要看的不是他們的速度，因為他對他們的腿部生理構造無所不知，搞不好連腿的主人都沒他清楚。魏吉爾急著想弄清楚的東西其實在他們腦海裡。

突然間他屏住呼吸。遠方林間有東西飄過來了，看起來像鬼魂……也像剛從一團煙霧中出現的魔術師。

打從槍聲一響起，塔拉烏馬拉人就讓所有人大吃一驚。他們沒有像前兩年一樣待在後頭，反而一起衝出，從第六街的人行道上超越人群，佔住隊伍最前面的位置。

他們跑得很快——似乎太快了。站在一旁觀賽的唐恩・卡東心想。唐恩曾參加一九七六年的奧運馬拉松賽，也是《跑者世界》雜誌的資深作者。去年參賽的維克里諾展現出老練的自制力，沒有貪快，而是穩穩地從最後面跑到領先位置，越接近終點速度越快。這才是跑完一百英里的方法。

但曾參賽的馬努爾花了整整一年思考美國佬的賽跑方式，而且成功地把經驗傳承給同族的新隊友。他告訴他們，路燈下的街道很寬闊，但進入樹林時賽道會突然縮減成黑暗的單線道。如果不搶到領先位置，前方就會被人牆堵住，大家都會停下來找手電筒，然後排成單行前進。馬努爾建議大家，最好還是先跑遠一點，閃過比賽一開始的人潮大塞車，然後再放鬆下來跑。

雖然塔拉烏馬拉人一開始就跑得飛快，來自附近吉布賽鎮的一位選手強尼・山多瓦卻仍緊跟著馬堤麥諾與璜恩不放。「讓大家都去盯著安和塔拉烏馬拉人不放，」他心想，「我卻要在沒人注意時抱個獎座回家。」山多瓦上次是第九名，成績為廿一小時四十五分，而且在上次賽後的這一年內，終於鍛鍊出了他個人有史以來最佳的訓練成績。他一整個夏天一直私下造訪里德維爾，將賽道的每個部份跑得滾瓜爛熟，記住了每處彎道、轉角與涉溪點。他心裡盤算，如果能在十九小時內完成比賽，應該就有勝算。他已經做好萬全的準備了。

安・崔森本來打算跑在最前面，不過一開始就先用八分鐘跑完一英里，這種步調真是太瘋狂了。所以她慢下來，保持在看得見塔拉烏馬拉人手電筒光線的地方，跟著他們進入綠松湖畔的樹林，自信很快就能趕上他們。前方的賽道一片漆黑，地面是凹凸不平的石頭與樹根，這對安來說大大有利：她最愛的就是夜間跑步。還在念大學時，她最喜歡在半夜拿出手電筒，拉一個朋友在靜悄悄的校園裡跑步，世界彷彿只剩下手電筒一小圈光線下的反射與微光。如果有人能在崎嶇賽道上摸黑跑步不受影響，那個人必然是安。

但抵達第一個急救站時，山多瓦和塔拉烏馬拉人已經足足領先安半英里。山多瓦進入急救站，記下分段成績——一小時五十五分跑完十三點五英里——隨即又衝回賽道。塔拉烏馬拉人卻繞進停車場，奔向費雪的廂型車。他們忙不迭地踢掉黃色Rockport牌跑鞋，彷彿裡面爬滿了紅火蟻似的；費雪和凱蒂已經帶著他們自製的輪胎涼鞋等在一旁。所謂的產品代言，就到這裡為止。

塔拉烏馬拉人蹲下身，將涼鞋的皮帶纏上腳踝，直到小腿，調整皮帶鬆緊的細心程度彷彿是在給吉它調弦。這其中大有學問；他們必須將輪胎皮用一條皮繩固定在腳下，還要確保涼鞋在八十七英里滿是沙礫與石塊的山路上不會滑動或鬆脫。完事後他們立即起身再跑，緊追著山多瓦的腳步。安抵達急救站時，馬堤麥諾和璜恩已經不見人影了。

「這速度真要命，」山多瓦邊想邊往後看。這些塔拉烏馬拉族人到底知不知道先前兩週這裡一直下雨?山多瓦知道等等賽道將會經過雙子湖邊的爛泥沼地，霍普山口底下也是一片泥濘。阿肯色河則是怒濤洶湧，他們得雙手交替拉著安全繩過河，再苦哈哈爬上兩千呎高的霍普山口，轉過身。回程時一切都得再來一遍。

好吧，這根本就是自殺。山多瓦用三小時二十分鐘跑完前二十三英里半後做出決定。**我要放慢速度，等這些傢伙累垮後再趕過他們。**他讓馬堤麥諾和璜恩跑到他前頭。可是沒過多久，安．崔森就衝過他身旁。**她是打哪冒出來的**？安應該知道得很清楚，用這種速度跑，沒兩下必然筋疲力盡。

抵達三十英里處的半月營地急救站後，馬堤麥諾和璜恩準備吃早餐了。凱蒂．威廉斯將豆子捲餅塞進他們手裡，他們沒有停下來，只是滿足地嚼著捲餅，一會兒就消失在艾伯特山旁的濃密森林裡。

幾分鐘後安衝進來，怒氣沖沖地大聲喊叫找她丈夫：「卡爾呢？他媽的卡爾在哪？」現在是早上八點二十分，她打算卸下頭燈與夾克減輕重量。不過她跑到此處的時間遠遠領先於先前的紀錄，所以她丈夫還沒來得及趕過來。

管他去死。安繼續帶著夜間裝備，衝向前去追趕不見蹤影的塔拉烏馬拉人。

在四十英里處，群眾聚集在雙子湖的小木屋舊消防站旁，一邊看著手錶。第一批跑者大概還要一個小時才會到，或是——

「她來了！」

安出現在山丘頂端。去年維克里諾花了七小時十二分才跑到此處，安則花了不到六小時。「從來沒有女性在這項比賽的中期領先。」運動員兼體育播報員史考特．提利難以置信地說道。史考特曾贏得兩次全球鐵人三項冠軍，前來此地是為了美國廣播公司的「運動大觀」節目擔任評論。「我們眼前目睹的是當代運動中最驚人的勇氣展現。」

不到一分鐘後，馬堤麥諾和璜恩從林子裡冒出來，跟在她身後衝下山坡。Rockport的副總波斯特也全神貫注欣賞眼前的好戲，全忘了他的贊助選手正處於落後狀態，而且還把公司付錢要他們穿上的鞋子丟在一旁。「真是太驚人了。」波斯特如是說。他自己也曾是全國頂尖的馬拉松選手，成績約在二小時二十分左右。「我們全都目瞪口呆，看著那個女人領先群雄。」

還好安的丈夫這次趕上了。他先遞了根香蕉給安，然後將她領進小木屋進行身體檢查。里德維爾賽所有選手都必須在四十英里處接受脈搏與體重檢查，因為體重下降太快是危險脫水症狀的前兆。只有獲得波納醫生的允許，他們才能繼續投入接下來絞肉機般的艱苦比賽。就在前方，沼地的另一端，選手必須登上兩千六百呎高的霍普山口。

安嚼著香蕉，一名叫做辛蒂．柯賓的護士則調整著磅秤。一會兒之後，馬提麥諾站上了安身旁的體重計。

「你還好嗎？」凱蒂對馬提麥諾問道，一邊將手放在他背上表示鼓勵。在高海拔山區用超人般的速度連跑六小時，你現在感覺還好嗎？

「問問他被女人打敗的感覺還好嗎？」安喊道。房裡的人發出尷尬的笑聲，但安臉上沒有笑容。她怒狠狠地瞪著馬提麥諾，就像黑帶跆拳選手瞪著眼前的磚頭。凱蒂因為她無禮的發言瞪了她一眼，但安不理她，目光牢牢盯住馬提麥諾。馬提麥諾疑惑地轉向凱蒂，但凱蒂決定不把那句話譯出來。她有多年的超馬賽跑經驗，也常擔任父親的助跑員，但這次是她第一次碰見跑者挑釁另一名跑者。

儘管房裡大部份人都聽到那句話，不過當時的錄影片段似乎顯示安說的其實是：「問問他跟女人比賽有何感想。」安真正的措詞雖然無法確知，可是她的態度卻不容置疑：領先的她不光是在快跑，而是在「賽跑」，她要求勝。這場比賽將會進行到至死方休。

馬堤麥諾走下磅秤時，安從他身旁擠過，衝出門外。她甩上腰包（裡面已經重新裝滿了能量凝膠、手套，還有為山頂上凍雨與寒風準備的雨衣），然後跑回賽道，朝積著雪的山峰前進。沒兩下她就跑離急救站，馬堤麥諾和璜恩還在吃切片柳橙時，安已經轉過屋角不見人影了。

她是怎麼了？出言挑釁對手，而且又離開得這麼匆忙，甚至沒換上乾襯衣和襪子，也沒多吃點東西。她又為什麼堅持要跑在前頭呢？四十英里處不過是這場大戰的第一回合，衝到最前面，你就會暴露自己的弱點，比賽中所有的驚奇都會消失，你也會成為自己速度的奴隸。就連中學生運動員也知道，最聰明的作法就是在領先者後面亦步亦趨，只要能跟上他就行了。等到比賽尾聲再一股作氣加速，超到對手前頭去。

最經典的例子就是美國籍奧運選手史提夫．普利方頓。老普利在一九七二年奧運同一場比賽中接連兩次衝得太快，每次都被後方的敵手趕上。跑到最後一圈時，普利已經後繼乏力，落到無法奪牌的第四名。這場歷史敗績讓教訓深植人心：若非必要，絕不能放棄追趕的位置，除非你是笨蛋、莽夫——或是棋王蓋瑞．卡斯帕洛夫。

一九九〇年的世界冠軍盃棋賽中，俄羅斯的卡斯帕洛夫犯下足以致命的錯誤，關鍵賽一開場，他就失去了皇后。全世界的西洋棋大師同時發出不忍再看下去的嘆息，這位棋界殺手現在成了待宰獵物。（紐約時報某個刻薄的記者甚至一臉幸災樂禍。）不過那可不是失誤：卡斯帕洛夫故意犧牲最具威力的棋子，好換取更有利的心理優勢。他在陷入苦戰時最能發揮優勢，落入困境讓他必須奇招迭出，奮力求生。那次的對手是一板一眼的安納托利．卡波夫，他的棋風一向保守，不太可能在初期就壓制卡斯帕洛夫，所以卡斯帕洛夫故意犧牲皇后，對自己施加壓力——最後終於獲勝。

這就是安的策略。她沒有追趕塔拉烏馬拉人，反而採用更大膽、更有創意的戰術，那就是讓塔拉烏馬拉人來追她。畢竟在跑步戰中，最奮力求生的是誰？是獵人，還是獵物？獅子失敗後可以改天再來，羚羊卻永遠只能失敗一次。安知道，想打倒塔拉烏馬拉人，她不光需要意志力，她還需要恐懼。把自己放到最前面去，身後每次踏斷樹枝的聲響都會驅策她往終點加速衝去。

「佔住領先位置不但需要專注的魄力，更需要信心。」第一個在四分鐘內跑完一英里的運動員羅傑．班尼斯特曾經說過：「但恐懼也是因素之一……領先者完全不能放鬆，而且得把所有顧忌拋到九霄雲外。」

安夠專注，也夠自信。所有顧忌都被拋到一旁，恐懼現在是舞台上的主角，超馬賽即將目睹第一個以自己為餌的皇后。

第十四章

她瘋了嗎？她真是……太強了！

魏吉爾教練一向只相信堅實的科學資料，但看見安誓死如歸地衝進落磯山脈時，連他也對超長距賽跑不照科學、沒有劇本、沒有訓練手冊、打破一切常識的特性著迷不已。他知道，自由發揮、不受限制正是一切重大進步的起源。（哥倫布、披頭四、比爾蓋茲想必也都相當同意這個看法。）安‧崔森和同場競技者就像躲在地下室裡擺弄燒杯的瘋狂科學家，運動界的其他人忽視他們，而他們也不把跑鞋、飲食、生理機制、訓練強度等玩意當一回事……他們打破了一切規則。

不管他們的新突破為何，必然都是憑真功夫演出。魏吉爾可以安下心來，研究眼前真正的運動新樣本。這不是一般造假的超人演出，不是「神奇的」環法自由車賽車手，也不是突然卯起來狂敲全壘打的棒球員，或是以驚人速度贏得五次奧運獎牌，最後卻因使用類固醇而入獄的女短跑選手。有人對原被譽為神奇女孩，後來卻名譽掃地的瑪莉恩‧瓊斯做出評論：「再怎麼燦爛的笑容，下面都可能藏著謊言。」①

到底誰的笑容才值得相信？簡單，正在林子裡賽跑的那些怪胎族人的笑容，才是真的。

超馬跑者沒有作假的理由，因為這對他們沒什麼好處。超馬比賽不會帶來名譽、財富或獎牌，沒人會知道他們是何許人物，也不在乎這場林間的怪異比賽由誰獲勝。比賽甚至不提供獎金，第一名和最後一個完成賽程者的獎品都一樣。身為科學家的魏吉爾可以信任超馬比賽中的數據，就算身為賽迷，他也能安心享受比賽，不帶譏嘲或懷疑。安．崔森的血液中不會有注射的紅血球生成素（EPO），冰箱裡也不會有造假的血液樣本，聯邦快遞更不會為她送來東歐的激素安瓶。

魏吉爾知道，弄懂了安．崔森身上的謎題，他就能掌握那些擁有超級體能的人類能表現到何種程度。但如果他能解開塔拉烏馬拉人之謎，那就能知道每個一般人可以達到的體能程度。

安用短促的節奏頻頻吸氣。爬上霍普山口的最後階段極為難熬，可是她不斷提醒自己，自從她丈夫卡爾有次對她破口大罵後，再也沒有人曾經在登山時打敗過她。大概兩年多前，她和卡爾在某個雨天出外跑步，當安抱怨起眼前山路沒完沒了又滑溜溜時，她的絮叨激怒了卡爾，他用各式各樣的髒話對她破口大罵。

「他說我是廢渣！」安後來回憶：「說我一無是處！我當下立即下定決心，爬山一定要練得比他更強。」後來她不但比卡爾強，也勝過其他所有人。上坡的安就跟山羊一樣不知疲倦，後來上坡甚至成了她最喜歡的階段，她可以大幅拉開差距，將對手遠遠甩在後頭。

但現在，當她逐漸攀上霍普山口頂部時，只要一轉頭，她就能看見馬提麥諾和璜恩慢慢拉近距離，看起來就跟他們身上的斗篷一樣輕快自如。

「天啊！」安氣喘吁吁。她已經累得直不起身來，幾乎要用手在地上爬，才能繼續往上。「他們到底是怎麼辦到的？」

在他們下方一點點，馬努爾和其他塔拉烏馬拉人也在逼近中。一開始因為比賽進行速度太快，他們之間的距離拉得相當長，但現在，他們就像外星怪物打碎後立即重組，變得更強，族人們也變得更加強悍，集結在馬努爾身後。

「天啊！」安再次驚呼。

她終於到了山頂。上面的景致極為壯觀，如果安轉身的話，可以看見從此地到里德維爾之間四十五英里路一片綠意，曠野隨著地形起伏。但她連喝口水的時間都沒有停留。她手上還有王牌，現在是將它打出來的時候了。稀薄的空氣令她頭暈，大腿肌腱也發出疼痛的抗議，但安毫不遲疑離開山頂，以簡潔的步伐開始下山。這是安的獨門絕招：利用地形在行進間恢復體力。通過一開始較陡的坡度後，下山的路線馬上就會變成長長的Z形緩降坡，所以安可以放輕鬆，讓地心引力自然帶著雙腿往下，不必額外出力。這樣跑了一會後，緊繃的小腿開始放鬆，大腿的力量也慢慢恢復，等她到達山腳時，她的頭再度揚起，獵豹般的神采又回到眼底。

該全力衝刺了。安離開泥濘小徑，回到堅實的道路上，髖部以下的肌肉重新變得靈活，雙腿快速擺動，加速跑向三英里外的折返點。

在此同時，璜恩和馬堤麥諾遇上了一點小插曲。他們一越過山上的林線，眼前便出現一大群毛茸茸的奇怪大動物，旁邊還有其他動物。「熱湯來啦，老兄！」動物群中一個嘶啞的聲音朝塔拉烏馬拉人大嚷。兩人初次謀面的是另一群荒野狂人：「無可救藥工作團」。

十二年前，主辦人坎恩在里德維爾鎮上召集了一大群居民，在賽道沿途設下六個急救站，但他卻沒有在霍普山口上面安排人手，原因是，若要把人手派到霍普山口，連坎恩這個礦坑硬漢也覺得太不人道了。要派人到那上頭去，必須攜帶極大量的補給品，為川流不息、已經不成人形的跑者包紮傷口，讓他們吃飽喝足。志工還必須在積雪的山頂露營二夜，上面不但天寒地凍，而且颳著七級以上狂風。怎麼看都行不通。如果坎恩派過去的人有任何一個下不了山，他脫光褲子也賠不起。

幸運的是，里德維爾有一群駱馬牧人。這群人聳聳肩說，管他的呢，聽起來挺好玩的。他們利用駱馬載上了足夠撐過週末的食物和酒類，然後在一萬兩千六百呎高的雪地敲下露營釘。自從那之後，無可救藥工作團人數成長到八十餘人，其中包括牧人與親朋好友。這些人連著兩天在山頂忍受刺骨狂風與足以凍掉手指的低溫，提供跑者簡易護理與熱湯，利用駱馬將受傷跑者運下山，有空檔時就飲酒作樂，彷彿一群興高采烈的喜馬拉雅山雪人。「霍普山口就算在好日子裡也他媽的要人命。」坎恩表示：「要不是有這些駱馬，會有許多人送命。」

璜恩和馬堤麥諾跑過喧聲震耳的人群間，沿路害羞地與他們互相擊掌。他們在怪異的吉普賽小帳篷停下喝了兩杯酒（還喝了某人塞給他們，滋味非常可口的熱麵湯），然後才迅速跑下通往另一頭的山路。此時安已經跑到看不見的地方了。

中午十二點五分時，安跑到中間點五十英里處，比維克里諾去年的紀錄快了將近兩小時。卡爾為她補充隨身攜帶的運動飲料與能量凝膠，然後自己也戴上腰包，綁緊了鞋帶。根據里德維爾的比賽規則，跑者可以在最後五十英里帶著一名「助跑員」，換句話說，從現在到終點處，安將會有自己的整備人員隨侍在側。

在超馬比賽中，好的助跑員是極佳的幫手，而安有最好的助跑員：卡爾速度夠快，可以驅策她前進；經驗豐富，在安神智不清時可以幫她做出正確決定。超馬跑者連跑二十幾個小時後，意識可能遲頓到無法更換手電筒電池，或看見路標卻無法理解其中意義，甚至像二〇〇五年「惡水馬拉松賽」時一名不幸的跑者一樣，分不清自己是否正要拉屎。

會發生上述狀況的跑者，相較之下還算是神智健全的。其他人甚至可能產生幻覺。一名超馬跑者到後來，只要一見到手電筒燈光就尖叫著跳進樹叢，因為他相信自己看到迎面衝過來的列車。在横越死亡谷的比賽中，還有跑者自覺身旁有踩著直排輪、身穿銀色比基尼的冒煙辣妹相伴，直到好幾英里後他才遺憾地發現，自己看到的不過是被熱氣扭曲的路面。那年的惡水馬拉松賽中，平均每二十名跑者當中就有六名表示體驗到幻覺，有人甚至看見滿地都是腐爛的屍體，柏油路上爬滿「突變鼠型怪物」。一名助跑員就被嚇得毛骨悚然。她的跑者停下來，盯著空蕩蕩的路面好一會，然後對著空氣說道：「我知道你只是幻覺。」

實力夠強的助跑員可以幫你挽回比賽局面，反應快的甚至可以救你一命。這點對馬堤麥諾來說可不太妙，因為他唯一的指望就是昨晚在鎮上遇到的那個衣衫襤褸的怪人會現身，而且真的能夠跟著一起跑步。

話要說回比賽前一晚，費雪將塔拉烏馬拉族人帶到里德維爾的退伍軍人紀念館，除了享用一頓賽前的義大利麵大餐外，還想替族人們招募助跑員。不過這任務可不簡單。助跑不但累人，而且是個無人感激的工作，通常只有家人、笨蛋和死黨才會被說服擔任。助跑員得在荒郊野外等待好幾個小時，直到跑者出現，然後在日落時分出發，跑上一整晚狂風呼嘯的山路，搞得腳脛染血，鞋子沾上嘔吐物。儘管助跑員在同一晚內跑完相當於兩次馬拉松的路程，卻連一件紀念T恤都沒有。助跑員的其他任務包括，跑者在泥地裡打盹時，你得保持清醒等在一旁；跑者股間磨出水泡時，由你負責用指尖捏破；就算自己冷到牙齒打戰也要把夾克讓給跑者，因為跑者已經嘴唇發青了。

在那頓義大利麵晚餐中，馬堤麥諾盯著一個披頭散髮的當地人不放。那傢伙不知怎麼回事，立即大笑了起來。馬堤麥諾也跟著開始笑；他覺得這個衣著破爛的傢伙又酷又有趣。「老兄，就你跟我，」破爛傢伙說道：「聽得懂嗎？你，和，我。你要是缺個人幫你背東西，我隨時效勞。」

「喂喂，等一下。」費雪打斷他們：「你確定你的速度跟得上這些傢伙？」

「這又不是什麼好差事，」破爛傢伙聳肩：「還有別人排隊等著應徵嗎？」

「呃……」費雪道：「好吧，就這麼辦。」

破爛傢伙說到做到，隔天下午，當璜恩與馬堤麥諾跑到五十英里折返點時，破爛傢伙已經等在急救站旁大叫揮手了。兩人飽喝了一肚子水，再從凱蒂那兒拿了些「皮諾爾」玉米粥和豆子捲餅。費雪還另外找了個助跑員，一名來自聖地牙哥的超馬跑者兼塔拉烏馬拉文化的研究者。四名跑者交換了塔拉烏馬拉式的握手禮——輕拂彼此指間，然後轉身跑向霍普山口。安已經無影無蹤了。

「加油！」破爛傢伙說道：「咱們來追上那個女巫吧！」

破爛傢伙說的西班牙文，璜恩和馬堤麥諾幾乎聽不懂，但有個地方卻聽得一清二楚：破爛傢伙說安是個女巫。他們仔細瞧著他，想弄清他是不是認真的，後來認為他應該不是認真的，於是笑了出來。這傢伙真是有趣。

「沒錯，她是個女巫，不過那樣才酷。」破爛傢伙繼續說道。「我們這邊的魔法比較強。魔法，就是mojo，聽得懂吧？不懂？沒關係，我們要像獵鹿一樣追趕女巫。沒錯，就是女巫，懂嗎？我們要像獵鹿一樣追趕女巫，一步一步來。」

不過女巫一點都不肯示弱。第二次登上霍普山口時，安已經將四英里的領先距離拉大到七英里。「我正往霍普山口上爬，然後她從對面過來，呼呼地衝過我身旁，簡直像是用飛的。」一名叫做維森的跑者後來告訴《跑者世界》。「她看起來速度穩定。」

安一路跑向曲折山路的盡頭，然後一頭衝進阿肯色河，掙扎著提防被及腰的河水沖走。下午二點三十一分時，她和卡爾回到六十英里處的雙子湖消防站。安在那裡再次接受身體檢查，然後步履艱難地走下二十呎的泥土斜坡，重新回到賽道上。破爛傢伙與塔拉烏馬拉人抵達急救站時，安已經先走了十二分鐘。

就在此時，坎恩才第一次抵達雙子湖的急救站，正要往山口前進。璜恩和馬堤麥諾已經在回程途中了。急救站裡的人正在熱烈談論安如何刷新紀錄，一路領先，但坎恩看著璜恩與馬堤麥諾離開急救站，他注意到一個細節：他們奔下泥土斜坡時，臉上還掛著笑容。

「其他選手下斜坡的時候，都只能用走的。」坎恩看著璜恩和馬堤麥諾在斜坡上蹦蹦跳跳，彷彿在樹葉堆裡玩耍的孩童，心裡想：「無一例外。而且其他選手臉上可是他媽的半點笑容都沒有。」

①Marion Jones，生於一九七五年，美國田徑運動員，公元兩千年雪梨奧運時勇奪三金，後來承認賽前曾服禁藥，黯然退出運動圈。

第十五章

我身上的肌肉柔軟且放鬆，感覺就像正在參與一場背景音樂的實驗。

——理查・布勞提根（Richard Brautigan），《美國釣鱒》（Trout Fishing in America）

「他們多麼開心啊！」魏吉爾教練不禁驚嘆。連他也從來沒見過這種事情。「真是驚人！」歡樂與決心通常是相對立的情緒，但塔拉烏馬拉人身上兩種情感卻同時洋溢，彷彿奔向死亡讓他們更感活力充沛。

魏吉爾急忙在心裡記下種種值得注意的細節（瞧他們如何將腳趾朝下而非朝上，就像在做地板動作的體操選手。還有他們的背！他們頭上簡直可以放一桶裝滿水的水桶，一滴水都不會潑出來！這不就是我這些年一直告訴選手的，直起來背來，用腹部的力量去跑！）但最令他震驚的，還是他們臉上的笑容。

「就是這個！」魏吉爾狂喜地想著，「這就是我在找的東西！」

不過就連他自己也說不清自己到底在找什麼東西。眼前出現的正是他一直想尋求的真理，但他卻無法準確掌握其中內涵，只能從旁稍微捕捉一絲光芒，就像在只有燭光的昏暗圖書館裡，瞥見了珍貴書籍的封面。但不管他要找的是什麼，魏吉爾知道那東西就在眼前。

過去幾年來，魏吉爾逐漸相信，人類耐力的下一次突破將從他不敢觸及的層面展開：那就是「人格」。不是其他教練整天絮聒的那種人格；魏吉爾要的不是「咬緊牙根」、「渴求勝利」或是「好鬥本性」那類的特質。事實上，他在尋找的東西正好相反。他認為真正重要的特質不是強悍，而是同情心、仁慈、愛心。

沒錯，就是愛。

魏吉爾知道這些話聽起來像是蠢嬉皮的囈語。別搞錯，如果可以的話，他寧可去研究那些實實在在、可量化的東西，像是最高氧耗量（VO2）和間歇訓練表等。但花了將近五十年研究運動生理學後，魏吉爾得到的結論令他自己感到不安。所有簡單的問題都已獲得解答，他現在能學到的東西越來越少。他可以準確地告訴你肯亞青少年領先美國青少年多少（他們多了一萬八千英里的訓練量），他也發現俄羅斯跳高選手為什麼得先學跳梯子（除了可以強化側邊肌群外，跳梯的創傷可以訓練神經反應得更快，減少運動傷害發生）。秘魯牧人的飲食之謎也已被他解開（高海拔對新陳代謝造成特殊影響），他還可以一口氣開講數小時，詳細解釋氧氣消耗率改變百分之一會對身體產生何種影響。

身體之謎既已破解，現在該來看看腦部了。說得更明確一點：要怎樣才能讓人願意做這些事？如何才能啟動腦內機制，讓我們全都重新變回自己本能裡的天生跑者？不光是回到遠古，甚至還要回到我們的童年。記得嗎？我們還小時，大人得大吼大叫才能讓我們放慢速度。在每次遊戲中，我們總是盡力衝刺，像發了瘋般衝著踢罐子，拯救同伴，在鄰居後院裡攻擊叢林游擊隊。遊戲的樂趣有一大半來自全速衝刺，就像不要命般不顧大人要你慢下來的嚷叫。

這就是塔拉烏馬拉人的真正秘密：他們從未忘記熱愛跑步的感覺，也記得跑步是人類最先學會的藝術，是靈感刺激下的原創傑作。早在我們人類還在洞窟內作畫，或是用空樹幹敲打作樂之前，我們就已嫻熟跑步的藝術，將呼吸、心靈與肌肉結合在一起，在曠野中流暢自如的奔行。當老祖宗終於畫出第一批洞穴壁畫時，他們畫的是什麼圖？是從上而下的一撇，還有貫穿底部與中間的閃電形狀圖案——瞧！這正是奔跑的人。

長途跑步的能力受人尊敬，因為它不可或缺。我們靠著它在地球上存活、繁榮、向外繁衍。跑步讓我們取得食物，免於成為別種生物的嘴上肉。跑步讓我們找到伴侶，向她證明我們的能力，然後兩人可以舉步奔跑，共創新生活。我們必須熱愛跑步，否則根本無法活下來愛上別的東西。跑步其實是從老祖宗那輩開始就深植本能的必需品，就跟我們所愛的其他事物一樣（那些我們以感性稱呼為「熱情」或「慾望」的東西）。奔跑是我們的本能，我們能存活，就是因為我們奔跑。我們全都是奔跑一族。這點塔拉烏馬拉人老早就曉得了。

但美國人的心態……甭提了，根本就是爛到骨子裡。魏吉爾認為，美國人的跑步太過造作，太過貪婪，太在意獲得回報，而且期盼立即得到報酬。獎牌、耐吉的合約、曲線動人的臀部，這一切全是獎品。跑步已經不再是藝術，而是一種生意，咬緊牙根努力後就必須拿到補償。難怪這麼多人痛恨跑步。如果你只把跑步視為達成目標的手段，視為一種變快、變瘦、變有錢的投資，一旦投資報酬率不如預期，還有什麼誘因能讓你支持下去呢？

其實，事情不必如此發展。當我們有其他選擇時，表現反而亮眼。回顧一九七〇年代，當時美國的馬拉松選手跟塔拉烏馬拉人很相似，他們是一群孤立的邊緣人，出自喜愛而跑步，擁有的只有直覺與粗糙的裝備。如果把一雙一九七〇年代的跑鞋上半部拿掉，則剩下的部份跟涼鞋沒兩樣：那時愛迪達與Onitsuka Tigers製造的跑鞋只有平板鞋底與鞋帶，沒有動作控制，沒有足弓支撐，也沒有腳跟襯墊。七〇年代那些跑者沒有相關的科學知識，也不擔心所謂的「內旋」（pronation）或「外旋」（supination），其他的那些令人眼花繚亂的鞋店術語，甚至還沒被發明出來。

當時的訓練方式跟跑鞋一樣原始，而且跑得有點過頭了。「我們一天跑兩趟，有時跑到三趟。」法蘭克．薛爾特回憶道。「我們整天就是跑——跑完就是吃和睡。」當時的訓練方式也很嚴苛。「典型的訓練就是讓一堆彼此競爭的傢伙每天比賽，直到大家火氣沖天。」一名觀察者如是說。但選手間的感情卻變得十分緊密，簡直不像競爭者。「我們喜歡一起跑步的感覺。」著名跑者比爾．羅傑斯回憶道。他是一九七〇年代那群選手當中的佼佼者，曾四度贏得波士頓馬拉松賽。「大家樂在其中，完全沒有辛苦勉強的感覺。」

當時的人知道得太少，甚至沒想到跑步應該搞到筋疲力竭，訓練過度，甚至以受傷收場。相反地，他們跑得很快，速度飛快。法蘭克．薛爾特贏得一九七二年的奧運馬拉松金牌與一九七六年的銀牌；比爾．羅傑斯連續三年被評為世界第一的馬拉松選手；艾伯托．薩拉札則贏得波士頓馬拉松賽、紐約馬拉松賽，以及南非鐵人馬拉松賽。一九八〇年代早期，大波士頓徑賽俱樂部的會員裡，能在二小時十二分內跑完一場馬拉松的名字可以數出半打，換句話說，光是一個城市的一個業餘俱樂部，就有六個人具備這樣的實力。二十年後的今天，全美國找不出一個能在二小時十二分內跑完一場馬拉松的人。公元兩千年奧運時，全美沒有一個跑者能通過二小時十四分的預賽水準，只有羅德．迪哈文以二小時十五分的「B」級成績勉強擠進決賽，最後到了奧運，以第六十九名收場。

到底發生了什麼事？我們為什麼從領先群倫落到技不如人，失敗告終？當然了，在這複雜的世界上，要給個別事件找出單一原因並不容易，但真要挑的話，箇中原因大概可以歸納如下：

$

雖然有許多人堅稱原因是肯亞人身上疑似出現了某種突變肌肉纖維，使他們跑得比我們快。但真正的問題不是別人為什麼變快，而是我們為什麼變慢了。事實上，自從金錢滲入賽事，美國長距離賽跑就一路江河日下，陷入死胡同。自從一九八四年以後奧運開放職業選手參賽，換句話說，跑鞋公司可以開始把跑長距的野人從蠻荒中拉出來，編入員工名冊。

當時魏吉爾已經意識到大環境的重大改變，他也盡力去警告受訓的選手。「你心中有兩個女神，」他對選手說道：「一個是智慧女神，一個是財富女神。每個人都以為自己必須先獲得財富，智慧自然會隨之而來，於是大家盡力追求金錢，但其實這樣是本末倒置。你必須先將心靈奉獻給智慧女神，呈上所有愛與注意力，然後財富女神便會因為嫉妒追著你跑。」換句話說，跑步時心中別無所求，你的回報反而會超出你想像。

魏吉爾並非在鼓吹「貧困帶來純潔」這種觀念，也不想打造修道士般儉樸清貧的馬拉松跑者。他媽的，他連問題出在哪裡都搞不清，哪談得上提供解決方案？他想要的不過是找出一個天生跑者——為了純粹的快樂而跑步，舉步時像藝術家充滿靈感的跑者，然後研究他們是如何訓練、生活、思考。無論發現的是什麼思考模式，也許他都能將其移植回美國文化，就像帶回老祖宗傳下的珍貴幼苗，看著它重新蓬勃生長。

魏吉爾心中已有完美的原型。廿世紀中葉，有一名笨拙又被視為怪人的捷克士兵，跑步的模樣醜到不堪卒睹，一名運動記者形容他「好像剛被人在心臟刺了一刀」。但這位名叫做艾米爾・哲托貝克的士兵極為熱愛跑步，當他還是陸軍新兵營裡的大兵時，就常拿起手電筒，在夜間的森林裡一口氣跑上二十英里。

腳上穿著戰鬥靴。

時節是冬季。

白天才剛受過一整天的步兵操練。

雪太深時，哲托貝克就在洗衣木桶裡踩著他的髒衣服原地跑，陪著一堆白色緊身內褲進行耐力訓練。一旦雪融化到可以出去的程度，他便一發不可收拾。首先他會先來個全速衝刺的四百公尺折返跑，來回九十次，中間想休息時便放慢跑個兩百公尺。全套跑完後合計是三十三英里的快跑。問他速度有多快時，他也只能聳聳肩；他從來不計時的。為了訓練爆發力，他和妻子丹娜曾經玩過接標槍的遊戲。兩人在足球場互擲標槍，然後趕上去接住，致命的標槍成了長型的危險飛盤。而哲托貝克最喜歡的運動結合了他所有最愛：他會穿著軍鞋在林間跑步，背上還背著他最愛的妻子。

這一切當然都只是浪費時間。捷克人就跟炎熱非洲辛巴威的雪橇隊一樣，在跑步方面沒有傳統，沒有教練，沒有天生才能，更沒有獲勝機會。但是，被人忽略反而是自由發揮的好機會，哲托貝克沒有什麼好失去的，所以他可以自由嘗試獲勝的方法。拿他第一次馬拉松賽來說好了：大家都知道，跑完廿六點二英里最好的方法就是慢慢跑，持續跑完。每個人都知道，只有哲托貝克一個人不知道。他選擇一百碼一百碼地向前猛衝。

「我當然知道怎麼慢跑。」他後來解釋：「但我以為比賽就是看誰跑得快。」他慘不忍睹、彷彿臨死痙攣般的跑法成了記者大書特書的焦點。記者的評論包含「自從科學怪人以來最可怕的恐怖場景」……「他跑步的樣子像是跑完這步就沒有下一步」……「這人看起來像是正在輸送帶上與大章魚博鬥」等等。但哲托貝克本人倒是不以為忤，他說：「我本來就沒辦法做到邊跑步邊微笑。好在我參加的不是花式溜冰，得分的關鍵是速度，不是儀態。」

而且，天哪，這傢伙跑起來真是聒噪。哲托貝克把跑步比賽當成約會聊天，就算比賽還在進行，他也喜歡用蹩腳的英語、法語加德語，喋喋不休地跟身旁的人講話，曾經惹得某個脾氣不佳的英國選手向大會抱怨說，哲托貝克這人「話講個沒完」。他赴外地比賽時，常邀請新朋友到旅館房間裡聊天，有時房間裡擠滿新認識的朋友，他自己只好放棄床位，到屋外的樹下去睡。某次國際比賽前，他和一名澳洲跑者結為好友，澳洲跑者的目標是打破澳洲的五千公尺記錄，哲托貝克報名參加的項目是一萬公尺。哲托貝克想出了個主意，他叫澳洲佬放棄自己的比賽，和他一塊站到起跑線上。哲托貝克在一萬公尺比賽的前半段為這名澳洲新朋友調節速度，讓澳洲跑者成功打破澳洲五千公尺記錄，然後哲托貝克在後半段才開始加速快跑，最後贏得比賽。

這就是哲托貝克的本色。賽跑對他來說，就像在擠滿人的酒吧裡取樂。他實在太愛參加比賽，所以沒有像一般人一樣養精蓄銳，追求高峰，反而一頭栽入跑步世界，有比賽就參加。一九四〇年代晚期有一段時間他跑得異常起勁，連續三年幾乎每兩個禮拜就比賽一次，而且從未輸過，勝負比數是六十九勝，零敗。儘管那段時間的比賽節奏如此緊湊，他在個人訓練中仍然每週平均跑上一百六十五英里。

一九五二年，哲托貝克參加赫爾辛基奧運時年方三十歲，禿了頭，沒有教練，來自鳥不生蛋的貧困東歐國家，住在廉價公寓裡。當時捷克代表隊實在沒什麼好手，哲托貝克可以自行選擇長跑項目，所以他通通都參加。他先比了五千公尺賽跑，刷新奧運紀錄後獲勝，然後又在一萬公尺開跑，拿下第二面金牌外加另一項大會新紀錄。他以前從未跑過馬拉松，但管他的，反正脖子上已經掛了兩面金牌，就算輸了也沒什麼損失，何不來個一鼓作氣，好好跑他個一趟？

其他選手當然曉得哲托貝克是個馬拉松大外行。當天天氣炎熱，當時的世界紀錄保持人、英國的吉姆·彼得斯，決定利用高溫讓哲托貝克吃點苦頭。彼得斯快馬加鞭前進，跑到十英里處時，已經將他自己的世界紀錄縮短了十分鐘，而且還在繼續加速。當時哲托貝克並不確定是不是真的有人能忍受這麼激烈的速度。「請問一下，」他跑到彼得斯身邊問道：「這是我第一次跑馬拉松。請問這樣的速度是不是太快了？」

「不會啦，」彼得斯回答道。「這樣還太慢了。」如果哲托貝克笨到開口問人，那不管聽到什麼答案都只能怪自己活該。

哲托貝克相當驚訝。「你是說現在還太慢？」他再次問道：「你確定這樣真的太慢嗎？」

「沒錯。」彼得斯答道。接下發生的事，輪到他大吃一驚。

「好吧，謝了。」哲托貝克把他的話當真，撒腿就跑。

當他衝出隧道，跑進體育館時，迎面而來的是震耳欲聾的歡呼聲，不光是來自觀眾，而且來自其他所有各國的選手，他們全都湧入田徑場歡迎他。哲托貝克衝過終點線，創下第三個奧運紀錄時，他的隊友全都衝上前想恭賀他，但他們太遲了；牙買加短跑選手已經將他抬到肩膀上開始繞場。馬克吐溫曾說過：「讓我們痛痛快快活一場，好讓我們死去時，連殯儀館人員都為我們惋惜。」哲托貝克則是痛痛快快跑了一場，當他獲勝時，所有其他代表隊都為他高興。

金錢買不到選手用這麼富有感染力的快樂心情跑步，而蠻橫暴力也無法迫使選手有這種表現。不幸的是，後面這句話，日後由哲托貝克親身證實。蘇聯紅軍在一九六八年開進布拉格，摧毀了捷克的民主運動。俄國人給哲托貝克兩個選擇：他可以和蘇俄站在一起，成為運動大使；或是到鈾礦坑去掃廁所，渡過下半生。哲托貝克選擇了後者。就這樣，世界上最受喜愛的運動員之一，從此就消失了。

剛好在那同時，另一名運動員也遭遇了重大打擊，這人有資格與哲托貝克共同角逐世上最偉大長距跑者的頭銜。他叫羅恩．克拉克，是一位極具天賦的澳洲跑者，外表跟影星強尼戴普一樣黝黑俊秀。像他這樣的人原本應該是哲托貝克最痛恨的對象：哲托貝克只能在軍中下哨後自行到雪地裡摸黑練跑，這個澳洲英俊小生卻可以在風和日麗的早晨，沿著摩寧頓半島沿岸慢跑，還有專業教練在一旁伺候。凡是哲托貝克想要的東西，克拉克全都有：自由、金錢、優雅，還有頭髮。

羅恩．克拉克是顆耀眼明星，但他的國人還是視他為失敗者。雖然他在各項距離比賽，從半英里到六英里，共創下十九個紀錄，但「那個砸鍋的傢伙」從來沒贏過半場大型比賽。一九六八年夏天，他又搞砸了自己最後的機會：在墨西哥奧運的一萬公尺決賽中，因高山症而遭到慘敗。為了躲避回國後必然湧至的批評與責難，他決定延後回國，先到布拉格向那個從沒輸過的傢伙拜訪致意。會面即將結束時，克拉克瞥見哲托貝克往他的行李箱裡塞進某樣東西。

「我當時以為他要託我幫他向外界傳點消息，所以一直到飛機已經飛遠了我才敢打開那個小包。」克拉克後來回憶。臨分別時，哲托貝克還用力抱了他一下，告訴他：「因為你值得。」克拉克認為哲托貝克的舉動既可愛又貼心；這位體壇前輩自己在國內面對的麻煩已經夠大了，卻還有閒情逸致給無緣登上頒獎台的後生小子來個領獎時才有的大擁抱。

直到後來，克拉克才發現，哲托貝克說的「因為你值得」根本不是指那個擁抱。在行李箱裡，克拉克發現了哲托貝克於一九五二年贏得的一萬公尺奧運金牌。哲托貝克願意將金牌送給未來將刷新自己紀錄的人，情操已然異常高貴；而送出金牌時，哲托貝克已經快要失去自己擁有的一切，更讓人在這行動背後瞥見難以言喻的同情與關愛。

「熱情、友善、對生命的熱愛，在他的一舉一動間散發出來。」感動不已的克拉克後來回憶道。「現在沒有，過去也從沒有過比哲托貝克更偉大的人。」

這就是教練魏吉爾想弄清楚的東西：哲托貝克究竟是剛好擅於跑步的偉人，或者是，**跑步使他變得偉大**？魏吉爾無法驟下結論，但他的直覺一直告訴他，愛別人的能力，與愛跑步的能力似乎有所關連。至少其間運作的程序的確是相同的：兩者都必須放開你對自我的慾望，不去管想要的東西，專心體會現有的一切，採取耐心、寬容的態度，不作過度的要求。性慾與速度，這兩者難道不是我們存在的象徵，就跟我們的ＤＮＡ雙股一樣彼此交纏嗎？沒有愛我們不會出生，沒有速度我們就無法存活。仔細檢視其中之一能讓我們更瞭解另一方，也許這也不是什麼太奇怪的事。

不過魏吉爾是科學家，不是宗教導師。他不想將自己的研究搞得佛光普照一片大愛，但他也不能忽視眼前的例子。他在別人眼中的巧合發現蛛絲馬跡，連結了看似不相干的東西，而當他越是去檢驗同情心理論，他就越感興趣。林肯總統也是擅長跑步的人（有人形容「他能跑贏其他所有男孩」），這只是巧合嗎？還有南非政治領袖尼爾森．曼德拉呢？曼德拉大學時就是野外馬拉松高手，入獄後仍然一天在囚室裡跑上七英里。也許克拉克對哲托貝克的形容並非溢美之詞，也許克拉克從專業的角度觀察到了精準的事實：哲托貝克的一舉一動間，散發著對生命的熱愛。

沒錯，對生命的熱愛！就是這個！這就是當璜恩與馬堤麥諾興高采烈奔上泥土坡時，讓魏吉爾的心臟興奮狂跳的東西。他找到真正的**天生跑者**，而且還是整整一個部落！從眼前的例子看來，這些人跟他預期的一樣快樂迷人。

魏吉爾，一個獨自站在林中的老人，突然覺得真正的「不朽」之路展現在眼前。他的計畫即將開始，一項偉大的計畫，這不但關係著如何奔跑，更事關我們應該如何生活。魏吉爾讀過倫霍茲的書，在那一刻，那位偉大探險家話中的真意突然一片顯豁。探險家稱塔拉烏馬拉人為「人類歷史的奠基者與創造者」，原來這就是他的意思——也許只要我們停止奔跑，停止當個「天生跑者」，那麼一切我們無法克服的煩惱，包括暴力、過胖、疾病、憂鬱、貪婪，全都會陸續出現。壓抑本性，你的本能就會以更醜陋的其它方式宣洩出來。

魏吉爾的任務很明確。他必須從現代生活中找出一條回到過去的道路，讓我們重溫塔拉烏馬拉人自古的生活，認清自己究竟如何迷失。動作片中總是將文明的毀滅歸咎於超級炸彈、核子戰爭、撞上地球的彗星，或是發展出自我意識的人造人，不過真正的危機也許已經在我們眼皮底下悄悄展開：由於肥胖問題嚴重，美國新生兒中每三人就有一人可能罹患糖尿病。換句話說，我們這一代可能是美國史上第一個平均壽命超過子孫輩的世代。也許比起好萊塢，古代印度人才是真正準確的預言者。他們認為世界不會在爆炸的火光中終結，而是以懶洋洋的大呵欠畫下句點。毀滅者濕婆消滅我們的方式就是……什麼都不做。讓我們終日閒遊，把他炙熱的力量從我們體內抽離，放任我們變成遲緩的蛞蝓。

不過魏吉爾教練並不是個狂熱主義者。他並不贊成我們拋下一切，馬上衝到峽谷內，跟塔拉烏馬拉人一樣住在洞穴裡啃老鼠。應該有些我們派得上用場的要領吧？有沒有哪些基本的塔拉烏馬拉原則，可以在美國土地上落地生根？

因為……天啊，想想這報酬有多大。如果能跑上幾十年從來不受傷該有多好？或是一週跑上幾百英里，每一英里都樂在其中？或是在提升體力的同時，讓心跳速率變緩，壓力與怒氣同時消散？想像一下，如果犯罪、膽固醇、貪婪同時消失不見，整個美國都成了跑步一族，重新找回驕傲的步伐，那麼這樣的功績必然能勝過奧運選手、勝過他過去的光榮與紀錄，成為魏吉爾對人類最大的貢獻。

他還沒找到全部答案。但他看見裹著斗篷的塔拉烏馬拉人飛也似地奔過，他知道該到哪裡去找。

第十六章

說也奇怪，破爛傢伙和魏吉爾同樣看到塔拉烏馬拉人，但破爛傢伙眼中看見的，卻是一個膝蓋出了毛病的中年男子。

一開始他先聽到了不對勁。之前幾個小時他一直聽著璜恩與馬堤麥諾涼鞋輕微的沙沙聲，就像鼓手用鼓刷製造音響的聲音。與其說他們的腳跟踩上地面，不如說是輕撫上去，兩隻腳輪流碰到地面，踢向臀部，重新順勢踩出下一步，就這麼一小時又一小時地，沙……沙……

不過當他們從艾伯特山下來，踏上通往七十英里處的單向道時，破爛傢伙聽到原本的節奏中出現了異樣。馬堤麥諾似乎對一隻腳特別小心翼翼，踩下時特別留心，不像之前那樣輕易踏出。璜恩也注意到了，他不斷回頭，遲疑地望著馬堤麥諾。

「怎麼了？」破爛傢伙問道。

馬堤麥諾沒有馬上回答，很可能是因為他正在細細回想過去的十二小時，想找出疼痛的原因：是因為開頭那十三英里穿著這輩子首次見到的跑鞋嗎？還是黑暗中在崎嶇曲折的山路上傷了腳？或是因為度過洶湧河流時在滑溜的石頭上扭傷了？也許……

「是女巫。」馬堤麥諾說道。一定是那個女巫。消防站中的小插曲突然變得意義鮮明。安的怒視，她含糊憤怒的低語，旁邊眾人驚訝的表情，凱蒂拒絕為他翻譯成西班牙語，破爛傢伙說過的話

——這太明顯了。安對他下了詛咒。「我從她身旁超越，」馬堤麥諾後來表示：「不過她在我的膝蓋上下了咒語。」

「漁夫」不讓他把村裡的巫師帶來一起參賽，因此馬堤麥諾就一直害怕會有這樣的事發生。在老家銅峽谷裡，巫師可以保護食物和飲料，讓伊斯奇耶與皮諾爾不被下咒。巫師還會用小圓石與磨碎的藥草為跑者按摩，對抗別人對跑者髖部、膝蓋、臀部下的咒語。但在美國的里德維爾這裡，沒有塔拉烏馬拉族的巫師，看看這下發生了什麼事：四十二年來頭一遭，馬堤麥諾的膝蓋出問題了。

破爛傢伙弄清發生什麼事後，他突然產生一陣親切感。「這些人不是神，只是平凡人，」他自忖。跟一般人一樣，他們最愛的事物也為他們帶來最多困惑與痛苦。就算是塔拉烏馬拉人，跑上一百英里也不會毫髮無傷。他們也必須面對自己的疑惑，當小惡魔在耳邊低語著要他們放棄時，不斷找出理由堅持下去。

破爛傢伙望向璜恩。璜恩正在猶豫不決，不知是要撒腿追上前去，或是待在老前輩身邊。「追上去。」破爛傢伙告訴璜恩與璜恩的助跑員：「我來照顧這老小子。你好好追上那個女巫，像獵鹿一樣追到她受不了！」

璜恩點點頭，不久就消失在彎曲賽道另一頭。

破爛傢伙對馬堤麥諾眨眨眼。「只剩你跟我啦，好朋友。」

「好得很。」馬堤麥諾答道。

終點的氣味從安的鼻間飄過。當璜恩跑到七十二英里處的半月急救站時，安已經將領先距離拉長至幾乎兩倍。她領先了約廿二分鐘，而且只剩下廿八英里要跑。

光是要與她打平，璜恩就必須每跑一英里縮短一分鐘的差距，而且他即將展開追趕的地勢差到不能再差：連續七英里的柏油路。安有豐富的路跑經驗，而且腳上還穿著耐吉氣墊鞋，大可邁開大步盡情奔跑。但璜恩直到今天才第一次見識到柏油路，只能踩著腳上的自製涼鞋應付這從沒見過的路面。

「他的腳要吃大虧了！」璜恩的助跑員對著路邊的採訪人員喊道。不過一離開泥土路，踩上柏油路面後，璜恩就將膝蓋放彎，縮小步伐，利用縮短上下移動距離吸收過多的衝擊力。事實上他適應得實在太好，吃驚的助跑員開始落後，無法跟上他的速度。

璜恩獨自向前追趕安。他只花了跟早上差不多的時間就跑完到「孵魚場」之間的七英里，然後轉向左方，踩上通往「電纜上坡」的泥濘小徑，這是跑者們最害怕的一段路，許多跑者害怕電纜上坡的程度，幾乎不下於霍普山口。「我見過有人在賽道上坐著哭了起來。」一名里德維爾常客回憶道。但璜恩毫不猶豫開跑，彷彿早已等待這項挑戰多時。他輕鬆跑上近乎垂直的斜坡，其他大部份的跑者到了這裡，幾乎得用手把自己的膝蓋抬起來才行。

在前方的安已經快要登頂，但她已經因疲倦幾乎張不開眼睛，彷彿不願去看剩下的那一點上坡路。一段山路接著一段山路，璜恩穩穩地拉近與她的距離——但突然間他停了下來，開始用單腳跳。不幸的事發生了；他一隻涼鞋的皮帶斷了，而且他身邊沒有修理的材料。安登上山頂時，璜恩在路邊的石頭上坐下，檢視著剩下的皮帶。解開皮帶後，他發現剩下的長度剛好夠他固定住腳跟。他小心翼翼綁上變短的皮帶，試著踩了幾步。很好，該上路了。

這時安已經跑到賽道最後一部份。只要沿著綠松湖跑完最後十英里泥土路，她就能在六街狂歡人群的歡呼聲中跑上山去通過終點。現在才剛過傍晚八點，身邊的樹林正慢慢陷入黑暗中。然後，林間突然衝出一樣東西超過她身旁，速度快到安甚至無法反應。她僵立在賽道中央，吃驚到差點無法動彈。璜恩正大步從她左邊跑過，下一步便回到賽道中間，在飄動的白斗篷中輕快地超越安，消失在前方賽道上。

他看起來甚至不覺得累！就像……就像他跑得正開心！安受到的打擊實在太大了，當場讓她決定乾脆退出比賽算了。儘管離終點只剩不到一小時，但塔拉烏馬拉人那種使魏吉爾興奮不已的快活模樣，卻讓安完全崩潰。瞧瞧她，跑到半死不活只為了保持領先，但這傢伙看起來卻像只要他高興，隨時可以趕上她。這真是太羞辱人了。現在她才發現，當她把自己當成餌放到領先位置時，早就成為璜恩獵殺的目標了。安的丈夫好不容易才說服她繼續向前跑，勉強保住了領先，後面的馬堤麥諾和剩下的塔拉烏馬拉人已經快要追上她了。

璜恩以十七小時卅分完成全程，將里德維爾的紀錄向前推進了廿五分鐘。他還創下另一項新紀錄：由於他從來沒有見過「終點線」這個東西，因此他不曉得該直接衝過去，反而害羞地從下面鑽過。安在將近半小時後抵達，成績是十八小時六分。馬堤麥諾緊接在她身後，帶著被「詛咒」的膝蓋跑出第三名，馬努爾和剩下的塔拉烏馬拉人也不遑多讓，分別跑出第四、第五、第七、第十、第十一名的佳績。

「天啊，好一場比賽！」美國廣播公司的體育節目評論員史考特．堤利一邊將麥克風遞到安面前，一邊為電視機前的觀眾說出心聲。她在攝影機的強光下眨著眼，一副快要昏倒的模樣，不過還是擠出最後一點精力，為這場大戰做出結語。

「有時候，男人就是得靠女人激出真正的潛力。」

「是啊，反過來也說得通。」塔拉烏馬拉人也許可以這樣回答。安．崔森原本打算單槍匹馬打敗一整族長距賽跑的專家。這番雄心壯志讓她把個人在里德維爾賽的紀錄推進了超過兩小時，也創下了從此無人能及的女子新紀錄。

但塔拉烏馬拉人就算想發表感言也沒有機會，因為離開跑道後，他們立即被捲入一場毫無意義的風暴中。

現在本該是他們的光榮時刻。歷經數世紀的恐怖與驚惶，他們的頭皮曾被視為獵物，他們的力量受到奴役，他們的土地遭到侵吞，現在塔拉烏馬拉人終於贏得了尊敬。他們已經充分證明，自己是全世界最偉大的長途跑者。現在全世界都已認清，他們神奇的技巧值得鑽研，生活方式應當受到保存，他們的家園應當被保護。

魏吉爾已經打算賣掉房子，辭掉工作，可見他有多麼興奮。現在里德維爾既然已搭起了美國與塔拉烏馬拉文化間的橋樑，他也打算實行自己長久以來的計畫。他已經六十五歲了，本來就想從目前的教職退休。他要和妻子卡洛琳搬到亞歷桑納與墨西哥的邊界，創立個塔拉烏馬拉文化研究基地。這也許得花上幾年，不過在這之間，他要在每年夏天回到里德維爾，跟塔拉烏馬拉跑者打好關係，開始學習他們的語言……弄台有監測設備的跑步機，測量他們的心跳與最大氧氣消耗率，搞不好還可以讓他們與他訓練的奧運選手來場研習！計畫中最令人興奮的就是這部份——安能與他們並駕齊驅，換句話說，不管塔拉烏馬拉人有什麼技巧，我們應該也能學得會！

一切都是如此美好。直到一分鐘後。

你要是他媽的想用我這些塔拉烏馬拉人的照片，費雪對衝上前來恭賀的波斯特與其他Rockport主管強硬表示，**最好乖乖捧上錢來！**

波斯特非常吃驚。「他整個怒氣沖天，彷彿快炸了開來。看起來像是要追殺你到天涯海角。當然我不是說他要殺人，」波斯特連忙更正道：「而是說他就像那種會跟人爭執一輩子，永遠不承認自己有錯的傢伙。」

「那傢伙專給人找麻煩。」坎恩補充道。「之前他還沒那麼難搞，等到知名贊助商與電視轉播找上門來後，Rockport在他逼迫下，只能照他的條件使用塔拉烏馬拉人的影片。他也存心刁難我這個大會主席。這傢伙完全只顧自己的利益，根本不關心塔拉烏馬拉人。」

費雪的反應是瘋狂大發作，就像那次在銅峽谷靠著發狂保住一命一樣。「這場比賽有內定！」費雪聲稱：「他們弄了個藍眼睛的金髮女選手，希望她獲勝，但是她卻沒有贏。」費雪還指控里德維爾主辦單位買通所有記者，讓他們到豪華渡假村飲酒狂歡三日。據費雪事後對我表示，一名記者甚至試圖買通他，想用錢讓費雪吩咐璜恩保留實力，和安打平。「這名記者非常有聲望。他告訴我璜恩獲勝的話會是一場大災難，因為對白人跑者來說，塔拉烏馬拉人獲勝是非常令人難以接受的事。」為什麼呢？「因為美國人那種病態的想法，也就是女人能與男人匹敵。」（當我問及那個記者的名字時，費雪拒絕回答。）

事實上，指控坎恩和「主流媒體機器菁英」共謀對付比賽的超級明星，這種說法根本說不通，不過這跟費雪稍後的發言比起來根本不算什麼。他聲稱有人遞了一罐下藥的可樂給他的跑者，讓他「倒在半路，幾乎喪命」；還有另一名跑者遭到「某個白人」性騷擾，對方趁著比賽後按摩的機會，將手伸進他的兜襠布裡，「撫弄他的陰莖和陰囊」。提到Rockport時，費雪聲稱他們的贊助說得好聽一點是不情不願，難聽一點則是根本有罪。「他們承諾要在銅峽谷蓋一座鞋廠……整椿交易腐敗透頂……後來Rockport檢視帳目，發現自己被敲了一大筆，連總裁都被炒了魷魚……」

塔拉烏馬拉人看著這些惹麻煩的「恰波契」大聲爭執，聽到他們激烈爭吵，憤怒揮舞的雙手不停地揮向他們的方向。族人們不知道爭執的內容，卻接收到其中的含意。世界上最偉大的無名跑者面對怒氣與敵意時，採取了歷史上一貫的應對方式——他們逃回峽谷裡的老家，就像一場夢般消逝，也帶走了他們的秘密。一九九四年獲勝後，塔拉烏馬拉人再也沒有回到里德維爾比賽。

有個人跟著他們離去，從此再沒有出現在里德維爾。那就是塔拉烏馬拉人奇怪的新朋友——那個破爛傢伙。不久他的名字就成了卡巴羅・白馬，那個在馬德雷山脈的獨行俠。

第十七章

沒有野蠻人，我們該何去何從？那些人是人生的指路明方。

——卡瓦菲（Constantine Cavafy），《等待野蠻人》

「那已經是十年前的往事了，」白馬卡巴羅結束了上面這一大段故事：「從此我就一直待在這裡。」

早在幾小時前，飯館裡的老媽媽就把我們踢出她的客廳兼飯館，上床睡覺去了。卡巴羅一邊說故事，一邊領著我走過克里爾鎮無人的街道，進了一家暗巷裡的酒館。我們一直待到連那裡也打烊，這時故事已經從一九九四年推進到現在。時間是凌晨兩點，我的腦袋轟轟作響。他告訴我的故事遠超過我所能預期的；我得知了塔拉烏馬拉人在美國超馬賽中曇花一現的經歷（還知道該去找費雪、魏吉爾、Rockport等人或公司，就可以聽到剩下的故事）。不過在這些故事裡，他始終沒有回答我唯一提出的問題：

老兄，你到底是誰？

聽起來，在他跟著馬堤麥諾在林子裡奔跑之前，他的一輩子似乎什麼事都沒做過，要不就是他做了一些最好不要重提的事。每次我一問，他就用笑話或嗯嗯啊啊帶過，把話題像地牢門口般緊緊關住。（「你問我怎麼賺錢？我幫有錢人做他們自己不肯做的事。」）然後滔滔不絕地講起另一個話題。他給我的兩條路很明顯：我可以繼續囉嗦把他惹火，或是放棄追問，聽點有趣的故事。

我決定聽點有趣的故事。我聽到費雪在一九九四年里德維爾賽後，持續發動他的怒火攻勢。世界上還有其他比賽，其他塔拉烏馬拉跑者，所以不久他就又召集了另一群塔拉烏馬拉人，大鬧各項比賽，就像長途旅行時同車的討厭鬼。一開始，塔拉烏馬拉隊被逐出加州的安磯斯百英里耐力賽，原因是費雪在比賽進行中不斷闖入只有跑者能進入的賽道。「我最不願意做的事就是取消選手資格，」主辦者表示：「但費雪讓我們沒有選擇餘地。」

之後在猶他州的瓦沙契百英里賽當中，三名塔拉烏馬拉跑者跑出第一、第二、第四的佳績，但因為費雪拒絕繳付報名費，族人們慘遭取消資格。然後在西部耐力賽中，費雪再度大鬧終點線，指控比賽志工偷偷在路標上耍花樣，愚弄塔拉烏馬拉跑者，然後——你沒聽錯——偷取族人的血液。（所有參加西部耐力賽的跑者都必須留下血液樣本，以進行有關耐力的科學研究。但只有費雪一個人聲稱採集血液是一樁騙局，而且大發脾氣。據說他表示：「塔拉烏馬拉人的血液非常、非常罕見，所以醫藥界才會設局，想把他們的血拿去做基因檢查。」）

到了這個地步，似乎連塔拉烏馬拉人都不願跟「漁夫」費雪打交道了。他們也注意到費雪的休旅車越來越新，越來越豪華，但他們長達數週遠離家鄉，在山區裡跑上幾百英里，卻只有幾袋玉米作為報酬。又一次，塔拉烏馬拉人覺得跟惹麻煩的「恰波契」打交道，結果讓自己成了被剝削的奴隸。塔拉烏馬拉隊就這麼畫下句點；他們從此永遠解散。

又叫白馬卡巴羅的米卡．真實（或這個不管叫什麼名字的傢伙）對塔拉烏馬拉人深感親切，又極為不屑自己美國同胞的所作所為，因此覺得必須做點事補償他們。一九九四年他擔任馬堤麥諾的助跑員後不久，設法接受了科羅拉多州巨石鎮的廣播電台訪問，呼籲眾人捐出多餘舊外套。收集到一堆外套後，他便將它們綑一綑，出發前往銅峽谷。

他根本不曉得該往哪裡去，找到好友馬堤麥諾的希望，簡直就跟廿世紀初期英國探險家謝克頓想從南極生還一樣渺茫。他在沙漠與峽谷間遊蕩，逢人便問馬堤麥諾，最後居然真的在九千呎的高山上，馬堤麥諾住家的村子裡見到馬堤麥諾本尊。馬堤麥諾固然吃驚，但白馬自己可能也嚇了一跳。塔拉烏馬拉人用他們獨有的沉默方式表示歡迎：他們幾乎不和他交談，但每天早上卡巴羅醒來時，他的營地旁總有一小疊自製的玉米餅，還有新鮮的皮諾爾飲料。

「拉拉穆里人沒有錢，但他們之中沒有窮人。」卡巴羅說道。「在美國，你向別人要杯水喝，他們會把你帶到遊民收容所。在這裡，他們會把你請進家裡讓你吃飽。你要到外頭紮營，他們會說：『沒問題，但你不願意跟我們一塊在屋裡睡嗎？』」

邱圭塔村晚上太冷，讓白馬卡巴羅這個來自加州（或不管什麼地方）的瘦子實在受不了。所以分送完所有外套後，白馬向璜恩與馬堤麥諾道別，獨自下山進入溫暖的峽谷深處。他不去管毒幫巢穴或亡命之徒，在峽谷裡面到處漫遊，逃過疾病與峽谷熱的侵襲，最後在河流一處彎道邊找到中意的地點。於是他拖來石塊，建了座小屋，就此安身立命。

「當時我決定找出世界上最棒的地方奔跑，而那裡就是了。」那天晚上走回旅館時他告訴我。「第一眼望見的景色讓我看得目瞪口呆，興奮不已，我等不及想要到小徑上開始跑步。我那時開心的要命，甚至不知道該從那裡開始，不過那裡畢竟是一片蠻荒，我得先多花點時間適應才行。」

反正他也別無選擇。之前在里德維爾他沒有參賽，只下場助跑，因為四十歲後他的腿就開始不聽使喚了。「我之前就有腳傷，腳踝附近的肌腱尤其嚴重，」白馬表示。過去幾年來，他試過各式各樣的療法，包含敷腳、按摩，還有越來越貴、號撐支撐性越來越好的鞋子，但全都白費工夫。進了銅峽谷之後，他決定拋開常識。塔拉烏馬拉人那麼會跑步，他們的作風總該有點道理吧？他不想花時間慢慢研究箇中奧妙，而是來個土法鍊鋼，先依樣畫葫蘆再說。

他把跑鞋丟掉，只穿涼鞋，然後開始只吃皮諾爾當早餐（他已經學會調製皮諾爾，就跟煮麥片差不多），又把乾燥後粉狀的皮諾爾裝在腰袋裡，在峽谷裡到處漫遊。他有幾次跌得非常悽慘，有時甚至無法走回小屋，但他咬緊牙根，將傷處泡在冰涼的溪水中，然後記取受傷的教訓。「痛苦使人謙卑。知道什麼事會讓你吃苦頭是很值得的。」卡巴羅說道。「我很快就學到，對於馬德雷山脈最好多抱點敬意，因為她可以把你嚼爛了再一口吐出。」

到了第三年，卡巴羅已經開始在只有塔拉烏馬拉人才認得出的野徑上奔跑。他總是戒慎恐懼地翻越一座又一座嶙峋山頭，下山的路逐漸變得更長、更陡、甚至比專家級滑雪道更蜿蜒，在長達數英里的下坡路上他有時滑下，有時向上爬，有時往下跳，大多數時候幾乎無法控制自己，只能靠著在峽谷裡鍛鍊出的反射神經應變。可是腳傷的陰影仍然揮之不去，也就是膝關節軟骨破裂、後大腿肌腱撕裂或阿基里斯腱拉傷那火燒般的疼痛。

不過這些疼痛都沒有出現，他一直沒有受傷。在峽谷裡生活幾年後，卡巴羅變得更強壯、更健康，而且這輩子從沒有跑得這麼快過。「自從到這裡生活後，我對跑步的心態完全改變了，」他告訴我。為了測試自己的實力，他到峽谷裡一條騎馬必須走上三天的山路開始跑步，結果在七個小時內跑完全程。連他自己也不知道自己究竟如何練出這樣的實力，有多少該歸功於涼鞋、皮諾爾和互惠制度，但是……

「喂，」我打斷他的話。「你能不能讓我見識一下？」

「見識什麼？」

「像你說的那樣跑步。」

他臉上的笑容讓我馬上後悔說出那句話。「好啊，我可以帶著你跑一次。日出時咱們在這裡碰面。」

「呼！呼！」

我本來想大叫，但卻喘得說不出話來。「卡巴羅！」我最後終於擠出他的名字，及時在他消失在上坡彎道前叫住他。我們從克里爾鎮後面的山丘上出發，沿著一條佈滿岩石與松針的小徑往林子裡爬。還跑不到十分鐘，我已經喘不過氣來了。不是因為卡巴羅跑得太快，而是因為他顯得如此輕盈，彷彿帶著他上坡的不是肌肉，而是意志的力量。

他轉過身，小跑到我身邊。「好吧，老兄，第一課，跟在我後頭。」他又開始跑了起來，不過這次慢得多，我則在後頭試圖模仿他的一舉一動。我將手臂甩高，直到手掌達到肋骨的高度，原來的大步幅則改變為短短的步伐，然後努力挺直背，幾乎可以聽見自己脊椎骨喀啦作響。

「別跟路面對抗。」卡巴羅的聲音從他身後飄過來：「接受它給你的東西。如果你不知道該用一步或兩步跨過石頭，那就跑三步。」在小徑上奔跑多年後，卡巴羅已經對路況瞭若指掌，甚至還給腳下的石頭取了綽號：有些是「幫手石頭」，可以讓你有力地跳向前去；有些則是「騙子石頭」，外表看起來像幫手石頭，但會在你跳起來時狡猾地滾到一邊去；還有些是「奸詐石頭」，是專門等著絆倒你的小畜牲。

「第二課，」卡巴羅繼續喊道：「保持放鬆、輕快、流暢、快速。一開始先放鬆，這點不太難，反正你也別無選擇。再來學著輕快一點，想辦法不費勁地跑，就像你根本不在乎眼前的坡頂有多高，自己還要跑多久。等你練久一點，甚至忘記自己還在練習輕快時，你就可以開始練習跑得非常——流暢。不必擔心自己是不是能跑得快；只要做到前三點，速度自然就快了起來。」

我盯著卡巴羅穿著涼鞋的腳不放，試著模仿他那彷彿足不點地的古怪步法。我一直低著頭，甚至連已經跑出樹林了都沒發覺。

「哇！」我忍不住驚叫出聲。

太陽剛從山間升起，空氣中飄送著松針的香氣，那是從小鎮邊緣簡陋木屋的破爐子裡傳出來的。遠方的台地上矗立著高聳的巨石，就像復活節島上的石像。再遠一點則是白雪皚皚的山頭。儘管我已不再氣喘如牛，眼前的美景仍讓我看得喘不過氣來。

「我早告訴你了。」卡巴羅得意洋洋地道。

我們該往回跑了。雖然明知自己沒本事跑過八英里，但在這些小徑上跑步的經驗如此美好，讓我實在捨不得離去。卡巴羅完全瞭解我的心情。

「這就是我這十年來的感覺。」他說道：「而到現在我還在探索這片天地。」不過此刻他沒時間了。今天他必須趕回自己的小屋，而且時間有點晚了，他怕天黑前來不及到達。這時他才向我解釋他到克里爾鎮的目的。

「你也知道，」他開口道：「里德維爾賽後又發生了許多事。」過去超馬不過是一群瘋子拿著手電筒在樹林裡幹的傻事，可是這幾年來，新加入的年輕好手已經大幅改變了比賽的風貌。新成員包括跑步時在iPod上大播「奇戀合唱團」的音樂、一口氣拿下三次硬石百英里賽冠軍的卡爾．梅爾哲；號稱「泥地歌唱家」的卡妲拉．寇柏特，這位全身刺青五花八門的哥德風辣妹曾經一時興起，跑完長達兩百一十一英里、橫貫優勝美地國家公園的「約翰．穆爾步道」，然後調過頭來再跑一遍。另外還有「裸體男」東尼．克魯皮卡，他身上通常只穿緊身短褲，曾經在朋友家的衣櫃裡睡了一年，全心進行針對里德維爾百英里賽的訓練。還有著名的「飛奔史卡格斯兄弟」艾瑞克和凱爾，這兩人曾經靠著搭便車抵達大峽谷，然後創下跑完峽谷兩側全程的最快紀錄。

這些年輕人追求的是新鮮、艱難、又吸引人的任務。由於他們大量投入野徑賽跑，到了二〇〇二年，這項運動成了全美成長最快的戶外活動。吸引這些人的不光是賽跑，還有探索身體未知能耐的刺激感。被譽為超馬之神的運動員史考特·傑瑞克在他發出的每封電子郵件後，都附上十九世紀美國心理學家威廉·詹姆斯的一句名言，正是對年輕一代的超馬風潮所作的最佳註腳：「越過極度疲憊與沮喪的界線後，我們也許會發現自己擁有從未意識到的力量與自在。這些潛在的力量從未被發掘，因為我們從未強迫自己越過障礙力量的高牆。」

年輕一代湧入林間時，也帶進來了最近十年內運動科學界發展出來的新知。科羅拉多科泉市的山區跑者麥特·卡本特首先在跑步機上花費數百小時，監測在喝水或其他的動作中，身體代謝會產生什麼變化（在生物力學上，攜帶水最有效率的方法是將水壺夾在腋下，而非用手拿著）。他還利用打磨機與刮鬍刀，從跑鞋上刮下非常細微的重量，然後再將鞋子浸到浴缸中，以便測量鞋子吸水與乾燥速度的變化。二〇〇五年時，他利用自己無微不至的知識大破里德維爾賽紀錄，新創下的成績是十五小時四十二分，比跑得最快的塔拉烏馬拉人還要快上將近兩小時。

但是，等等！塔拉烏馬拉人要是接受同樣的鍛鍊，究竟能跑到什麼程度？這就是卡巴羅想知道的事。維克里諾和璜恩的跑法是出於狩獵需要，這也是他們代代相傳的跑法——只要跑到足以抓住獵物的程度就行了。要是讓族人們碰上卡本特那樣的傢伙，天曉得他們會快到什麼程度？更重要的是，沒有人知道他們在自己的老家能發揮到什麼程度。這些衛冕冠軍難道不能享受一下在熟悉環境比賽的特權嗎？

卡巴羅的結論是，如果塔拉烏馬拉人不願回到美國比賽，那麼美國人就應該到塔拉烏馬拉人的故鄉來。然而他也知道，若是族人們驟然間碰見一大群滿肚子問題又狂按快門的美國跑者，這群極度害羞的峽谷居民多半三兩下就躲得不見人影。

但是……卡巴羅繼續盤算，要是他能舉辦一場塔拉烏馬拉式的賽跑呢？就跟老派的作風一樣，參賽者先花上一個禮拜鬥嘴混熟，聯絡感情，瞭解對方的風格與技巧，等到最後一天，所有的跑者再聚集起來，來場五十英里的高手大決戰。

這個點子棒透了，只是當然也沒人把它當一回事。頂尖的跑者才不願意冒這種險。這不但是職業生涯大自殺，而且是真正會要人命的自殺。為了要站上塔拉烏馬拉族人的起跑線，頂尖跑者得穿越盜匪窩，跋涉蠻荒地，每喝一口水、每吃一口食物都得小心翼翼，一旦受傷他們就必死無疑，縱使不致當場喪命，但最後一樣小命不保。遭遇意外的話，他們距離最近的道路可能有數天的腳程，離最近的飲用水有數小時，而且身處狹窄的岩壁之間，當然不可能指望救援直昇機能深入險地。

不打緊，卡巴羅已經開始進行他的計畫，這也是他到克里爾鎮的唯一理由。他離開峽谷深處的小屋，大老遠趕到自己厭惡的城市裡，原因是他聽說鎮上的糖果店後面有一台能撥接上網的電腦。他學了些電腦的基本操作，申請了電郵帳號，開始對外界發送訊息。這時我恰好出現在他面前。他這個「印第安老美」之所以對我這個突然從旅館裡冒出來的人有興趣，完全是因為我告訴他說我是記者。如果我能寫篇相關報導，也許能真的吸引到一些跑者。

「那你想邀請誰？」我問道。

「目前為止只有一個，」他回答：「我只想招募有跑者精神，真正厲害的高手。所以我一直在寫信給史考特．傑瑞克。」

史考特．傑瑞克？贏得七次西部山路賽、三度獲得年度超馬跑者榮譽的史考特．傑瑞克？卡巴羅一定是瘋了才會相信史考特願意來這個鳥不生蛋的地方，跟一群無名小卒賽跑。史考特是全美、甚至全世界最頂尖的跑者，很可能還是有史以來最偉大的跑者之一。他在比賽之餘從事的活動包括協助Brooks公司設計經典鞋款「卡斯凱迪亞」，舉辦熱銷一空的跑步訓練營，或是決定下一次是要到日本、瑞士、希臘還是法國參加眾所矚目的比賽。史考特．傑瑞克本身就是個企業品牌，這個品牌能否永續，完全看史考特的健康。換句話說，這位珍貴的跑者最不該做的，就是冒著生病、被射殺、或是被打敗的風險，跑到滿是狙擊手的墨西哥荒郊野外，參加這種四不像的怪異比賽。

但卡巴羅不知何時讀過一篇史考特的訪談，而且立即感到濃濃的親切感。就某方面說來，史考特本人的神秘度也不下於卡巴羅。許多實力遠遜於他的選手，像是迪恩．卡納澤斯或潘蕾得，都在電視上大放厥詞，出版誇大不實的回憶錄，或是光著上身在時代廣場拍攝從上方取景的跑步機秀，推銷運動飲料（迪恩．卡納澤斯就是這樣）。但史考特，這位全美最偉大的超馬跑者，卻幾乎像個隱形人。他似乎是純粹的跑步動物，也許這說明了他的另外兩項獨特習慣：每場比賽開跑的那一剎那，他都會發出令人心驚膽顫的嚎叫聲；當他獲勝之後，他還會像精力過剩的獵犬般在泥裡打滾，然後站起身來，拍拍身上的泥巴，回到老家西雅圖，從此消失無蹤，直到下次在黑夜中發出戰嚎的時刻到來。

這才是卡巴羅想要的高手。卡巴羅不要那些愛賣弄，只想利用塔拉烏馬拉人打知名度的傢伙，他要的是真正理解長跑藝術的選手，這樣的人就算見到跑得最慢的跑者，也會對他們的付出抱持敬意。卡巴羅用不著其他證據來證明史考特是正確的人選，不過有件事還是值得一提：在那篇訪談的最後，被問及他的偶像時，史考特提到了塔拉烏馬拉人。「各位也許可以從這裡獲得一點啟示：」那篇文章寫道：「史考特引述了塔拉烏馬拉印第安人的一句話：『當你在大地上奔跑，而且跟著大地一起跑時，就可以無窮無盡地跑下去。』」

「你瞧！」卡巴羅堅持：「他擁有塔拉烏馬拉人的靈魂。」

不過等一下……「就算史考特．傑瑞克肯來，塔拉烏馬拉人會配合嗎？」我問道。「他們會參賽嗎？」

「也許吧。」卡巴羅聳聳肩：「我想邀請的族人是阿納佛．昆馬利。」

絕對不可能。從我跟阿納佛打交道的經驗來看，他連跟外人交談都不肯，更別提跟整整一團外人相處一週，帶領著他們從未知的小徑進入他的家鄉。我很欣賞卡巴羅的品味與雄心，但我非常懷疑他評估現實的能力。美國跑者中沒有人知道卡巴羅是何許人也，大部份塔拉烏馬拉人甚至不確定卡巴羅是人還是鬼。但卡巴羅卻以為這些人全都會信任他？

「我很確定馬努爾．魯納會加入。」卡巴羅繼續說道：「他兒子搞不好也會。」

「馬瑟利諾？」我問道。

「是啊。」卡巴羅答道。「他很不錯。」

「他棒透了！」

我眼前彷彿還能看見那十來歲的人形火炬在泥土路上飛奔而下，彷彿導火線上飛躍的火焰。好吧，如果是這樣的話，那誰還在乎史考特或哪些當紅炸子雞會現身呢？光是能跟馬努爾、馬瑟利諾、卡巴羅一起奔跑就值回票價了。卡巴羅和馬瑟利諾奔跑的方式，幾乎就是人類最接近飛翔的動作了吧。剛剛在克里爾鎮外小徑上，我已經嚐到了那樣的滋味：很像極為用力揮動手臂，然後感到自己飄浮在離地半吋的地方。有過那樣的體驗後，除了再來一次外，你腦中根本容不下其他東西。

「我辦得到。」我在心中告訴自己。卡巴羅初抵此處的時候跟我的處境差不多，那時他也是四十來歲上下，兩腿全是傷。但過了一年後，他在山間已經幾乎能凌空漫步。如果他可以，我為什麼不行？如果真的用上他教給我的技巧，我也能強壯到在銅峽谷跑上五十英里嗎？他的夢幻比賽成真的機率大概是……嗯，好吧，根本就是毫無指望，不可能成真的。但如果奇蹟出現，他真的說動當代最棒的塔拉烏馬拉跑者來場比賽，那我希望自己能夠在場親眼見證。

回到克里爾後，我和他握手道別。

「謝謝你的指導。」我說道。「你教給我許多東西。」

「期待下次再會吧，老兄。」卡巴羅答道。然後便離開了。

我望著他離去。從某方面說來，整件事異常令人難過，又異常振奮人心。我就這麼望著這位古老長跑藝術的先知，對其他事不屑一顧，一股勁兒地朝著夢想前進，回到他口中「世界上最適合奔跑的地方」。

孤身一人。

第十八章

「你聽過卡巴羅．白馬這個人嗎？」

從墨西哥回來後，我撥了電話給《終極跑步》雜誌的資深編輯唐恩．艾利森。卡巴羅提到自己的過去時，洩露了兩個值得追查的細節：第一，他曾經以某種鬥拳作為職業；第二，他曾贏得幾次超馬冠軍。追查鬥拳資料可說困難到不切實際，因為鬥拳的種類與認證團體多到令人暈頭轉向。不過談到超馬比賽，大本營位在麻州威姆士灣的唐恩．艾利森可說是唯一的最高權威。因為跑步運動中，所有的謠言、比賽結果、明日之星，通通都由他過濾後報導，所以唐恩對這個領域無所不知，沒有不認識的人。也正因為如此，他當場的第一反應也格外令人失望：

「誰啊？」

「他應該還有另一個名字叫米卡．真實。」我答道：「不過我不確定這究竟是他的名字，還是他的狗。」

電話另一端沉默不語。

「喂？」我問道。

「嗯，等一下。」艾利森終於回話了：「我一面在找資料。所以說，這傢伙是真的？」

「你是說，他是認真的嗎？」

「不，真的有這個人嗎？這傢伙真有其人？」

「沒錯，我在墨西哥見過他。」

「好吧。」艾利森接著問：「那他是不是個瘋子？」

「這個嘛……」這下換我遲疑了：「應該沒有瘋。」

「因為曾經有個人用這名字投過幾篇稿。我剛剛就是在找那個。不過說真的，那些東西根本不能登。」

如果是連艾利森都不想登的東西，那可嚴重了。與其說《終極跑步》是本雜誌，還不如說裡面全是像聖誕卡一樣，專供跑步圈內人閒話家常的文章。裡面的報導大概有百分之八十是條列的名字和時間，全都是沒人聽過的比賽結果，舉辦地點也大多是只有超馬跑者才會上門的荒郊野外鳥地方。除了比賽結果外，每期雜誌都會有幾篇跑者投稿的文章，發表他們最近一股傻勁研究的最新結果，像是「利用磅秤得知你的最佳飲水需求」，或是「不同頭燈與手電筒組合之比較」。換句話說，會被《終極跑步》退稿的文章必然是離譜到了極點。因此，我差點不敢開口問說，像「大學炸彈客」那般獨居在小屋裡的卡巴羅老兄，到底是寫出了什麼驚天動地的文章，以致於被退稿呢？

「呃……他在信裡恐嚇別人或什麼的嗎？」

「沒有。」艾利森答道。「只不過他的文章跟跑步沒什麼關係，比較像是在談民胞物與、造業、現代人的貪婪等之類的東西。」

「裡面有提到他想舉辦的比賽嗎？」

「嗯，他說想和塔拉烏馬拉人來場賽跑。不過似乎只有他會參加，還有其他三個印第安人。」

魏吉爾教練也從來沒聽說過卡巴羅。我本來指望在里德維爾歷史性的那天，他們也許曾碰過面，或是之後在銅峽谷相見。但在里德維爾賽後，魏吉爾教練的生涯發生了戲劇性的重大轉折。一切由一通電話開始：一位年輕女性打電話問道，是不是能協助她通過奧運預賽。這位女性在大學時代曾展現不錯的運動天分，後來卻對跑步感到非常厭倦，於是放棄了跑步，目前正考慮是否要開家兼賣糕點的咖啡店。她打來問，不知道魏吉爾教練是否覺得她應該繼續呢？

魏吉爾是鼓勵選手的高手，所以他知道正確的答案應該是：算了吧，妳還是去泡摩卡奇諾，對人生比較好。雖然來電的迪娜·凱斯特（當時還用娘家的姓「德羅辛」）聽起來似乎是個可愛的姑娘，但她跟魏吉爾這樣的大教練是沾不上邊的。她在加州海灘上長大，習慣在溫暖的太平洋陽光下跑出家門，沿著聖塔莫尼卡的小徑練跑。但魏吉爾講求的是斯巴達戰士般的苦練，他的訓練計畫只有最適者才能生存，份量不但重到嚇死人，而且訓練的地點還是在寒風呼嘯的科羅拉多山區。

「我試著勸她打消主意，因為我所在的科羅拉多州艾勒莫沙，跟她的加州小鎮不一樣。」魏吉爾後來回憶：「這裡很荒涼，位在山區，而且很冷，有時甚至低於零下三十度。只有最強的人才能在這裡成功練跑。」不過迪娜還是執意前來。為了獎勵她的決心，魏吉爾仁慈地同意為她測試基本體能與潛力。可是結果並未改變魏吉爾的看法：迪娜的實力平平無奇。

不過魏吉爾越是想把迪娜打發走，她就對整件事越是有興趣。魏吉爾辦公室的牆壁上貼著讓跑步變快的魔法公式，但迪娜怎麼也看不出這些魔法公式跟跑步到底有何關係。上面全是這類的字句：「回報別人讓你變得更富足」、「改善人際關係」、「保持正直的價值觀」。而在飲食內容方面，他對有志挑戰奧運的選手建議如下：「吃些窮人吃的東西。」

魏吉爾正在打造自己的迷你塔拉烏馬拉世界。在他擺脫一切牽絆，出發到銅峽谷之前，他要在科羅拉多盡力營造銅峽谷般的環境。如果迪娜真的想在魏吉爾指導下進行訓練，最好準備好接受塔拉烏馬拉式的指導。換句說，她得削減物質享受，不但要鍛鍊身體，更要鍛鍊靈魂。

迪娜搞懂了這一切，而且迫不及待想要開始。魏吉爾教練相信，要成為偉大的跑者，就得先成為偉大的人。她說，她有什麼好擔心的呢？魏吉爾心不甘情不願地給了她機會，從一九九六年開始，對她進行塔拉烏馬拉風格的訓練。不到一年之內，原本打算成為烘焙師父的她，踏上成為美國最偉大跑者之一的道路。

她在賽場上迭創佳績，贏得許多國內比賽的冠軍，而且打破的紀錄包括從三英里到馬拉松等各式距離比賽。二〇〇四年雅典奧運中，迪娜跑贏了當時的世界紀錄保持人、英國籍跑者寶拉・瑞克利夫，獲得銅牌。這是美國馬拉松選手二十年來首度在奧運奪牌。不過你要是請魏吉爾教練細數迪娜的榮光，最先被提起的一定是她在二〇〇二獲得的年度慈善運動員獎項。

逐漸地，魏吉爾越來越投入美國長途賽跑的發展，銅峽谷的夢想離他越來越遠。二〇〇四年奧運前，他受邀至加州山區高處的猛獁湖區，為奧運選手進行特訓。對七十五歲的他來說這樣的工作份量實在太重，他也因此付出代價：他在奧運前一年心臟病發作，必須進行冠狀動脈手術。魏吉爾體認到，自己已經永遠失去向塔拉烏馬拉人請教的機會了。

從此世界上只剩下一個還在追尋塔拉烏馬拉人跑步秘密的研究者：卡巴羅．白馬，但他學到的一切無法言傳，只能用動作表現出來。

我的文章在《跑者世界》刊登後，激起了一陣對塔拉烏馬拉人的興趣，但並沒有多少優秀的跑者爭著加入卡巴羅的比賽。說得更精確一點，連半個優秀跑者也沒有。

也許我也該負一部份責任。我在描寫卡巴羅時，不得不使用「形容枯槁」這樣的字眼，也不得不提到塔拉烏馬拉人認為他「不太正常」。不管對這場比賽的興趣有多高，任何人只要一想到：參賽就等於是將性命交在這個用假名的神秘獨行俠手裡，這個假名神秘客最親近的朋友們都住在洞穴裡吃老鼠，而且這些朋友們也認為他很奇怪……任誰都要三思而後行。

還有，要弄清比賽真正的時間地點，更是件超級困難的事。卡巴羅雖然設立了一個網站，但想跟他聯絡，就像是站在海邊等待瓶中信漂過來一樣機會渺茫。卡巴羅要收發郵件時，必須先跑上三十多英里的山路，中途涉過一條河流，趕到小鎮烏里克，然後再設法打動當地的小學老師，好讓他使用學校裡殘破不堪的舊電腦與唯一一條撥接線路。只有天氣好時，他才能這麼來回跑上六十多英里，否則可能會在下雨後滑溜溜的岩壁上摔掉小命，或是在暴漲的溪水中淹死。烏里克鎮一直到二〇〇二年才有電話線路，線路維護只能說是馬馬虎虎。卡巴羅也可能費盡功夫跑到鎮上之後，才發現線路已經故障了好幾天。他曾經有一度無法如期收信，因為他在跑到鎮上的途中被野狗咬了，不得不中斷行程，改道去尋找可以注射狂犬病疫苗的地方。

每次看見收件匣裡出現「卡巴羅．白馬」總是讓我大鬆一口氣。雖然他擺出一派輕鬆的模樣，但卡巴羅的生活裡其實危機重重，每次出門跑步都有回不來的可能。雖然他喜歡自認毒幫殺手把他看成是無害的「美國印第安佬」，但誰曉得那些殺手心裡想什麼？除此之外，他還有怪異的昏厥毛病，每隔一陣子就會突然昏倒不醒人事。就算住在有完善急救系統的地方，突發的昏厥也非常危險，更何況卡巴羅住在廣闊荒涼的銅峽谷裡。在那種地方，不會有人看見卡巴羅昏倒，就算他從此消失也不會有人注意到。有次他就差點丟了小命。跑到一處村莊後不久他突然昏倒，醒來時發現自己腦後纏著厚厚的繃帶，頭髮裡全是乾掉的血塊。要是他在抵達村莊前半個小時昏倒，多半只能帶著破裂的頭骨，從此曝屍野外了。就算他能在毒幫狙擊手與自己危險的血壓下活過來，死亡危機仍然時時浮現。在佈滿青苔的塔拉烏馬拉小徑上，只要看錯一塊奸詐石頭，卡巴羅在世間留下的最後回音，就會是他墜入深谷時的慘叫。

但一切都無法阻止他。跑步似乎是他人生中唯一的快感來源，因此他跑步時不像在鍛鍊身體，反而像是在大啖珍饈佳餚。就連有次他的小屋差點被土石流整個淹沒，他也選擇先出門小跑一下，再回來修理屋頂。

但春天到來時，災難降臨了。我收到如下的信件：

嘿老朋友，跑步時出了事，跛著腳趕完全程，現在正在烏里克。這些年來第一次他媽的把腳搞傷！我已經無法適應厚底鞋了，這就是自作聰明的下場。換了雙鞋子，想把比較輕便的涼鞋留到賽跑時穿，以為這樣才跑得快。離開烏里克十英里，還沒到山裡就知道腳下扭斷的地方不妙，沒有別的選擇，只能拖著痛腳爬回烏里克。後來左腳腫得跟象腿一樣！

該死！我全身一陣冰涼，覺得他的意外全是我的錯。在克里爾和他道別時，我注意到我們兩人鞋子尺碼一樣，於是從背包裡找出一雙新的耐吉跑鞋送給他，表示我的謝意。那時他把鞋帶綁在一起，將鞋子掛在肩膀上，並說等自己的涼鞋壞掉時，這雙鞋也許就派得上用場了。他在信裡非常含蓄，並沒有直接指責我，不過我很確定，當他提到穿著厚底鞋扭斷腳踝時，指的就是我那雙鞋。

這時我已經因為內疚而坐立不安。卡巴羅拜託我的事全被我搞砸了。我先是無心送了他一雙跑鞋，在他身邊埋下不定時炸彈，然後又在文章裡將他的特立獨行寫得太詳細，對他的宣傳目的一點幫助也沒有。卡巴羅拼了命想促成比賽，但努力數月後，真正可能出席的卻只有我這個蹩腳又半跛的跑者，而且我還給他帶來了最多不幸。

當卡巴羅沉浸在跑步漫遊的喜悅時，也許還能不去管事實真相，但等他受了傷，無助地躺在烏里克鎮裡時，現實便迎面重擊而下。只要繼續那樣的生活方式，就一定會被看成怪胎，而他現在付出代價了：沒有人把他的話當真。他甚至不確定能不能說服塔拉烏馬拉人參賽，而這些人已經是世界上唯一認識他的人了。這一切到底有何意義？他為什麼要追求這樣一個被別人看成笑話的夢想？

如果他沒有折斷腳踝，這問題可能得等上許久才有答案。不過事實上，當他還在烏里克等待復原時，天上的神捎了個訊息給他。至少那是個他一直努力祈求的神祇。

第十九章

每場比賽剛開始時，我總是懷著崇高的目標，彷彿正在做的事非常了不得。等我體能降低到某個程度後，這些崇高目標就會變得和我的處境一樣狼狽——我最大的希望就是不要吐在鞋子上。

——羅斯柏格（E. Romesberg），核能工程師，超馬跑者，於惡水馬拉松賽六十五英里處表示。

稍早幾天，在西雅圖某座滿是獎盃的小公寓裡，美國最偉大的超馬跑者也正為身體面臨的限制苦惱不已。

他的體魄仍然健美；每當史考特與金髮苗條的妻子莉亞一塊上街時，他亮眼的外型仍然足以使路上的女性頻頻回頭。他倆不開車，而是在住家附近騎著登山腳踏車漫遊，造訪書局、咖啡廳，還有兩人最喜歡的泰國素食餐廳，看來真是一對年輕璧人。史考特身材頎長，線條結實，有著溫暖的棕色眼眸與清新靦腆的微笑。初次贏得西部百英里賽前，莉亞為他理了個平頭，後來他就一直沒理過頭髮。六年後的現在，他有著一頭希臘神祇般的金色鬈髮，一跑起來便隨著身體節奏飄動。

但史考特小時候的綽號是「呆瓜阿傑」。他的老家在明尼蘇達州的普洛克特，當地的鄉親們覺得，這個高個兒怪胎為什麼會變成超馬明星，至今仍是未解之謎。「我們當時整天都在欺負他。」同樣是跑者的達斯提．歐森回憶道。當達斯提和史考特都才十來歲時，達斯提已經是普洛克特鎮上的運動明星。在鄉間練跑時，達斯提會和同夥用爛泥巴丟史考特，然後連忙跑開。「他從來就追不上我們，」達斯提說道：「呆瓜阿傑練得比誰都勤，所以我們都不懂他為什麼跑得那麼慢。」

話又說回來，史考特能練習的時間實在也不多。小學時他的母親得了多發性硬化症，史考特身為三個孩子中的長子，必須在放學後照顧母親，打掃屋裡，父親上班時還得將升火用的木柴拖到火爐邊。多年後，史考特在起跑時的嚎叫與跳進急救站時擺出的功夫架勢，經常讓有經驗的跑者頗不以為然。不過你要是跟他一樣，從小就像船上的水手般整天忙得團團轉，還得目睹自己的母親慢慢墜進惡夢般的痛苦深淵，也許你也會珍惜那種拋開一切，奔向山巒的快感。

後來他母親不得不住進療養院，史考特變得很孤單，生活中只剩下空虛的下午與苦惱的心靈。幸運的是當史考特開始需要朋友時，達斯提剛好需要一個跟班。這兩人的組合相當突兀，卻意外投契。達斯提渴望冒險，史考特則渴望逃離。達斯提有難以滿足的比賽慾望，就在他接連獲得諾迪克滑雪賽與地區越野賽跑冠軍後，他成功說服史考特和他一起去參加明尼蘇達船夫小徑五十英里超馬賽。「沒錯，我是將他騙進去的。」達斯提回憶道。史考特連二十五英里也沒跑過，但因為他對達斯提太過尊敬，所以不敢開口拒絕。

跑到一半時，達斯提的鞋子陷進泥地裡，他還沒撿回鞋子穿上，史考特已經跑得不見人影，一路穿越森林，最後以第二名的佳績贏得生平首次超馬賽，而達斯提足足落後他五分多鐘。「他媽的怎麼回事？」達斯提整個人都傻眼了。那天晚上他家電話響個不停，「大家全都在取笑我，說什麼『你這廢物！居然被呆瓜阿傑拋在後頭！』」

史考特自己也驚訝不已。他發現，原來一切不幸都是有回報的。照顧永遠不會康復母親的絕望，還有永遠追不上那些欺負人混蛋的挫折，這一切全都悄悄在他心中生根，讓他在情勢越來越差時，越發逼自己迎向前去。魏吉爾教練要是知道他的例子一定會很感動：史考特的堅忍完全不求回報，最後卻獲得了難以企及的獎賞。

一切純屬意外，史考特無意間獲得了超馬跑者最重要的一項武器：面對疲憊時能夠不退縮，反而向前擁抱它，拒絕臣服在疲勞之下，直到你熟知它，對它再也不感恐懼。來自愛達荷，有著燦爛陽光笑容與短短馬尾的運動員莉莎．史密巴琛曾經在暴風雪中進行訓練，並贏得一項在撒哈拉沙漠中長達六天的比賽。在她口中，疲憊就像是一隻愛玩的寵物。「我愛疲憊這隻野獸。」她表示：「事實上我會期待它趕快出現，因為每次它來一次，我就更能應付它，也更擅長駕馭它。」疲憊來襲後，莉莎才知道自己馬上要面臨什麼挑戰，而且能夠專心應付。這才是她一開始參加沙漠比賽的初衷：讓自己的訓練派上用場，跟疲憊怪獸來場無傷大雅的小摔角，再讓它瞧瞧誰才是真正的主宰。如果你痛恨這隻怪獸，就不可能真正打敗它。每個偉大哲學家與基因學家都會告訴你，如果想真正征服某樣事物，唯一的方法就是愛上它。

史考特從此離開了好友達斯提的陰影，其他跑者也掩蓋不了他的光芒。「任何人只要見過他在百英里賽中最後幾英里山路飛奔的模樣，一定都會有極大的改變。」一名驚嘆不已的跑者在Letsrun.com論壇上如是表示。那個論壇，是有關跑步消息的頂尖留言版，而以上的發言出現在史考特打破西部百英里賽的紀錄之後。對那些始終落在後面，沒有機會目睹他英姿的跑者而言，史考特以另一種方式成為了他們的英雄：每當贏得百英里賽事後，獲勝者在終點會急著想要洗個熱水澡，躺到舒適的床上呼呼大睡，但史考特卻沒有這樣做。他反而在終點線旁蓋著睡袋，留在現場守夜，一直待到隔天早上，用沙啞的聲音為每名跑完全程的選手歡呼，讓落在最後卻堅持跑完全程的選手知道，自己並不孤單。

史考特三十一歲時，幾乎已經戰無不勝。年年六月都有一群新選手來到西部百英里賽，打算從他頭上摘下冠軍頭銜，等到他們跑完全程時，總是在終點線上看見已經裹上睡袋的史考特。「但再來呢？」史考特不禁想道。他已經將身體鍛鍊得跟法拉利跑車一樣犀利，下一步該做什麼？繼續和碼錶與那一大群選手賽跑，直到自己終於落敗的一天嗎？跑步並不是為了獲勝，早在他還是「呆瓜阿傑」那些寂寞的日子裡，早在他滿臉泥巴，氣喘吁吁地追著達斯提那時候起，他就領悟到這一點。跑步的真諦在於……在於……

好吧，史考特自己也已經弄不清了。但二〇〇五年第七次贏得西部百英里賽冠軍後，他發現自己該到哪裡去找答案了。

西部百英里賽後兩個禮拜，史考特開車離開山區，一路長驅越過摩哈維沙漠，來到惡名昭彰的惡水超馬賽起跑點。當年安·崔森一個月內挑戰兩次超馬賽，但她挑的地方至少還像是地球環境；史考特為自己選擇的這場賽事，則是位於太陽表面。

死亡谷堪稱將血肉活活烤熟的超完美工具，也是大地之母最棒的無煙烤肉器。在那裡，廣闊的鹽海閃爍著微光，周圍高聳的山峰困住底部的高熱，逼著熱氣從你的腦門當頭灌下。這裡的平均氣溫約在華氏一百廿五度左右，不過只要太陽一升起，開始炙烤沙漠地面，腳下的瀝青路面可以足足升到火辣辣的華氏兩百度——正是慢火烤熟牛肋排的最佳溫度。除此之外，這裡的空氣乾燥異常，要是口渴的感覺出現，你的小命差不多已經玩完了；汗水迅速從人體內抽出水份，等喉嚨感到乾渴，你可能已經嚴重脫水到危險的地步了。在這裡只要少喝一點點水，注定就是死路一條。

但每年七月，來自世界各地約九十名跑者聚集在此處，花上六十小時在190號公路上奔跑。公路就像滾燙的黑色緞帶貫穿死亡谷，跑者必須小心翼翼跑在路面的白色油漆線上，免得跑鞋的鞋跟在瀝青上融化。他們在十七英里處會經過「熔爐溪」，那裡曾經出現過美國史上最高氣溫（華氏一百卅四度）。通過該處後，情況越來越糟，跑者必須爬過三座山峰，一邊與幻覺、反胃奮戰，而且到達終點前至少要經歷一次摸黑趕路。不過能到達終點還算好的。莉莎．史密巴琛是唯一曾贏得撒哈拉六日沙漠馬拉松的美國選手，但連她在一九九九年的惡水馬拉松都跑不完全程，必須靠緊急點滴讓脫水的腎臟不致衰竭。

「這裡觸目所及皆是不幸。」一名書寫死亡谷在地歷史的文史工作者如是寫道。在這個死亡之地舉辦賽跑不但詭異，而且還帶著超現實的氣氛。搞不好你會看到迷路的登山者屍體，死者雙手還抓向渴死前發黑的舌頭。一位名叫班恩．瓊斯的醫生兼跑者就曾經親自碰過這種事。他在一九九一年的惡水賽中跑到一半，卻被人匆忙叫去驗屍，原來是有人在沙裡發現一具登山者的屍體。

瓊斯醫生表示：「就我所知，我是唯一曾經邊參賽邊驗屍的人。」不過他對詭異的事本來就見怪不怪。他的綽號是「惡水班恩」，他最為人所知的事蹟，就是曾派出一整隊的人抬著一個裝滿冰水的棺材等在路邊，好讓他在賽跑經過的時候進去躺一下，快速降下體溫。跑在他後面的跑者趕上他時，全被嚇了一大跳：他們看見瓊斯醫生這位極具經驗的跑者居然躺在路邊的棺材裡，閉著眼睛，雙手還放在胸前。

史考特到底在想什麼？他從小在明尼蘇達州郊外滑雪長大，對融化鞋子的高溫與裝冰塊的棺材一無所知。就連惡水賽的主辦者克里斯．柯茲曼都認為，史考特這回實在是撈過界了。「惡水賽的路線，比他先前跑過最長的比賽還多出三十五英里。」柯茲曼後來說：「也是他之前跑過的公路賽兩倍。更別談氣溫比他遇過的還要高出許多。」

柯茲曼只看到了一半的難題。史考特那年為了準備參加西部百英里賽，一心專注增進野外技巧，所以每次在柏油路上頂多跑個十英里。至於說到適應酷熱……西雅圖雖不是天天下雨，但不下雨的日子屈指可數。死亡谷那年則碰上史上最熱的夏天，氣溫一直在華氏一百卅度左右盤旋，就算是最涼爽的日子裡最涼爽的時刻，氣溫也還是比西雅圖整個夏天都來得高。

跑者如果想在惡水賽中獲勝，唯一的希望就是找到有經驗的團隊，緊密監控他的各項生理數值，及時為他補充易吸收的熱量食物與電解質飲料。那年最頂尖的選手中，有人帶了一名營養學家，還有四輛特殊配備的休旅車，可以在途中輪流監測他的狀況。史考特身邊卻只有他的妻子，兩名來自西雅圖的朋友，還有老友達斯提——達斯提還得先從賽前狂歡的宿醉中恢復過來才行。

史考特面臨的對手就和酷熱一樣難纏。他的對手，包括在濕熱環境下兩次贏得夏威夷超馬百英里賽的麥可・史威尼；去年惡水賽第二名得主、今年來勢洶洶的加拿大人福爾格・霍克；兩度獲得惡水賽冠軍的潘蕾得今年也重回賽場。另外還有本書第九章提到的、有「惡水先生」之稱，曾摘下自己腳趾甲的馬歐爾・烏利奇。馬歐爾不但曾四度贏得惡水賽冠軍，而且還曾來回不停地跑了這段路四次。他有回一時興起，推著一台換上腳踏車輪胎的購物車，裡面裝著食物和飲水，獨自跑完了整個死亡谷。更重要的是馬歐爾不但耐力驚人，而且計謀百出。他有個最偏好的詭計，就是天黑後叫那些開車跟著他的助手把車後燈用膠帶全部貼住，不讓燈光外露，用意是讓跑在他後面、想利用夜色追上他的跑者感到挫折。當馬歐爾只領先半英里時，其他跑者因為看不見他隨行隊伍的車尾燈，會誤以為馬歐爾已經跑到看不見的地方。

起跑的時間到了。早上十點前數秒，有人按下了手提音響的播放鍵，美國國歌聲響起，群眾將手放在胸前致敬。有些人連暴露在早晨陽光的威力下都受不了，但真正的惡水賽老手卻無動於衷，他們豐富的經驗也可從全身短裝上看出來：潘蕾得、福爾格、麥可・史威尼等人全都穿著柔軟短褲與緊身上衣，對頭頂上熱辣辣的太陽視若無睹。但史考特卻穿得像要進生化實驗室似的，從頭到腳緊裹在防曬衣裡，長髮還綁起來塞進一頂愚蠢的法國外籍軍團扁帽，十足的明尼蘇達鄉巴佬樣。

開跑了！史考特像電影《英雄本色》中的梅爾吉勃遜一般，從起跑線一躍而出，但這一次，他的吼叫聽來卻軟弱無力，廣闊懾人的莫哈維沙漠吞噬了他的叫聲，僅存的聲響就像泉底的回音一般微弱渺小。

麥可・史威尼也有一套打算，想讓史考特叫不出來。為了避免「神奇小子」史考特緊跟在他身後，最後再一鼓作氣超越他，他打算從一開始就跑到史考特追不上的地方。這事對他來說輕而易舉；儘管超馬選手很少採取激烈作戰方式，但史威尼卻是少數能硬幹的選手。二十幾歲時，他曾經在墨西哥的阿卡普克玩過懸崖跳水（他認為腦袋瓜要多撞幾次才會變硬），後來又到舊金山灣當領航員，對整船水手發號施令，指引巨型貨輪進港。當史考特夏天在山區享受帶著松香的涼風時，史威尼則是在巨風中與船隻的舵輪奮戰，並且每天在高熱三溫暖中跑步長達兩小時。

正午前不久，史威尼領先群倫，越過了「熔爐溪」。氣溫已經飆高到華氏一百廿六度，但史威尼不受影響，領先差距越拉越大，跑到七十二英里處時，已經足足領先第二名的加拿大人福爾格十英里之多。史威尼的助跑團隊也相當優秀，其中有三名傑出的助跑員，包含曾贏得夏威夷百英里賽的攝影師路易・艾斯克博。他的營養師則是人如其名的陽光美女桑妮・布蘭迪。美女桑妮是耐力運動專家，她不但監控著史威尼的熱量攝取，並且只要她認為史威尼需要提神，便拉起上衣在他眼前露出胸脯。

呆瓜阿傑隊可就沒這麼順利了。他的一名助跑員不斷用運動衫幫他搧風，完全沒發現史考特已經累到說不出話來，連運動衫的拉鏈刮擦過他的背部，他也累到沒感覺。史考特的妻子和他最好的朋友達斯提之間，則展開了一場大戰。達斯提恨死莉亞了，因為莉亞為了激勵史考特，不斷給出錯誤的助跑提示；而莉亞也極度討厭達斯提，因為達斯提有個習慣，就是不斷喊史考特「該死的娘娘腔」。

跑到六十英里處時，史考特開始嘔吐發抖，手垂到了膝蓋旁，後來連膝蓋也摔到路面上。他倒在路邊，躺在自己的汗水與唾液中，莉亞和其他朋友甚至未曾試圖鼓勵他起身；他們知道現在對史考特來說，世界上最有說服力的聲音就是他自己心中的吶喊。

史考特躺在原地，想著一切是多麼絕望。他還沒跑到一半，史威尼已經遠到不見人影，福爾格已經跑到通往「克羅利神父瞭望台」的上坡道上，而他甚至還沒開始爬坡。還有這裡的風！他簡直就像是迎著噴射機引擎噴出的滾燙氣流跑步。在幾英里前，史考特曾將頭部與上半身浸入裝滿冰水的大冰桶裡，直到憋不住氣為止，但他一離開冰桶，馬上又覺得火烤般難熬。

「沒用的，」史考特告訴自己，「**你完蛋了。除非你能豁出老命辦到不可能的事，否則你輸定了。**」

「什麼叫不可能的事？」

「就是假裝一切才剛開始。假裝你才剛睡足一覺，比賽甚至還沒開始。接下來八十英里你要盡量快跑，彷彿這是你這輩子跑得最快的八十英里。」

「別妄想了，呆瓜阿傑。」

「是啊，我知道。」

接下來十分鐘，史考特像死人般躺在那裡動也不動。然後他一躍而起開始跑，最後將惡水賽的紀錄足足縮短了廿四分卅六秒。

野外賽之王，公路賽之王。二〇〇五年間史考特贏得的雙重頭銜，是超馬史上最驚人的成就之一，而且時機好到不能再好。史考特成為超馬界最亮眼的一顆明星時，正是這種比賽開始變得熱門的時候。跑者迪恩．卡納澤斯開始脫掉上衣為雜誌拍攝封面，在電視節目「大衛．賴特曼秀」上面大談自己一跑兩百五十英里、還邊跑邊用手機訂披薩的經驗。

再瞧瞧潘蕾得這位跑者，當迪恩一宣布自己準備挑戰三百英里長程，她馬上跑了三百零一英里，為自己贏得在「大衛．賴特曼秀」上面露臉的機會，出版社也找她出書。最後，媒體竟拿迪恩和潘蕾得這兩人來大做文章，刊出一條有史以來最聳動的雜誌標題：「**死亡運動路：絕望主婦追殺超級型男**」。

所以……史考特．傑瑞克的自傳在哪兒呢？還有那些行銷宣傳，那些時代廣場裸胸跑步秀呢？雜誌《終極跑步》的編輯唐恩．艾利森曾如此斷言：「談到百英里賽跑或更長距離的比賽，歷史上沒有人比得上史考特。就算說他是古往今來最偉大的超馬跑者恐怕也不為過。他的才能足以勝過所有可以相提並論的對手。」

那麼他到底在哪裡？

早就離開了。在那個光榮的夏天，史考特和莉亞沒有為自己大作宣傳，反而一下就消失到森林深處，在孤獨中慶祝勝利。史考特沒把脫口秀放在眼裡，背後是有原因的——他家連電視都沒有。他讀過跑者卡納澤斯與潘蕾得所寫的書，還有那些雜誌報導，但這些全都讓他覺得噁心。「全是作秀！」他嘀咕道。這些人正在掠奪跑步這項美妙的運動，將飛奔的快感變成馬戲團的怪胎秀。

史考特和莉亞回到他倆的小公寓後，他發現電子郵件信箱裡又出現了一封之前見過的怪訊息。這兩年來他陸陸續續接到好幾封這樣的郵件，而且寄信者的署名一直在變：卡巴羅．火車頭……卡巴羅．困惑者……卡巴羅．白馬。裡面提到一場賽跑，能不能前來參加，振作人類的靈魂等等……通常史考特瞄了這些信幾眼後，便直接將它們送進垃圾筒，但這次有個字抓住了他的注意力：Chingon。

嘖嘖嘖，這個字不是西班牙髒話嗎？史考特對西班牙文所知不多，但別人罵西班牙髒話時總是聽得出來的。這個自稱白馬的瘋子是在辱罵他嗎？史考特又讀了原信一次，這回專心得多。

我一直告訴拉拉穆里人，我有個阿帕契族的朋友叫拉蒙．奇貢（Ramon Chingon），奇貢說他能跑贏任何人。塔拉烏馬拉人應該跑得比阿帕契人快吧？塔拉烏馬拉族的昆馬利一家尤其跑得快。但現在問題是，有人跑得比拉蒙快嗎？

要讀懂卡巴羅式的文章並不容易，但史考特推敲半天的結論是，他，史考特本人，似乎是獲邀扮演拉蒙·奇貢的角色，駕臨塔拉烏馬拉地盤給他們好看。所以，來信的這個素未謀面的傢伙，是否打算讓塔拉烏馬拉人回想起與阿帕契人的夙怨，來場復仇之戰，再叫史考特扮演蒙著臉的壞蛋？有病……

史考特的手指已經按上了刪除鍵，然後又停住了。話又說回來……這不就是史考特的初衷嗎？找出世界上最棒的跑者，最難對付的路線，再將它們一一征服？總有一天大家會遺忘卡納茲和潘蕾得，就連超馬跑者也不會記得他們。但如果史考特的實力真像他自認的一樣強，如果他真的像他敢於夢想的那麼強，那他就要成為獨一無二的跑者。當今全世界最強還不能滿足史考特，他想成為史上最強的跑者。

但就跟所有冠軍一樣，他也面臨了「阿里魔咒」：他能打倒所有還活著的選手，卻永遠輸給已過世的人（或早已退休的選手）。每個重量級拳手都聽過這句話：「沒錯，你挺強的，但如果碰到年輕時的阿里，你絕對打不贏他。」相同地，不管史考特創下多少紀錄，人們心中總是會浮現那個沒有答案的問題：如果一九九四年他也在里德維爾，結果將會如何？他能打敗璜恩和塔拉烏馬拉隊嗎？還是如「女巫」的下場一樣，塔拉烏馬拉人也會像追趕獵物般，從後面追上他？

沒有人能碰觸到過往的英雄，他們已被時間的壁壘牢牢守住。除非——除非某個神秘的陌生人突然出現，遞上魔法的鑰匙。也許托了卡巴羅的福，史考特可以得天獨厚，倒轉時光，跟傳說中不朽的人物較量一下。

有人跑得比拉蒙・奇貢快嗎？

第二十章

九個月後，我又回到了美墨邊境，這次行程緊湊，絲毫沒有犯錯的空間。時間是二〇〇六年二月廿五日，星期六傍晚，我還有廿四小時可以把卡巴羅找出來。

卡巴羅一旦接到史考特的回信，便立即展開一連串的高難度調度。機會之窗稍縱即逝，因為秋天是收穫的季節，不可能在那時舉行比賽。冬天是雨季，夏天又熱到叫人燙出水泡，許多塔拉烏馬拉人都在夏季搬到峽谷高處較涼爽的洞穴裡。卡巴羅還得避開聖誕節、復活節週、瓜達盧佩聖母節，還有其他的傳統婚宴週末。

最後卡巴羅終於決定把比賽擠進三月五號禮拜天。真正棘手的部份現在才開始。卡巴羅可沒時間像美國獨立戰爭的英勇信差一樣，在不同的村莊間來回奔波，通知比賽的相關事項。所以他得先想出一個時間地點，讓我們與塔拉烏馬拉跑者碰面，然後再一起前往比賽起點。只要稍有估計錯誤，一切就玩完了。說服任何塔拉烏馬拉人參加已然困難至極，要是他們到達會面地點，我們卻不見蹤影，他們一定掉頭就走。

卡巴羅自行估計了他認為合理的時間，然後啟程到峽谷通告週知。他在數週後的一封信上說道：

今天來回跑了三十英里到塔拉烏馬拉區去，正合我信差的身份。我要傳遞的消息比腰間那袋皮諾爾提神飲料更令人精神百倍。運氣不錯，一天內分別見到馬努爾・魯納和菲利・昆馬利。我把消息告訴他們時，連馬努爾那個跟阿帕契人一樣面無表情的傢伙都覺得興奮。

雖然卡巴羅頗有斬獲，我負責的這部份卻困難重重。史考特將與塔拉烏馬拉人同場車拼的風聲傳開後，其他超馬好手突然間全都想來湊這個熱鬧，但究竟多少人會真正出場實在難說，連比賽最大的賣點史考特也未必會真的現身。

史考特還是維持一貫作風，沒讓其他人知道他的打算，直到比賽前一個月他的動向才比較多一點。我是他主要的聯絡對象，但連我都拿不準他真正的意思。他發過幾封信問我行前準備的問題，但隨著關鍵時刻逐漸逼近，他卻變得無聲無息。比賽前兩週，《跑者世界》留言板上一篇文章讓我大吃一驚。留言的跑者來自德州，他說他在德州奧斯汀馬拉松賽的起跑線上獲得了一個大驚喜——

站在他身旁的是美國最偉大（也可能是最神秘）的超馬跑者，史考特・傑瑞克。

德州奧斯汀？就我所知，史考特此刻應該身處兩千英里外，正在搭乘墨西哥的奇瓦瓦太平洋線鐵路，穿越巴哈半島前往克里爾鎮。在市區環境舉行的奧斯汀馬拉松，究竟有什麼吸引力呢？生涯中僅見的大戰就在眼前，史考特理應正在全力備戰，他為什麼要千里迢迢跑去參加無關緊要的簡單公路賽呢？顯然他自有用意，不過一如往常，無論他腦袋裡的盤算為何，都只有他本人知道。

就這樣，一直到比賽前的禮拜六，我已經抵達德州的厄爾巴索，卻仍不知道自己是會孤單成行，還是會領著一團超馬好手上陣。我進住了機場的希爾頓旅館，安排了隔天清晨五點越過邊境的車輛，然後又繞回機場。儘管我知道自己多半是在浪費時間，但我想碰碰運氣，看是否能接到「傻妞」珍・雪頓和「蠢蛋」比利・巴奈。這兩人是情侶，儘管才二十一歲，卻已經風靡了美國東岸超馬界。不過兩人除了跑步外，還忙著衝浪、狂歡，同時忙著處理以下幾件罪名的交保事項：襲擊別人（珍幹的）、行為不檢（比利幹的）、公然猥褻（兩人一起幹的，他們跑步時一時熱情難抑，在路邊親熱起來，被捕後判處社區勞動）。

珍和比利兩年前才開始練跑，但比利已經贏得東岸幾項最困難的五十公里賽，而「年輕貌美的珍・雪頓」（這是超馬部落客喬伊・安德森對她的形容）則剛跑出美國各項百英里賽的最快紀錄之一。「如果這位年輕女性揮起網球拍就跟跑步一樣高明，」安德森寫道：「她一定能成為美國最富有的女性之一，贊助商要多少有多少。」

我曾和珍通過一次電話。儘管她和比利都迫不及待想加入銅峽谷大戰，我卻認為他們根本沒有出場的希望。她和「蠢蛋」老兄都沒錢、沒信用卡，而且也無法蹺課參賽。兩人都還是大學生，而卡巴羅定下的時間剛好碰上期中考，換句話說，他們要是蹺課出場，那學期的成績一定完蛋。但就在我出發到厄爾巴索之前兩天，我接到了如下的氣急敗壞郵件：

等等我們！我們傍晚8:10會到。
厄爾巴索在德州對吧？

從那之後——無聲無息。雖然覺得希望渺茫，但我決定還是到機場去繞一圈，也許珍和比利真能搞對目的地，混上飛機也不一定。我從未見過他們本人，但兩人狼藉的名聲讓我毫不費力就能想像出他們的外貌。在行李領取處，我的眼光立即落到一對青年男女身上。他們看起來就像打算搭便車前往搖滾音樂會的蹺家青少年。

「是珍嗎？」我問道。

「沒錯！」

珍穿著夾腳拖、海灘褲、手染T恤，淺麥色的頭髮綁成辮子。她嬌小清秀的模樣說是花式溜冰選手也不為過。為了擺脫這個形象，她曾經將頭髮剃到髮根，然後在右前臂刺上一隻又大又黑的吸血蝙蝠，後來卻發現這隻蝙蝠跟百加得蘭姆酒的商標一模一樣。「管他的。」珍聳聳肩說道。「這可是良心廣告。」

比利和珍一樣有著俊秀的外貌，穿著也一樣走海灘風格。他脖子後方刺著大大的原住民圖騰，陽光從亂髮中透過來，兩邊是濃濃的鬢角，身穿鮮豔的花色短褲和破掉的衝浪上衣。

「沒想到你們真的趕上了。」我說道。「但計畫有點更動，史考特・傑瑞克不到墨西哥跟我們碰面了。」

「嘖，討厭。」珍回答：「我就知道這麼好的事不會發生。」

「他改在這兒和我們碰頭。」剛才來機場接珍和比利的途中，我看見有兩個人沿著停車場跑步。距離太遠，我看不清他們的臉，但他們流暢的步伐讓我認出他們應該就是史考特一行人。和他們簡單相認之後，我便朝著機場繼續前進。

「史考特已經到這裡了？」

「沒錯。我來機場的路上遇見他。他現在和路易・艾斯克博回旅館酒吧了。」

「史考特會喝酒嗎？」

「看來是的樣子。」

「棒——透了！」

珍和比利拿起行李——一個耐吉購物袋，上頭露出脊椎按摩的棒子，還有一個手提行李包，拉鍊間露出半截睡袋。然後我們往停車場走去。

「史考特是個怎麼樣的人？」珍問道。超馬比賽就跟饒舌音樂一樣，有明確的地域之別。來自東岸的珍和比利大多在老家附近參加比賽，鮮少有機會與西岸高手交流（或交鋒）。對他們來說，說得更精確一點，對幾乎所有超馬跑者來說，史考特就跟塔拉烏馬拉人一樣神秘。

「我自己也只見過他一面。」我接腔：「我只能說，那傢伙很難被別人看透。」

說完這句話後，我本來應該閉上我的鳥嘴的。但誰能預知小事何時會變成大災難呢？就像送鞋子給卡巴羅一樣，我怎麼會知道善意的小禮物後來差點害他丟了性命？相同的，我也無法預知，接下來我嘴裡吐出的幾個字會像雪球般滾成大風暴：

「也許，你可以灌醉他，讓他多說點話。」

第二十一章

「準備拜見你們的神吧，」走進旅館酒吧時我說道。「跟他一起喝一杯吧。」

史考特正坐在凳子上，啜著啤酒。比利丟下他的手提包，向前去跟他握手，珍則留在我身後。從停車場到這裡來的路上她幾乎沒讓比利有開口的機會，但現在一見到史考特，她似乎被眼前的大明星震懾到說不出話來。但我看到她的眼神後，就修正了我的想法。她並不是在害羞，而是在拈量史考特的斤兩。史考特也許把塔拉烏馬拉人當成獵物，但他最好當心一下是誰在後面追捕他。

「全部就這些人嗎?」史考特問道。

我環顧酒吧,算了算人數。珍和比利開始點啤酒,艾瑞克·奧頓則坐在他們身旁。他是來自懷俄明州的冒險運動教練,長期研究塔拉烏馬拉人,而且還為我打造了個人災後重建計畫。過去九個月來我和他每週碰面,有時甚至天天見面,由他設法將支離破碎、不成模樣的我,重新打造成打不倒的馬拉松硬漢。他也是我最確定會參賽的人。儘管他得將妻子與剛出生的女兒留在懷俄明的嚴冬中,但為了在我身上驗收他的計畫成效,他說什麼也一定要趕過來。我曾斬釘截鐵地告訴他,他的估計有誤,我不可能一口氣跑完五十英里。這回我們都要試試他說的到底對不對。

史考特左右分別坐著路易·艾斯克博,還有路易的父親喬·拉米瑞。超馬老手路易不但曾經贏得夏威夷超馬賽,參加過惡水賽,也是超馬比賽中首屈一指的攝影師(他的攝影成就當然部份要歸功於他能跑到別的攝影師到不了的地方)。路易會在這裡純屬偶然。他之前撥了電話給史考特,問他會不會去參加今年的「小狼狂歡會」。這是一場半秘密,只有受邀者才能參加的免費狂歡派對,內容簡介是「長達四天的胡搞狂歡,活動中將會出現被砍下的小狼頭、有毒的點心、掛在樹梢的女用內褲、還有讓人痛不欲生的一百廿英里長跑」。

狂歡會於每年二月在加州奧斯納的野外森林中舉行。派對的目的是讓一小群超馬跑者有機會痛宰比賽對手,再想辦法讓對手拉肚子拉到七葷八素。白天賽跑的距離從三十英里到五十英里不等,賽道上的標記要嘛就是製成標本的小狼頭骨,要不就是女性內衣褲,晚上則舉辦保齡球對抗賽、才藝表演,還有各式各樣臨時想出來的惡搞,有人就曾經將燕麥棒抽出,塞進冷凍貓食,再把包裝紙仔細黏回原狀。對那些喜愛盡情跑步、拼命惡搞的業餘跑者來說，狂歡會堪稱一大盛事。老實說這種狂歡會不太適合職業選手，因為他們得擔心其他比賽的日程，還得顧及贊助商的形象，但不甩那一套的史考特從來不曾錯過一次狂歡會。

他在二〇〇六年破例了。「抱歉，我另外有事。」史考特告訴路易。路易聽說是什麼事後，差點停止心跳。從來沒有人能在塔拉烏馬拉人的故鄉中拍到他們盡情飛奔的照片，理由不難得知：塔拉烏馬拉人是為了好玩而跑，但他們不想讓白種人接近他們。族人的比賽一向隨興、秘密，而且完全遠離塵俗，但如果卡巴羅真的辦成這場比賽，那麼就會有幾個白種幸運兒可以加入塔拉烏馬拉人的世界，這些人將破天荒地加入奔跑一族的世界。

路易的父親喬有著線條剛毅的臉孔，紮著灰色馬尾，手上還戴著北美原住民長老的青石戒指，但他其實是美國的新移民。在他克勤克儉的六十幾年生涯中，他當過加州公路巡邏員、大廚，最後終於成為藝術家，作品充滿故鄉墨西哥的色彩與風情。他聽說兒子將回到墨西哥故國，目睹老祖宗口中的英雄如何活躍後，說什麼也非跟來不可。光是爬山可能就會真叫他賠上一條命，但喬並不在意。跟他身邊這些超馬高手比起來，歷盡風霜的喬更擅長在苦難中存活。

「那個赤腳的傢伙呢？」我問道。「他來不來？」

幾個月前，一個自稱「赤腳泰德」的傢伙突然傳了大量郵件給卡巴羅。他似乎像變身前的蝙蝠俠一樣家財萬貫，是加州某座遊樂園的繼承人，而且打算像蝙蝠俠一樣投入打擊犯罪，號召眾人對抗人類對腳部施加的最大惡刑——跑鞋。赤腳泰德相信，只要把耐吉跑鞋全部丟掉，就能讓所有腳傷通通消失，而且他還以身作則，赤腳跑完了洛杉磯馬拉松賽與聖塔．克拉利塔馬拉松賽，成績居然還夠格參加只有精英才能參賽的波士頓馬拉松。傳說他的訓練方式包括在聖蓋博山區赤腳跑步，還有在伯班克用三輪車拖著妻子女兒上街。現在他打算到墨西哥與塔拉烏馬拉人交流，探索他們驚人的彈性是否得自幾乎赤裸的雙腳。

「他留言說晚點才會到。」路易答道。

「那麼該到的應該都到了。卡巴羅一定會很興奮。」

「那傢伙到底是何方神聖？」史考特問道。

我聳聳肩。「我知道的也不多。我只見過他那麼一次。」

史考特眯起眼，比利和珍從吧台回過頭來，往我這邊伸長脖子，突然間對我的興趣大過啤酒。這群人的氣氛突然改變了。不過幾秒前，大家還在喝酒聊天，現在卻安靜下來，甚至有點緊繃。

「怎麼了？」我問道。

「我還以為你們兩個交情很好。」史考特道。

「交情？差得遠了。」我回答道。「那傢伙神秘的要命，我不知道他的住處，甚至連他的真名也不知道。」

「那你怎麼知道他說的是真話？」喬．拉米瑞問道。「該死，也許他半個塔拉烏馬拉人都不認識。」

「塔拉烏馬拉人認識他。」我回答：「我所知的一切都寫在文章裡了。他是個怪人，跑得飛快，而且已經在那裡住了很長一段時間。我知道的就這麼多。」

大家停了半晌，咀嚼著這幾句話的意思，連我也一樣。我們為什麼會相信卡巴羅？我太投入跑步訓練，忘記了最艱難的挑戰，其實在於如何避免在這場挑戰族人的跑步競賽中，弄丟自己的小命。我根本不知道卡巴羅是什麼人，也不知道他會把我們領向何處。他可能是個變態狂，也可能是個辦事能力很差的蠢蛋。不管是哪一樣，結果都相同：一旦困在銅峽谷裡，我們便無處可逃。

「好吧。」珍開口道。「你們今晚有什麼安排？我已經答應比利，要喝瑪格莉特喝到吐。」其他人或許對此行感到猶豫，但他們似乎已將憂慮拋到一旁。其他四人都同意與珍和比利同行，搭旅館接駁車到鎮上喝兩杯，但我可沒這閒工夫。接下來的旅途辛苦得很，我要盡可能先休息。我跟他們不同，我已經去過銅峽谷，知道再來將面臨何種挑戰。

睡到半夜時，我突然被身邊的喊叫驚醒。聲音非常近，近到似乎就在我的房裡。然後浴室傳來咚的一聲巨響。

「起來，比利！」有人在大吼。

「別理我……我要留在這裡。」

「你一定要起來！」

我扭開電燈，看見冒險運動教練艾瑞克·奧頓站在門口。「這些年輕人，」他邊說邊搖頭。「真是……真不知該怎麼說。」

「大家都還好吧？」

「這可難說。」

我坐起來，腦袋仍然一片混沌，然後走向浴室。比利閉著眼睛癱在浴缸裡，粉紅色的嘔吐物濺滿他的上衣、馬桶，還有地板。珍的上衣不知去向，左眼眼眶瘀青腫起，身上只剩短褲和一件紫色胸罩。她架著比利，正想要把他拖起來。

「你能不能幫我將他拉起來？」珍問道。

「妳的眼睛怎麼了？」

「什麼？」

「讓我待在這裡就好！」比利突然大叫，然後像大壞蛋般格格怪笑了起來，接著再度不省人事。

天啊。我爬到浴缸裡跨到他身上，想找塊沒那麼黏的地方抓住他。我抓住他的手臂，卻找不到柔軟的肌肉可以施力。比利結實的很，要抓住他非常困難。最後我終於把他拖出浴缸，拉進客廳。艾瑞克原本和我同住一間，但珍和比利出現時沒有訂房，想必也沒錢住旅館，所以我們答應讓他們和我們共擠一間。

他們倒是一點也不客氣。艾瑞克一拉出客廳的摺疊沙發，珍馬上像灘爛泥倒在上頭動也不動。我把比利拖到她身邊俯臥，讓他的頭從沙發邊緣垂下，再把垃圾筒放到他的臉下面，恰好及時接住另一灘粉紅色嘔吐物。我關燈時還聽得見他乾嘔的聲音。

回到與客廳相鄰的房間後，艾瑞克將來龍去脈告訴我。他們到了當地一處有墨西哥風味的酒吧。其他人都點了東西吃，但珍和比利卻開始拼酒，喝的是跟魚缸一樣大杯的瑪格莉特。喝到後來，比利矇矇矓矓地走出去找廁所，從此沒有回來。珍則自己找起了樂子：史考特打電話跟妻子道晚安時，珍竟然一把搶過他的手機大喊：「救命！我身旁全是男人的老二！」

還好赤腳泰德恰好在此時現身。他到旅館時聽見同行的夥伴喝酒去了，於是硬要司機帶他到鎮上，而且還說服司機載著他到處找，直到他找到同伴為止。車子才剛到酒吧，司機就看見比利睡在停車場裡。司機把比利拖上車，赤腳泰德則進去叫其他人出來。比利爛醉如泥，珍則加倍發起酒瘋，回旅館途中珍在廂型車座位上不斷往後翻，司機氣得踩下煞車，警告她要是他媽的再不乖乖坐好，就把她踢下車。

可惜司機的管轄區只限於車內。車子在旅館前停下後，珍就像脫韁野馬，一口氣衝進旅館，滑過大廳，迎面撞上一座種滿水生植物的大噴泉，臉部砸進裡面的大理石雕像，眼眶就是那時瘀青的。她從噴泉中站起來時渾身濕淋淋，雙手抓起植物枝葉在頭頂揮舞，彷彿剛在肯塔基賽馬會贏了一大筆錢。

「小姐！拜託！」嚇壞了的櫃台服務人員氣急敗壞的央求，然後才想起懇求對噴泉裡的醉鬼不會有用。「把她管好。」服務員轉而警告其他人。「不然你們通通都得離開。」

遵命。路易和赤腳泰德撲上去壓制住珍，然後把她抓進電梯。珍沿路不斷掙扎，史考特和艾瑞克則在後頭把比利也拖了進去。「放開我！」電梯門關上時，旅館人員還可以聽見珍的哀嚎聲。「我保證，我會乖乖的！」

「可惡，」我看看錶：「再過五小時，我們還得把這兩隻醉鬼拖出這個旅館。」

「我來拖比利。」艾瑞克說道。「珍就由你負責了。」

凌晨三點多時，我房間的電話響起。

「麥杜格先生嗎？」

「嗯？」

「我是服務台人員泰瑞。你的小朋友需要有人來帶她上樓。這是第二次了。」

「什麼？不對，這次不是她。」我邊說邊摸電燈開關。「她就在……」我環顧四周，沒有珍的蹤影。「好吧，我馬上下去。」

我趕到大廳，看見只穿著胸罩和短褲的珍。她給了我一個燦爛的微笑，彷彿在說：「真巧啊！」她身邊有個高大的老頭子，穿著牛仔靴，戴著牛仔皮帶釦。他看看珍的黑眼圈，看看我，然後又往她眼部的傷處看去，彷彿正在考慮要不要痛扁我一頓。

事發經過顯然如下：珍醒過來想上廁所，卻晃過了浴室門口，到了走廊上。在飲料販賣機旁解決內急問題後，她聽到了音樂聲，於是開始尋找聲音來源，原來走廊的另一頭正在舉行婚宴。

「喂！」當珍探頭入內時，大家都叫了起來。

「嗨！」珍開心地回叫，然後晃進去找東西喝。她在裡頭黏著新郎跳了鋼管熱舞，灌了一杯啤酒，然後從一群男賓身邊逃開。這群人顯然認為這個搖搖晃晃、衣衫不整的辣妹在半夜三點奇蹟般出現，是主人為他們安排的特別招待。最後珍終於越過重重阻礙，逛進了大廳。

「親愛的，妳到了明天的目的地之後，最好別喝成那樣。」珍搖搖晃晃走向電梯時，櫃台人員在她身後喊道：「他們會強暴妳，再把妳丟在那裡等死。」櫃台小姐知道自己在說什麼；我們前往銅峽谷的第一站是華雷斯，一個無法無天的邊境小鎮。過去幾年來有數百名跟珍一樣年紀的女性被謀殺，然後棄屍在沙漠，另外光是一年內就有另外五百人遭到殺害。當地毒幫老大將警官名單張貼在電線桿上之後，多達數十名警官離職或是被殺害。此事發生後，誰都不會懷疑當地真正當家作主的是誰。

「好的。」珍邊說邊揮手道別：「抱歉搞壞了你們的盆栽。」

我將她扶回沙發床上，然後將門鎖了又鎖，免得她再次脫逃。看看時間，該死，已經三點半了。再過一個小時半我們就得啟程，否則就沒機會見到卡巴羅。現在他正在穿越峽谷，趕往克里爾鎮。我們在那裡會合後，他會帶我們進入峽谷區。兩天後我們必須趕到巴托皮拉斯山區的一處小徑，塔拉烏馬拉人會在那裡等我們。現在最大的問題就是往克里爾的巴士班次。如果明天沒辦法準時出發，那就說不準何時才能到達。我知道卡巴羅不會等我們；對他來說，「錯過我們」與「讓塔拉烏馬拉人空等」這兩件事根本沒得比，他想都不想就會放棄我們。

「聽著，你們先走。」我回到臥室後對艾瑞克說道。「路易的爸爸會說西班牙話，所以你們有他陪著就能到達克里爾。等這兩個傢伙能走後，我會馬上趕過去。」

「我們要怎麼才能找到卡巴羅？」

「你會認出他的，那傢伙很好認。」

艾瑞克想了想。「你確定不要我用冰水澆醒那兩個傢伙？」

「聽起來不錯。」我答道。「但現在還是讓他們繼續睡，不惹麻煩比較好。」

大約一個小時後，我們聽見浴室裡傳來聲響。「這兩人真是沒藥救了。」我嘀咕著，起身看是誰又在嘔吐。但我見到的是比利正在沖澡，而珍正在刷牙。

「早安。」珍招呼道：「我的眼睛怎麼了？」

半個小時後，我們一行六人再度搭上旅館廂型車，疾駛過厄爾帕索早晨潮濕的街道，開往墨西哥邊境。我們得先越過邊境到華雷斯，然後換搭一台又一台的巴士，越過奇瓦瓦沙漠，直到銅峽谷邊緣。就算運氣好，沒別的意外，到達克里爾之前我們也得在吱嘎作響的墨西哥巴士上連待十五個小時。

「誰能弄杯山露汽水來，我就獻身給他。」珍呻吟道，閉著眼睛，臉貼向清涼的廂型車玻璃窗。

「連比利也一起奉上。」

「這兩個傢伙跑步要是像喝酒一樣狂野，塔拉烏馬拉人一點機會也沒有。」艾瑞克咕噥道。「你從哪把他們找來的？」

第二十二章

珍和比利在二〇〇二年夏天相識。那時比利剛結束在維吉尼亞聯邦大學第一年的課業，放假時回到老家，在維吉尼亞海灘當救生員。有天早上，他到了平常的位置，發現幸運之神降臨，他的新夥伴就像從可樂娜啤酒廣告走出來的美女，而且在各方面都高分通過他的評分標準：她會衝浪，私底下是個大書蟲，狂歡作樂時魄力十足，開的三菱老車上還有剛左搖滾作家杭特．湯普森真人大小的貼圖，他手上的點四四麥格農槍管就印在引擎蓋上。

珍從一開始就不斷煩著他。她對比利的北卡羅萊納大學棒球帽異常喜愛，說什麼都不肯還他。「老兄！」珍說道。「我需要那頂蓋子！」她曾經到北卡羅萊納大學讀過一年書，卻輟學跑到舊金山去寫詩。所以如果這個海灘上真的有業報循環這回事的話，那麼北卡大學的帽子（上面有該校的標誌「柏油腳跟」）應該由她來戴才對。像他這種俊俏的衝浪小子戴上這帽子，頂多只能防止他的俊俏瀏海扎進眼睛罷了……

「好吧。」比利火了：「帽子可以給妳。」

「太棒了！」

「條件是，」比利繼續說：「妳要跑過海灘，光著屁股。」

珍面露譏嘲。「老兄，你真小氣。下班後吧。」

比利搖搖頭。「不，就是現在。」

幾分鐘後，海灘步道上充斥著喝采與叫囂。珍衝出活動廁所，救生員制服扔在身後的地面。上吧，寶貝！她衝到另一區的救生員座位旁，轉身直奔回來。海灘上滿是由她負責保護的母親與小孩，還有許多其他人事物，但這位狂野的大學中輟生毫不猶豫，正面全裸直迎向前去。神奇的是，珍並沒有因此被開除（她被開除是後來的事。起因是她在救生隊隊長車子引擎蓋下塞進一隻活螃蟹，搞得引擎短路）。

閒暇時，珍和比利喜歡談論大浪與書籍。珍最崇拜的是敲打世代的詩人，甚至打算有朝一日如果意外又回學校的話，她要到「傑克．凱魯亞克虛體詩歌學院（Jack Kerouac School of Disembodied Poetics）」，拿個創意寫作的學位。後來她又迷上蘭斯．阿姆斯壯的著作《重返豔陽下》，愛上了新類型的戰鬥詩人。

她發現蘭斯不是只會踩腳踏車的大野牛，而是哲學家，承繼敲打世代精神的作者，一個達摩般的浪子，在柏油路面的航行中尋找靈感與純粹體驗。她知道蘭斯打敗了癌症活下來，但她並不清楚他曾經離墳墓有多近。當蘭斯接受手術時，腫瘤已經蔓延到腦部、肺部與睪丸。化療結束後，他已經虛弱到無法走路，必須盡快作出重大決定：是要向保險公司申請一百五十萬美元的給付，或是不拿理賠，努力復健重新成為運動選手？領取保險金，那他今生就再也沒有復出的希望。不領給付，萬一癌症復發，他就完蛋了；屆時他將沒有錢，沒有醫療保險，也沒有希望活過三十歲。

「操他媽的衝浪。」比利嘀咕道。他發現活在危機邊緣並非為了享受危險，而是出於好奇，一種無畏的好奇心，就像蘭斯一樣，儘管大家都覺得他這一生玩完了，他卻決定放手一搏，看看他千瘡百孔的身體能不能重新打敗全世界。這也很像廿世紀中葉詩人凱魯亞克的風格，他在外遠遊時一時瘋狂，盡情釋放後寫下作品，從來就沒想過這些東西會有付梓的一天。從這些方面看來，珍和比利可以說是這些人精神上的直接繼承人，這股精神從敲打世代的作家傳遞到自行車賽冠軍，最後出現在維吉尼亞海灘兩個藍帶啤酒不離手的救生員身上。沒有人指望他們能做出什麼大事，所以他們愛做什麼都行。無畏使他們隨心所欲。

「你聽過『山區被虐狂』嗎？」比利問珍道。

「沒有。那是誰？」

「那是一場賽跑，白痴。在山裡跑上五十英里。」

兩人都不曾參加過馬拉松賽。他們一輩子都在海灘上度過，連山區都很少去，更別說在山裡跑步了。他們甚至沒辦法好好練習，因為維吉尼亞海灘附近最高的東西就是沙丘。在山裡跑上五十英里對他們來說簡直無法想像。

「太棒了，就是這個。」珍說道。「我要參加。」

他們需要別人幫的忙的不少，所以珍首先從自己平常的心靈聖經中尋找指引。一如往常，她最愛的那些酗酒老菸槍友人提供了有用的資訊。她和比利先讀《達摩浪子》，然後開始把凱魯亞克在卡斯凱迪亞山區縱走的記述熟讀於心。

「試著進行小徑冥想。順著小徑邊走邊看著腳底下的地面，不要張望四圍的環境，只要隨著路線的彎道前進，直到陷入出神狀態。」凱魯亞克如是寫道。「小徑就是這樣；你也許一時覺得自己身處莎士比亞全集中的天堂，林間仙女與吹著笛子的童子可能隨時出現，但突然間回過神來後，你發現自己在火辣辣的太陽下掙扎前進，身旁他媽的全是灰塵、蕁麻，還有毒橡樹……就像人生的翻版。」

「我們野外賽跑的技術完全來自《達摩浪子》。」比利後來告訴我。追求靈感時，當代詩人作家查理．布考斯基則是最佳來源。「如果你有意試試看，那就一口氣做到完。」布考斯基如此寫道。電影《夜夜買醉的男人》就是以布考斯基為原型主角。「什麼都比不上這種感覺／你將獨自達到神之境界／夜晚也將在火焰中熊熊燃燒……你將乘著生命／直至發出完美的長笑。這是／世上唯一美好的戰爭。」

不久之後，在海邊衝浪捕魚的漁夫發現，傍晚太陽落下大西洋海面之後，會發生怪事。沙丘間傳來吟唱咒語般的回音——「異異異異相！徵徵徵徵徵兆！幻幻幻幻覺！」隨之出現的是某種大步奔跑、一邊嘶吼的四腳類人怪獸。怪獸接近後，漁夫們才看清那其實是兩個人併肩跑步。其中一個是苗條的年輕女子，頭上綁著「同志驕傲」的大圍巾，手臂上刺著吸血蝙蝠刺青。另一個人呢？漁夫努力辨識後的結論是，似乎是滿月時的狼人。

日落後跑步前，珍和比利會在隨身聽裡塞進艾倫．金斯柏格朗誦《嚎叫》一詩的錄音帶。兩人都同意，等到跑步不再像衝浪一樣好玩，他們就放棄這項活動。為了製造同樣洶湧起伏的韻律，還有同樣被高高舉起、隨波上下的感覺，他們特別隨著敲打世代詩人的節奏而跑。

「奇蹟！狂喜！隨著美國大河順流而下！」他們一邊叫喊，一邊在海邊奔跑。

「全新的愛！瘋狂世代！打倒時間巨石！」

數個月後，在老多米尼恩百英里賽中，中途急救站的志工聽見森林間傳來尖叫的回聲。幾分鐘後，一個綁著馬尾的女孩從林間衝出，她突然來了個雙手倒立，然後彈回站姿，開始蹦蹦跳跳地與看不見的敵人揮拳作戰。

「老多米尼恩，你就只有這點能耐嗎？」她一邊吼叫一邊揮出空拳。比利身為她助跑團隊的唯一成員，等在一旁，手上拿著珍最喜歡的比賽餐點：山露汽水與起士披薩。珍停止蹦跳揮拳，開始大嚼披薩。

急救站的志工看得目瞪口呆。「親愛的。」其中一人開口提醒她：「妳最好放慢速度。成千上百人都是累垮在最後二十英里。」

「沒問題。」珍答道。然後她在運動胸罩上擦擦油膩的嘴巴，灌了幾口山露汽水，再次一躍上路。

「你最好叫她慢下來。」一名志工對比利說：「她已經比之前的紀錄還要快三小時了。」在山裡跑上一百英里跟參加都市馬拉松不一樣，要是在一片黑暗中出事，運氣不好的話甚至可能無法生還。

比利聳聳肩。跟珍的感情發展一年後，他已經學會一件事，那就是珍什麼事都辦得到，唯一無法辦到的事情就是節制自己。就算她想克制自己，體內那股澎湃的力量——熱情、靈感、傷痛、狂喜——也必然會找到出口噴發出來。再怎麼說，這小妞都參加過北卡羅萊納大學的橄欖球隊，而且還創下了這項運動一百七十年歷史被視為不可能的紀錄——因太過狂野而被禁賽。「有時她鬧得實在太過厲害，男子組的隊員還得過來壓制她，把她抬回房裡。」珍在北卡最好的朋友潔西．波里尼回憶道。珍總是用全速往前衝，在撞到石牆前從不考慮它們的存在。

這一回，障礙來勢洶洶，出現在七十五英里處。時間是傍晚六點，自從珍於早上五點開跑後，太陽已經在天上畫出一道完整弧線，但珍還有相當於一場馬拉松的距離要跑。這次珍走進急救站時已經搖搖晃晃，沒力氣對空揮拳了。站在食物桌前的她累得無法思考，無法進食，一片渾沌的腦袋甚至無法決定下一步要做什麼。現在她只知道，只要一坐下去，她就再也站不起來了。

「咱們走吧，傻妞！」有人對著她叫道。

比利剛趕到，正在脫夾克。夾克下的他穿著衝浪短褲，撕下袖子的搖滾樂團T恤。有些跑者會在朋友陪跑最後兩三英里時感動不已，但比利打算陪跑的距離是一整場馬拉松。珍覺得心情也振作了起來。好個蠢蛋！

「妳要再來點披薩嗎？」比利問道。

「嗯……我不行了。」

「好吧。走了嗎？」

「走吧！」

兩人一起跑下小徑。珍默默地跑著，身體仍然不適，心中掙扎著要不要回到急救站退出比賽。比利什麼也不說，只是陪伴著她，成了她繼續下去的動力。珍勉強跑完了一英里，又一英里，然後奇怪的事開始發生：她的絕望開始變成喜悅，開始覺得「該死，真是酷斃了」，就這麼徜徉在這片神奇的荒野中，眼前是一片血紅的落日，感覺如此自由、赤裸、神速，盡情感受林間的微風撫過他們汗淋淋的肌膚。

到了晚上十點半，除了一人外，珍和比利超越了林間所有的跑者。珍不但跑完全程，而且還是所有選手中的第二名，也是有史以來以最快速度完成這項比賽的女性，將舊紀錄足足推進三小時。（直至今日，她十七小時三十四分的成績仍然未被打破。）數個月後新的全國排名出爐，珍發現自己是美國前三名的百英里跑者之一。不久之後，她甚至創下了全球紀錄。她在洛磯小熊百英里賽中創下十四小時五十七分的成績，從當時到今天，這一直是全球唯一由女性創下的泥土路最快百英里紀錄。

那年夏天，《終極跑步》上登出一張珍的照片，是她在維吉尼亞州野外剛跑完一場三十英里賽跑的模樣。她那次比賽成績平平無奇（第三名），打扮沒有驚人之處（簡單黑色短褲，簡單黑色運動胸罩），甚至連照片的攝影技巧都不怎麼樣（光線不足，修片粗糙）。照片中的她不像在跟敵手拼個你死我活，不像用鋼鐵意志征服山顛的耐吉運動明星，也沒有用摧心裂膽的意志力往榮耀之路咬牙前進。照片中的她只是在……跑步。微笑著跑步。

那樣的微笑卻異常動人。看得出她正興高采烈，彷彿此時此地，在這阿帕拉契山脈荒野中的小徑上，世界上再也沒有比奔跑更令她快樂的事。儘管她才剛跑完比馬拉松還長四英里的比賽，卻仍腳步輕盈，神態輕鬆，雙眼閃爍著神采，馬尾在她腦後晃呀晃，就像巴西足球選手獲勝後手上的球衣。她毫無保留的快樂一見即知，嘴角不由得浮出的笑容如此真誠坦白，讓人覺得她彷彿正沉浸在藝術創作的快樂裡。

也許實情正是如此。每當一種藝術形式活力不再，智識研究的注入削弱了原本的熱情，最基本的原則成了乏味的傳統，這時總會有股激進力量從邊緣興起，搗毀固有的一切，從廢墟中再創新的契機。新一代的超馬跑者就像二〇年代「失落的一代」作家、五〇年代的敲打世代詩人、六〇年代的搖滾樂手。他們一窮二白，寂寂無名，不受任何期待與限制所拘束。他們是用身體創作的藝術家，人體耐力就是他們揮灑的調色盤。

「妳為什麼不跑馬拉松？」我問珍道。那時我正透過電話，採訪她對新世代超馬跑者的看法。

「妳認為自己能不能取得奧運選手資格？」

「老兄，別開玩笑了。」她答道。「合格標準是二小時四十八分，誰會跑不過？」珍可以穿著比基尼，在二十三英里處還握著啤酒罐，以不到三小時跑完一場馬拉松——她真這麼幹過，而且還是在剛跑完藍脊山脈五十英里賽後五天。

「但入選了又怎樣？」珍繼續說道：「大家對馬拉松那股興奮勁真叫人受不了。馬拉松有啥稀奇？我認識一個女生，正在受訓準備參加預賽。她把未來三年內每個禮拜的訓練計畫都列出來了！她大約每隔兩天吧，就得到跑步機上練快跑。天啊，這我可受不了。有一次我跟她約了早上六點練跑，然後半夜兩點我打電話給她，告訴她我喝瑪格莉特喝掛了，大概沒辦法赴約囉。」

珍沒有教練或訓練計畫，甚至連手錶都沒有。每天早上她就是翻身下床，啃個蔬菜漢堡，然後開跑，愛跑多遠就多遠，愛跑多快就多快。這段距離通常是二十英里。沒有停車證，只有滑板的她然後踩上滑板，趕到老多明尼克大學上課。她最近剛重拾學業，而且拿下了全A的好成績。

「我從來沒有告訴過別人這些事，因為聽起來很做作。但我跑超馬的真正原因是我想變得更好。」珍告訴我道。「當時我認為，如果可以一口氣跑一百英里，就能進入禪的境界，成為他媽的佛陀，將和平與微笑帶給世界。但後來沒有成功，我還是個一樣沒用的廢物。但我依舊抱著希望，覺得跑步能讓我成為我想當的那種人，一個更善良，更溫和的人。」

「當我出發長跑時，」她繼續說道，「世界唯一重要的事就是跑到結束為止。在那段短暫的期間內，我的腦袋不再總是劈哩啪啦亂轉。所有東西都安靜下來，唯一持續的是純粹的流動，天底下只剩下我、我的動作、與不斷前進的感覺。這就是我最愛的部份——我可以像個野蠻人什麼都不想，盡情跑過林間。」

聽珍說話就像和白馬卡巴羅的分身聊天。「說也奇怪，妳說話的口氣很像我在墨西哥遇到的一個人。」我告訴她：「再過幾個禮拜我會去找他，參加他舉辦的賽跑。塔拉烏馬拉人也會參加。」

「不會吧！」

「史考特．傑瑞克也許也會到。」

「你——在——唬——我——吧！」這個新覺醒的年輕佛陀大嚷。「你說真的嗎？我能不能和我朋友一起去？糟了，該死，那個禮拜要期中考。我得趕快去說服他。等我到明天，我再給你消息好嗎？」

隔天早上，珍果然傳來了訊息：

我媽認為你是個連續殺人魔，會在沙漠裡把我們全幹掉。不過就算這樣也值得。我們要在哪裡碰頭？

第二十三章

我們一行人在夜裡抵達克里爾鎮。巴士抖動一會兒後終於停下，引擎傳來一聲如釋重負的嘆息。在窗外，卡巴羅鬼魂般的舊草帽從黑暗中躍入眼底，向我們奔來。

我幾乎不敢相信穿越奇瓦瓦沙漠之旅竟如此順利。一般情況下，要穿越邊境，連換四班巴士，而且其中沒有任何一輛故障或遲到半天，機率相當於在提華納的吃角子老虎上贏得大獎。只要你來上一趟奇瓦瓦沙漠之旅，一定會有別人用當地座右銘來安慰你：「一切都沒辦法像計畫中那樣順利，但最後總會船到橋頭自然直。」但這一次不一樣。到目前為止一切平安，沒有人惹事、發酒瘋、排擠別人。

不過好運就到卡巴羅與赤腳泰德碰面為止。

「白馬卡巴羅！就是你，對不對？」

我還沒走下巴士，就聽見外面一個響亮的聲音連珠炮般說個不停。「你就是卡巴羅！真是酷斃了！你可以叫我摩諾（Mono），意思是『猴子』。這就是我，一隻猴子。猴子是我的靈魂動物——」

我下車時，正好看見卡巴羅大吃一驚、不可置信地望著赤腳泰德。其他人在漫長的巴士旅程中發現，赤腳泰德說起話來就像傳奇爵士薩克斯風手查理．帕克的演奏一樣，隨便抓住一個主題，然後沒完沒了說個不停，一邊用鼻子吸進空氣，一邊維持嘴裡的聲音滔滔不絕。就在我們抵達克里爾的前三十秒內，卡巴羅一口氣聽到的說話份量，大概就超過他過去一年的總和。我心裡感到一絲同情，不過僅限於一絲絲。過去十五個小時內我們一直被迫聆聽赤腳泰德的人生綜合檔案報告，現在輪到卡巴羅了。

「……塔拉烏馬拉人對我的啟發非常大。我第一次讀到他們可以穿涼鞋跑完百英里賽時非常震驚，真是太顛覆了，太違反直覺了。我本來假設人類一定要有某些裝備才能長途跑步，但我記得剛讀完文章時心想：怎麼回事？他媽的怎麼可能？這是第一次衝擊，瓦解我銅牆鐵壁般成見的第一道裂縫，我這才發現也許現代的製鞋公司並不能提供所有答案……」

不必親耳聽到赤腳泰德講話，只須見到他一眼，你就能想像他的腦袋是如何像調酒器一樣快速上下晃個不停。他的裝扮是西藏武僧與時尚滑板裝扮的混合體：抽繩牛仔跆拳褲加上緊身白色背心、日式浴室拖，銅製骷髏墜項鍊垂到胸前，脖子上還繫著一條紅點大圍巾。光頭，身材結實壯碩，靈活的黑眼珠跟聲音一樣持續要求別人注意，看起來就像阿達一族裡減肥成功的菲斯特叔叔。

「好的，好的，老兄。」卡巴羅喃喃說道，擠過泰德身邊，向前歡迎我們。我們全都抓起背包，跟著卡巴羅走過克里爾唯一的主要街道，前往他為我們在小鎮邊緣安排的住所。長途旅行後我們全都又餓又累，在平頂山高處的寒風中微微發抖，除了一張溫暖的床與老媽媽熱騰騰的豆子湯之外，什麼都不想要。不過泰德例外，因為他相信現在最重要的事就是重拾話題，把跟卡巴羅剛見面時講到一半的人生故事繼續講完。

卡巴羅顯然覺得不耐煩，卻決定不要插嘴。他有糟糕的消息要對我們說，卻還不知如何開口，以免我們通通轉身回到巴士上。

「我的人生就像一場精心設計的爆炸。」赤腳泰德最愛這麼說。他住在加州伯班克一處小住宅裡，那裡就像湯姆漢克在電影《飛進未來》裡足以讓小孩瘋狂的住處，院子裡全是顏色鮮豔的模型車、旋轉木馬、維多利亞時期的高輪腳踏車、古董吉普車、馬戲團海報、鹹水游泳池。還有一個熱水浴池，裡面住著一隻瀕臨絕種的加州沙漠龜。那裡沒有車庫，只有兩個大型的馬戲團帳篷，在一樓主建築裡進進出出的包括各式貓狗、一隻鵝、一隻馴服的麻雀、三十六隻家鴿，還有幾隻稀奇的亞洲雞，爪子上覆著一層絨毛般的羽毛。

「我是這個地方的具體化身。」泰德如是說，但這地方根本就不屬於他，而是他表兄丹恩的家。丹恩是個自學的機械天才，獨自創立了世界最頂尖的旋轉木馬修復工廠。「世界第一的脫衣舞孃黛塔．范．提思在我們的旋轉木馬上表演過。」泰德表示：「流行歌手克里絲蒂娜．阿奎萊拉巡迴演唱的時候，會帶著一台我們的旋轉木馬出門。」幾年前，表兄丹恩經歷了一場痛苦的離婚，泰德認定丹恩最需要的就是多見見自己，於是他帶著妻子、女兒還有家裡所有寵物，出現在丹恩門口，從此再也沒有離開。「丹恩整天都在與冰冷、巨大、惡劣、機械的東西搏鬥。每天工作結束時，機油從他的指尖滴落，就像鮮血從肉食性鳥類的爪子滴下。」泰德說。「所以我們的出現才會變得如此重要，要不是有我在他身邊和他鬥嘴，他早就變成反社會的變態了。」

為了貢獻一己之力，泰德在網路上設了一個專賣木馬零件的小商店，運作的麥金塔電腦就放在丹恩家一間空房裡。商店帶來的收入不多，但泰德在網拍之餘還有許多空閒，可以騎著他六呎高的古董腳踏車進行五十英里訓練，另一項訓練則是用人力車拉著他的妻子女兒到處跑。卡巴羅完全高估了泰德的經濟狀況，不過這大半得歸咎於泰德的電子郵件。泰德信裡面的內容，讓他聽起來像微軟早期投資人一樣有錢。比方說，我們其他人全都搭經濟艙到德州厄爾巴索再轉巴士，泰德卻想知道墨西哥荒野中有沒有能讓私人小飛機降落的機場。泰德當然沒有飛機，他甚至連車都快要開不起。他唯一的車子是一輛一九六六年的福斯金龜車，已經舊到引擎震天價響，所以他從來不開車到二十五英里外的地方。但泰德安之若素；事實上這是他偉大生活目標的一部份。「這樣我就永遠不必開車到遠處去。」他解釋道。「我是自己選擇走上貧窮之路，而且我發現這樣的生活非常自由。」當他還在巴沙迪那的藝術中心設計學院就學時，他瘋狂地愛上了同班同學清水珍妮。一天晚上，他在珍妮的公寓閒聊，遇見她的兩個新朋友：陳川，來自中國的年輕畫家，還有陳川的妹妹陳沖。陳氏兄妹都不大會說英文，所以泰德便自告奮勇擔任他們的文化大使。這段友誼讓大家都很滿意：泰德多了兩個專注的聽眾，可以聆聽他滔滔不絕的心聲；陳氏兄妹接觸到大量源源不斷的英文新字彙；珍妮則可以稍微擺脫泰德的追求。就在幾年內，這四人行中有三人揚名國際：陳沖成為好萊塢明星，而且獲選為時人雜誌「五十個最美麗的人」之一。陳川成為評論家高度讚譽的人像畫家，而且還是同輩中畫作價格最高的亞洲畫家。清水珍妮成為模特兒，她和瑪丹娜、安潔莉娜．裘莉譜出戀曲，使她成為世界上最知名的同性戀者，同志刊物《粉紅報》稱她為「家喻戶曉的同志」。泰德對珍妮的性向渾然不覺，儘管珍妮右臂二頭肌上跨坐扳手的辣妹刺青再明顯不過……

至於泰德可就差多了……

他的確設法弄了個全球前三十名的頭銜，只不過是憋氣比賽。「我的成績高達五分十五秒。」泰德表示：「是我花了整個夏天在池子裡苦練的成果。」可惜憋氣比賽戰況多變，不久後泰德就被擠出榜外，被其他更專注練習的競爭者打敗。這傢伙實在令人同情，他在表兄的池子底冒著氣泡，追求光榮的夢想時，所有他認識的其他人全在創作藝術傑作、與大明星上床、或是在大導演貝托魯奇的特寫鏡頭下演出。

這一切最糟的是什麼？泰德最擅長的只有換氣而已。就某方面說來，就許正是這一點吸引了莉莎，他後來的妻子。這兩人原本是公寓的室友，因為莉莎在重金屬音樂酒吧當看門人，凌晨三點才到家，所以她每天只會看到沒有在游泳池裡練憋氣、在岸上一切正常的泰德。下班後，她看到的泰德總是安安靜靜坐在飯桌前，一邊吃米飯配豆子，一邊專心讀著法國哲學。泰德的精力與才智早已揚名室友之間；他可以整個早上畫畫，整個下午溜滑板，然後花整個晚上背日文動詞。莉莎下班後，他會為她弄一盤熱豆子。白天狂熱的勁頭終於過去，泰德這時總算能不再表現自己，可以讓莉莎好好說話，偶爾插入一兩句敏銳的睿智之言，然後鼓勵她繼續說下去——幾乎沒有人見過泰德這一面。這是其他人的一大損失，也是泰德的不幸。

但陳川認識這樣的他。在泰德狂風般的熱情背後，陳川藝術家的眼睛也捕捉到他冷卻後沉靜的專注力。再怎麼說，陳川的特長都是捕捉「陽光與暗影間戲劇化的距離」。老天爺，天下還有比泰德更戲劇化的主題嗎？陳川感興趣的不是動作，而是動作前的期待；他等待的不是芭蕾舞伶的縱身一躍，而是離地前的那一瞬，所有潛伏的力量蠢蠢欲動，一切都變得可能。在泰德安靜的時刻裡，陳川看見了一樣的特質，呼之欲出的力量，還有無限可能的想像。就是在這些時刻裡，陳川會拿起素描簿，泰德會充當他的模特兒好幾年之久。事實上，陳川有些最佳傑作，畫的就是泰德、莉莎，還有他倆可愛之至的女兒歐娜。陳川對泰德身上反映出的世界著迷不已，所以他有一整本畫集畫的全是泰德一家：泰德和歐娜擠在老金龜車裡……埋頭讀書的歐娜……莉莎回顧歐娜，她父親在陽光與暗影間躍動的特質結合在她身上。

但泰德已經四十歲了，過了四十年戲劇化的人生後，他擁有的只是在別人傑作裡客串一角，還有在表兄家裡棲身。就在他即將從潛力藝術家淪為虛擲才華的浪子時，神奇的事發生了。

他患了背痛的毛病。

二〇〇三年時，泰德決定以自創的耐力運動慶祝四十歲生日，他將這套行程稱為「時代錯置的鐵人運動」。裡面包含了整套鐵人三項——二點四英里的海泳，一百一十二英里的腳踏車，還有廿六點二英里的馬拉松。只不過因著某種只有他自己知道的理由，這次運動的一切裝備都必須取自十九世紀末期。問題發生時，他已經完成了整套運動的三分之二：身強體健的他穿著長及腳踝的羊毛衣游完全程，古董腳踏車更是他的拿手強項，但跑步卻害得他痛不欲生。

「每次我只要跑上一小時，下背就劇痛難當。」泰德表示。「真是令人喪氣之至，我甚至無法想像自己跑馬拉松的模樣。」但最糟的還不只這樣。如果穿著高彈性的現代跑鞋都無法跑上六英里，那他採取維多利亞時期的原始跑法必然會大吃苦頭。跑鞋的歷史就跟太空梭一樣短，在沒有跑鞋的日子裡，老爸那一輩穿的是橡膠平底帆船鞋，爺爺那一輩則穿平底皮拖鞋。過去幾百萬年來，人類跑步時根本就沒有足弓護墊、內翻控制、腳跟凝膠鞋墊。沒有這些東西的人該如何跑步，泰德實在無法想像。但還是先解決要緊的事；再過不到六個月就是他的生日了，所以第一要務就是找出方法，任何方法都行，讓他能跑上二十六英里。先解決了這問題，再來煩惱如何穿上牛皮硬鞋也不遲。

「只要下定決心，我就能找出方法。」泰德說：「所以我開始進行研究。」首先他到脊科醫生與整型外科檢查，但兩邊都說他沒什麼毛病。他們告訴他，跑步本身就是一項危險運動，而危險的因素就是震動腿部、直達脊椎的衝擊力。不過醫生們的確有改善的辦法。如果泰德堅持繼續跑步的話，信用卡也許是治癒他的最好方法。只要有最好的跑鞋，加上一些海綿足墊，就能吸收足夠的衝擊力，讓他可以跑完一場馬拉松。

泰德砸了一筆他負擔不起的大錢，買下最貴的跑鞋，卻傷心地發現它們一點用也沒有。但他沒有責怪醫生，反而將矛頭指向鞋子：顯然連耐吉擁有三十年氣墊研發經驗的工程師都做不出他要的足墊。於是他痛下決心，掏出三百美金，從瑞士訂了一雙Kangoo Jumps鞋。這是號稱世界上彈力最佳的跑鞋，由發明直排輪的威爾．卡由第所設計，只不過鞋底的輪子改成了鋼製彈簧，鞋子則懸在彈簧上，讓你可以跳得又高又遠，彷彿進行月球漫步。

六個月後鞋子寄達了，泰德幾乎興奮到發抖。他小心翼翼試跳了幾步，太棒了！每跳一步，他彷彿都能聽到滾石合唱團的主唱米克．傑格在腳底為他歡聲歌唱，**哦，這就是解答**。泰德一邊這樣想著，一邊快樂地沿著街上跳，但到了街角時，他已經開始扶著背部咒罵。「我穿著普通跑鞋跑上一小時才體會到的痛苦，這雙鞋子讓我在幾秒鐘內就嚐到。」泰德說：「當時我整個世界崩潰了，再也不知道自己到底需要什麼。」

憤怒又挫折的他將鞋子從腳上扯下。他等不及要把這雙愚蠢的鞋子塞回盒裡，打包寄回瑞士，再命令他們把鞋子丟掉。他氣沖沖地赤腳走回家，沮喪又惱怒的他直到快到家才發現一件事：他的背不痛了。一點也不痛。

嘿……泰德心想，「也許我可以用赤腳快走解決這場馬拉松。」赤腳當然可以算是十九世紀末的運動裝備。

於是接下來每一天，泰德穿上他的運動鞋，走到韓森水壩，那裡是遍佈矮樹叢與小湖的城市綠洲，也是他口中「洛杉磯最後一處荒野」。走到那裡後他便脫下鞋子，赤腳在車子開不進去的小道上健走。「感覺居然如此美好，讓我大吃一驚。」他回憶道。「鞋子總是讓我痛苦不堪，但一脫下鞋子，我的腳就像被囚禁的魚重回水中一樣自由。最後我乾脆不穿鞋出門。」

腳下的護墊明明減少，為什麼背部反而覺得比較舒服？他上網搜尋答案，結果令他大吃一驚，就像在雨林中離開樹木濃密處，發現神秘的亞馬遜部落。泰德找到一個赤腳跑步者的國際社群。這些人就像原始部落般，有自己的古老智慧、部落暱稱，甚至還有個留著長鬍子的大長老，「赤腳坎伯」。幸運的是這個部族的人熱愛寫作。

泰德讀遍了過去幾年來赤腳坎伯發表的所有文章，發現達文西認為人類的雙足具有精巧的重量緩衝系統，包含人體四分之一的骨頭，堪稱「工程設計的傑作，也是精巧的藝術品」。他也讀到了阿貝貝的故事，這位衣索匹亞的馬拉松選手赤腳跑過羅馬的鵝卵石地，贏得一九六〇年的奧運馬拉松金牌。另外還有查理．羅賓斯醫生的見解，他在醫界獨排眾議，赤腳跑步，而且聲稱馬拉松對人體無害，但跑鞋就跟槍枝一樣讓人必死無疑。

但最讓泰德心儀的還是赤腳坎伯的「光腳宣言」。這篇文章讓泰德看得全身直起寒顫，彷彿是專為他而寫。「你們當中許多人都因跑步飽受長期背痛之苦。」赤腳坎伯如是開頭道：

鞋子隔離的是疼痛，不是衝擊！
疼痛讓我們學會如何舒服跑步！
從你選擇赤腳的一刻起，你就會改變跑步的方式！

「那是我發現新大陸的一刻！」泰德回憶道。突然間，一切都清楚了。這就是為什麼那雙令人火大的瑞士Kangoo鞋使他背痛！腳下的緩衝墊讓他用笨拙、粗魯的步伐跑步，扭曲、擠壓了他的下背肌肉。一旦脫下鞋子，他的身體自然而然挺了起來，背部拉直，雙腿也回到骨盆下的正確位置。

「難怪腳部會這麼敏感。」泰德思考後作出結論。「它們是自動矯正姿勢的工具。腳上穿著有護墊的鞋子，就像關掉屋裡的火災警報器。」

第一次赤腳跑步時，泰德跑了五英里，完全沒有不適。甚至沒有一絲抽痛。然後他可以跑上一小時、兩小時。就在幾個月內，泰德從原本疼痛纏身，戰戰兢兢的外行人成了赤腳的馬拉松跑者，速度甚至快到完成百分之九十九點九的跑者都做不到的目標：他取得波士頓馬拉松的參賽資格。

泰德對自己驚人的新才華心醉神迷，不斷挑戰新的極限。他參加了公路之母百英里賽——在66號公路的原始路段上，跑上一百英里的柏油路，然後是里歐那分水嶺五十英里賽；再來又參加了天使頭冠百英里耐力賽，在地形崎嶇不平的聖蓋博山區奔跑。遇到石礫路段或碎玻璃時，他便套上名為Vibram五趾套的義大利廠牌橡皮腳套，然後繼續前進。很快地，他不再只是默默無名的跑者，他成了美國最快的赤腳跑者之一，人們紛紛向他請教邁步秘訣與古代鞋類的知識。一家報社甚至在足部健康的文章上下了如下標題：「赤腳泰德會怎麼做？」

泰德完全改頭換面了。他不再練憋氣，學會了跑步，終於贏得他唯一嚮往的大獵物——不是財富，而是名聲。

「停！」

卡巴羅不是針對泰德，而是在對我們全部人說話。他突然在一座橫跨排水溝、搖搖晃晃的便橋上停了下來。

「我要你們全都發個血誓。」他說道。「舉起你們的右手，跟著我唸。」

艾瑞克回頭瞥向我。「這是怎樣？」

「不曉得。」

「過橋到另一邊前，你們先在這裡發誓。」卡巴羅堅持：「想離開就回頭，要加入就往前。如果你想加入，一定得先發誓。」

我們聳聳肩，放下背包，舉起右手。

「我若是受傷、迷路、或是丟了小命，」卡巴羅開始唸道。

「我若是受傷、迷路、或是丟了小命，」我們跟著複誦。

「全他媽的怪我自己。」

「全他媽的怪我自己！」

「呃……阿們。」

「阿們！」

卡巴羅領著我們走到那天我和他一起吃飯的小屋。老媽媽的女兒將兩張桌子拼在一起，大夥兒全擠進了她家客廳。路易和他爸閃過街，回來時帶著兩大袋啤酒。珍和比利幾口啤酒下肚，精神開始高昂了起來，我們全都舉杯與卡巴羅互碰。然後他轉向我，開始說正事。突然間，他在橋上要我們發的誓顯得有道理之至。

「你還記得馬努爾・魯納的兒子嗎？」

「馬瑟利諾？」我當然還記得那人形火炬。自從在那所塔拉烏馬拉小學見過他後，我一直在心裡想像替他簽下耐吉贊助合約的一天。「他要參加嗎？」

「不。」卡巴羅答道。「他死了。被人打死了，就在小徑上。脖子和手臂下各被刺一刀，腦袋則被打破了。」

「誰……發生什麼事了？」我結結巴巴地問道。

「最近毒幫那些該死的傢伙動作頻頻。」卡巴羅答道。「也許馬瑟利諾看到什麼不該看的事，也可能他們想逼他運毒出去，卻被拒絕。沒人知道真相。老兄，馬努爾整個心都碎了。他向政府報案時在我家住了幾天，但政府不會採取行動，這裡根本就沒有法治。」

我呆坐著無法言語。我還記得去年趕往塔拉烏馬拉部落途中，看見的那輛紅色毒販卡車。我想像塔拉烏馬拉人在夜裡悄悄將那輛卡車推下懸崖，毒販們慌亂地抓著安全帶，卡車一路滾下懸崖，爆炸後化為一團火球。我不知道那台死亡卡車裡的人是否就是兇手，我只知道自己憤怒到恨不得殺人。

卡巴羅還在繼續講話。他已經接受了馬瑟利諾遇害一事，全副注意力重新回到他的比賽上。「我知道馬努爾．魯納不會來了，但阿納佛也許會出現，西爾瓦諾也是。」卡巴羅在冬季期間設法弄到了不錯的獎品。他不但自掏腰包，而且還意外得到一筆贊助，對方是德州鐵人三項選手麥可．法蘭奇，設立資訊公司後賺了一大筆錢。法蘭奇讀了我在《跑者世界》發表的文章後有了興趣，儘管自己無法與賽，卻主動提出願意提供贏家獎金與玉米作為獎勵。

「抱歉。」我打斷他說話。「你剛剛說阿納佛可能會參加嗎？」

「是啊。」卡巴羅點頭道。

他一定是在開玩笑。阿納佛？他連跟我交談都不肯，怎麼可能和我一起跑步？如果他不願意和上門拜訪他的傢伙一起跑步，又怎麼可能翻山越嶺和一群從沒見過的白人比賽？還有西爾瓦諾，我上回見過他一面，和卡巴羅一起跑步後，我恰巧在克里爾鎮碰見他。當時他開著卡車，穿著牛仔褲，全是他在那次加州馬拉松賽中獲勝的獎品。卡巴羅憑什麼認為西爾瓦諾會參加他的比賽？他連再參加一次馬拉松賽撈一筆都不肯！我已經領教過塔拉烏馬拉人的作風，尤其是剛剛提到的那兩人。就我所知，昆馬利家族根本不會有現身的打算。

「維多利亞時代的運動員真是不可思議！」泰德渾然不覺事態有變，塔拉烏馬拉跑者可能半個都不會出現，還兀自說個不停。「那是第一次有人橫渡英倫海峽。你有沒有騎過高輪腳踏車？這設計真是巧奪天工……」

天哪，真是一場大災難。卡巴羅揉著頭，現在已經將近半夜，而且光是置身人類當中就讓他覺得頭疼。珍和比利面前累積了一大排啤酒空罐，兩人已經在桌上睡著了。我心情極為低落，看得出艾瑞克和路易也感受到這股壓力，開始擔心了起來。但史考特卻不動聲色，只是悠然靠在椅背上，興致盎然地旁觀著。他接收了所有訊息，卻似乎毫不擔心。

「聽著，我要睡覺了。」卡巴羅說道。他領著我們到小鎮邊緣一排整齊老舊的小木屋。小木屋跟囚室一樣簡陋，但裡面乾乾淨淨一塵不染，活動式爐子裡劈劈啪啪地燒著松針，十分暖和。卡巴羅咕噥了些話便離開了，剩下的人開始分配房間。我和艾瑞克挑了一間，珍和比利則往另一間房走去。

「好了！」泰德說道，手用力一拍。「誰和我一間？」

眾人一陣沉默。

「我和你住好了。」史考特說道。「但你得讓我睡覺。」

大家各自關上門，躲進厚厚的羊毛毯中。克里爾鎮上陷入寂靜，史考特入睡前聽到的最後聲音是赤腳泰德在黑暗中喃喃自語。

「好吧，腦子。」泰德低語道。「現在放鬆，該安靜下來了。」

第二十四章

叩叩叩。

天才剛亮，窗戶上還結著霜，已經有人在敲我們的門了。

「嘿！」外頭有個聲音低聲問道。「你們起床了嗎？」

我拖著腳步慢慢走到門口，一邊打寒顫，邊想著那兩個新新人類不曉得又惹下什麼亂子。路易和史考特站在外頭，正往握拳的手上呵氣取暖。時間還早得很，天邊不過微微發白，連公雞都還沒開始叫。

「利用時間小跑一下如何？」史考特問道：「卡巴羅說咱們八點就出發，所以只剩這個空檔了。」

「呃，也好。」我答道。「卡巴羅上次帶我去過的那條小徑超棒的。我去看看能不能把他叫醒……」

我們身旁木屋的窗戶突然咻一聲打開，珍的頭冒出來。「你們要去跑步嗎？算我一份！」她轉頭叫道。「比利！老兄，別睡懶覺了！」

我套上短褲與排汗運動衫。艾瑞克打著呵欠，伸手去拿運動鞋。「天啊，這些傢伙真是熱血。卡巴羅在哪裡？」

「不知道。我正要去找他。」

我猜卡巴羅一定希望離我們越遠越好，於是走到這排小屋的最末一間，輕輕敲門。沒有回應。這門相當厚實，為了怕剛才的敲門太輕，我掄起拳頭捶了它幾下。

「幹什麼！」裡面有人大吼道。窗簾刷地一聲拉開，卡巴羅的臉出現在窗邊，雙眼又紅又腫。

「抱歉。」我說道。「你身體不舒服嗎？」

「不。」他虛弱地答道。「只是我才剛要睡著，老兄。」距離計畫開始的時間不到十二小時，卡巴羅的壓力已經大到讓他焦慮頭痛，徹夜輾轉難眠。首先，身在克里爾一事就足以令他全身緊繃。這裡雖然是個可愛小鎮，卻代表了兩種卡巴羅最不齒的東西：胡說八道與欺負弱小的傢伙。克里爾一名取自歷史人物安立奎．克里爾，他是掠奪土地的惡霸，魚肉人民的方式卑劣之至，說他是挑起墨西哥革命的導火線也不為過。安立奎不但一手主導驅離上萬名奇瓦瓦佃農、奪取他們土地的奸計，更兼任墨西哥獨裁者波費里奧．迪亞茲的情報頭子，親手將抗爭特別激烈的農民送進監獄。

潘丘．維拉的叛軍風行雷厲地追捕他時，安立奎溜之大吉，流亡到厄爾巴索（他的兒子沒來得及逃掉，後來他付了一百萬美金才從革命軍手中贖回兒子。）不過一旦墨西哥重回不可免的老路，重新安於腐敗時，老謀深算的安立奎又回到老家，盡復舊日榮光，堪稱是為害當地最嚴重的人形痼疾。而與他同名的小鎮克里爾也差不多，所有危害銅峽谷的災禍幾乎都源自這裡：破壞生態的露天採礦、堅壁清野式的森林砍伐、毒品原料種植、還有大型巴士氾濫的觀光業。待在克里爾讓卡巴羅渾身不自在，就像在有人慘遭奴役的農場裡過夜。

但最重要的原因還是他一向只須照管自己，無牽無掛，從來不必為別人的行為負責。但見過我們之後，憂慮讓他心中多了一塊大石頭。他花了十年才取得塔拉烏馬拉人的信任，但一切卻可能在十分鐘內化為烏有。卡巴羅想像赤腳泰德和珍在茫然不解的塔拉烏馬拉人耳邊歡聲尖叫……路易和他老爹朝他們臉上猛打閃光燈……艾瑞克和我沒完沒了地用問題轟炸他們……光這樣想就令他不寒而慄。

「不要！我不要跟你們去跑。」他呻吟道。窗簾又被刷一聲拉上。

不久之後，我們七人——史考特、路易、艾瑞克、珍、比利、赤腳泰德、還有我——全都抵達了卡巴羅上次帶我跑過的小徑。踏出林間時，太陽正從聳立的巨石間升起，我們全都瞇著眼，看著世界在我們身旁染上一層金光，身邊飄浮的霧氣也變得閃閃發光。

「真壯觀。」路易讚嘆道。

「我從沒見過這麼美的地方。」比利說：「卡巴羅是對的，我也想住在這裡，過著簡單的生活，每天在小徑上奔跑。」

「你已經被他洗腦了！」路易高聲叫道。「你要加入白馬教了！」

「吸引我的不是他，而是這個地方。」比利抗議。

「好一隻可愛的小馬。」珍調侃他：「你看起還真有點像卡巴羅。」

在眾人鬥嘴聲中，史考特全神貫注觀察著赤腳泰德。小徑經過的地方是一片石子地，儘管大家遇見石塊都得跳開，泰德卻一點也沒慢下來。

「喂，你腳上穿的是什麼？」珍問道。

「Vibram五趾套！」泰德答道。「怎麼樣，很棒吧？我是他們第一個贊助的運動員！」

他說的是實情；泰德成了美國現代第一個職業的赤腳跑者。這種橡膠五趾鞋一開始是專門設計給賽艇選手在甲板上穿，用意是要在滑溜溜的表面維持抓地力，又要保住沒有鞋底干擾的感覺。穿上腳套後不細看很難發覺它們的存在，因為套子完美地貼合在腳跟與每隻腳趾上，乍看之下泰德的綠腳板彷彿是因為浸入綠色墨水所致。就在這趟銅峽谷之行前不久，泰德在網路上看見一張五趾套的照片，馬上抓起電話，而且神奇地說服了一關又一關的轉接人員與秘書，最後與Vibram美國公司的執行長通上了話。這人不是別人，正是……

東尼．波斯特！曾任Rockport執行長，贊助過塔拉烏馬拉人到里德維爾比賽的東尼．波斯特！

東尼聽完了泰德說話，但仍感到十分懷疑。他並不是無法認同泰德的看法。靠腳部的力量跑步的確比依賴超級護墊與動作矯正器來得吸引人。東尼自己也曾經只穿Rockport的紳士鞋參加波士頓馬拉松賽，目的是證明只要鞋子造得好，穿起來舒服，不用迴力柱（Shox）、反內旋（anti-pronation）、凝膠護墊（gel-support）等花招也一樣能穿著參賽。但Rockport的紳士鞋至少還有鞋弓與腳跟護墊，五趾套卻除了一層薄薄的橡皮與魔鬼氈帶子外什麼都沒有。不過東尼還是被泰德的提議打動，決定自己親身實驗一下。「我到外頭去小跑個一英里。」他回憶：「後來卻一口氣跑了七英里。我從沒想過五趾套可以當跑鞋穿，但自從那次經驗後，除了五趾套外，我再也不穿其他跑鞋了。」回家後，他立刻簽了一張支票，贊助赤腳泰德參加波士頓馬拉松賽。

我們已經沿著高原頂部跑了六英里，正在折回鎮上的路。這時遠方的樹林間突然衝出一個小黑點，朝著我們跑來。

「那是卡巴羅嗎？」史考特問道。

珍和比利瞇眼看了一會，然後突然像被釋放的獵狗般向他衝去。赤腳泰德和路易也跟著直衝。史考特跟我們留在一起，但賽馬般的天性讓他心癢難忍。他略帶歉意地望向我和艾瑞克。「你們介不介意我……」

「哪裡。」我答道。「儘管追上他們吧。」

「好極了。」最後一個音節才剛從他嘴裡吐出，他人已經到了五、六碼外，頭髮像兒童腳踏車的飾帶般在空中飄揚。

「該死。」我喃喃自語道。史考特飛奔出去的模樣突然讓我想起馬瑟利諾。史考特要是能見到他一定會大為高興，珍和比利也一樣，這兩個新新人類若能和馬瑟利諾共同奔跑，看起來一定像是塔拉烏馬拉族三胞胎，可以無拘無束地相處。我甚至可以想像馬努爾·魯納此刻的心情——不，說實在的，我努力不要讓思緒轉到那方面去。惡運總是尾隨著塔拉烏馬拉人，就算已經躲到世界的盡頭，進了無處可逃的銅峽谷，他們仍擺脫不了不幸的威脅。儘管馬努爾正為死去的幼子哀悼，卻仍然得擔心下次又是他的哪個孩子會受害。

「要休息一下嗎？」艾瑞克問道。「你怎麼了？」

「沒事，只是在想事情。」

卡巴羅正朝我們跑來。跟其他人打過照面後，他就繼續跑向我和艾瑞克的方向，其他人則稍微喘口氣，擺姿勢讓路易拍照。幸好卡巴羅改變了主意，決定出來跑跑，因為從我們昨天下車以來，他臉上首度出現了微笑。閃爍的陽光與身體自內而外溫熱起來的熟悉愉悅感，似乎紓緩了他的壓力，更重要的是能再度看他跑步真好！光是看著他，我就忍不住要挺直背，加快腳步，彷彿有人開始播放電影《火戰車》的主題曲。

他對我的改變顯然也大為驚嘆。「瞧瞧你！」卡巴羅叫出來：「你完全是隻改頭換面的熊了！」之前卡巴羅曾決定為我指定一種靈性動物。他自己是隻矯健飄逸的白馬，而我則是Oso——一頭懶洋洋的大熊。他對我的轉變大為驚訝，而且他這句話也沒傷到我的自尊心，畢竟已經過了一年，我不再是他身後喘氣叫苦的可憐蟲了。

「你跟我之前帶來這裡跑步的那個人，已經完全不同了。」卡巴羅說道。

「這都多虧我身邊這個人。」我邊說邊將大拇指比向艾瑞克。這九個月來艾瑞克給我的塔拉烏馬拉式訓練，展現出非凡成效，我甩掉了二十五磅肥肉，而且能在這條曾讓我大吃苦頭的小徑上奔跑自如。儘管我跑的份量不算少，每週可以跑上八十英里，但現在卻仍覺得身輕如燕，迫不及待想多跑一點。最重要的是，我首度擺脫了過去十年來糾纏著我的各種傷勢。「這傢伙創造了奇蹟。」

「我不懷疑。」卡巴羅咧嘴笑道。「我知道以前的你是什麼德性。他的訓練秘訣是什麼？」

「說來話長——」我才剛開始開始要說，但這時我們已經趕上史考特和其他人，而他們正全神貫注地聽著赤腳泰德發表演講。「晚點再告訴你。」我答應卡巴羅。

赤腳泰德已經脫下他的五趾套，正在示範沒有鞋子的腳跑起來如何完美。「赤腳跑步正合我藝術家的品味，」泰德說：「符合極簡的概念——越簡約越好，最好的解決方式也是最優雅的方式。我們人類與生俱來便擁有跑步需要的一切，為什麼還要穿上鞋子呢？」

「我們橫越峽谷時，你最好在腳上套雙鞋子。」卡巴羅說道，「你還有其他鞋子吧？」

「當然囉。」泰德答道。「我還帶了雙夾腳拖鞋。」

卡巴羅臉露微笑，等著泰德也露出微笑，告訴他這只是句玩笑話。但泰德沒有微笑，他也不是在說笑話。

「你沒有帶跑鞋？」卡巴羅問道。「你打算穿著夾腳拖鞋進銅峽谷？」

「別擔心，我曾經赤腳在聖蓋博山上健走。別人一直盯著我看，心裡想『這傢伙腦袋有毛病嗎？』我卻認為——」

「這裡不是什麼聖蓋博小山！」卡巴羅拿出最高強度的嘲弄口吻打斷他：「峽谷裡的仙人掌刺跟刮鬍刀片一樣鋒利，你腳底只要扎進一根刺，我們全都跟著完蛋。就算不用背你，峽谷裡的路也已經夠難走的了。」

「好了好了，你們兩個。」史考特開口道，站到兩人當中，將他們各自往後推開一步。「卡巴羅，過去幾年來，一定還有不少人不斷對泰德說『穿上你的鞋子！』如果他知道自己在幹麼，你就隨他去吧。」

「他對銅峽谷知道個屁！」

「我只知道這點。」泰德反擊：「如果真有人惹出麻煩，我敢保證那人絕對不是我！」

「是嗎？」卡巴羅怒聲道。「等著瞧吧，老兄。」他轉身氣沖沖地走下小徑。

「呼……哈！」珍叫道。「這下換誰成了麻煩製造機了，泰德？」

我們跟在卡巴羅身後走回小屋，赤腳泰德沿路不斷大聲陳述他的論點，聽眾包括我們一行人、卡巴羅的背影，還有整個在晨光下剛醒來的克里爾鎮。我瞥了手錶一眼。我本想叫赤腳泰德閉上嘴，隨便去買雙便宜跑鞋，就當哄卡巴羅開心好了，但已經沒時間了。鎮上每天只有一班車前往峽谷，車程要十個小時，等到有店家開門，這班車早就駛走了。

回到木屋後，我們紛紛開始將衣物塞進背包。我告訴其他人到哪去找早餐吃，然後到卡巴羅的木屋去張望了一下。他不在那裡，背包也帶走了。

「也許他自己去找個地方冷靜一下了。」我告訴自己。也許。但我心中有股不祥的感覺，也許他決定他媽的丟下我們全不管，一走了之。如果他昨晚翻來覆去整夜懷疑自己是不是犯了大錯，我很確定現在他心中已有答案了。

我決定先不將我的猜測告訴別人，專心祈禱事情最後一切順利。反正不管怎麼樣，再過大約半小時，就可知道這次行動究竟是宣告陣亡，或是靠著一線生機苟延殘喘下去。我背起行囊，走回來時下水道上的便橋，也就是前晚發誓的地方。我在巴士站附近一家小餐館裡發現其他人，正在大嚼豆子與雞肉捲餅。我也匆匆吞了兩條捲餅，再包上幾條放進背包準備晚點吃。抵達車站時，車子引擎已經發動，正準備離開。司機正在將最後幾個背包載上車頂，而且示意要我們也將背包給他。

「等等。」我說道。卡巴羅還不見人影。我探頭到車裡張望，掃視過一排又一排的座位，沒看見卡巴羅。該死。我下車準備將這個壞消息透露給大家，但他們全不見了。我繞到車後，恰巧看見史考特正在爬梯子上車頂。

「快上來，大熊！」卡巴羅正在車頂上，從司機手中接過袋子。珍和比利已經坐在他身旁，倚著一大堆行李安安穩穩坐著。「錯過這次，下回可沒機會了！」

難怪塔拉烏馬拉人以為卡巴羅是個幽靈。這傢伙讓人根本猜不出他下一步要做什麼，會在哪裡出現。「算了吧。」我告訴他們：「我見識過這條路了。我要到車裡找兩個最胖的傢伙擠在中間，擺好防撞姿勢。」

赤腳泰德抓住了史考特身旁的扶手。

「嘿，」我對他說道：「你何不進來和我一起坐車？」

「不用了，多謝。我比較喜歡車頂衝浪。」

「聽著。」我決定把話說明白：「也許你該留給卡巴羅一點空間。別一直給他造成壓力，否則比賽就玩完了。」

「沒事。我們兩個沒問題。」泰德答道。「他只是需要一點時間更熟悉我。」

這人還敢說呢！卡巴羅現在最不需要的，就是跟泰德相處。司機已經在方向盤後就位，所以我和艾瑞克也連忙下了車頂，擠進巴士的後排座位。巴士先是引擎熄火，停了下來，然後引擎又轟隆隆響起。不久，我們便開進森林，沿著曲折的小路駛往舊時的採礦小鎮拉布法。從那兒再開往峽谷底部、道路盡頭的村莊巴托畢拉斯，接下來就得開始步行了。

艾瑞克說道：「我等著待會兒聽見一聲尖叫，然後看見赤腳泰德被人從車頂扔下來。」

「別開玩笑了。」

但在我耳邊，依舊迴盪著卡巴羅憤然離開時撂下的那句話：**等著瞧吧，老兄！**

後來證實，卡巴羅真的打算在赤腳泰德給大家惹上麻煩前，先給他一點教訓。不幸的是，這個小教訓後來逼得我們全都得落荒而逃。

第二十五章

當然囉，赤腳泰德才是對的。

大家被泰德與卡巴羅的脣槍舌劍搞得失去了焦點，全都忽略了重要的一點：跑鞋是有史以來為害人類雙腳最烈的東西。泰德這人雖然古怪，但他就像是二十一世紀長跑界的太空人阿姆斯壯，是人類探索未知的頂尖領航員，他的一小步將會促成人類飛躍的一大步。如果你覺得泰德實在承擔不起這樣的盛譽，那麼不妨讀讀哈佛大學生理人類學教授丹恩．李柏曼這段話：

「目前困擾人類的許多腳傷與膝傷，都是由人類穿鞋子跑步所導致。我們的足部因穿鞋跑步而變得虛弱，造成腳掌外翻、膝蓋受傷。在一九七二年耐吉發明第一雙現代運動鞋之前，人們穿著薄底鞋跑步，當時的人腳掌強壯，而且發生膝傷的比率也低得多。」

這些傷害造成的代價為何？致命的疾病像傳染病一般到處蔓延。「人類為了保持健康，有必要進行有氧運動。我認為這個事實奠基於人類的演化史。」李柏曼教授寫道。「如果真的存在能夠讓人類保持健康的魔術子彈，那就是跑步。」

魔術子彈？像李柏曼這種科學大老怎會使用這種詞句？科學界上一次使用這種詞句的時候，人類才剛發明盤尼西林。李柏曼知道自己措詞背後的含義，而且他是認真的。換句話說，他認為如果沒有跑鞋，就會有更多人願意跑步。如果有更多人願意跑步，就不會有那麼多人死於退化性心臟病、突發性心肌梗塞、高血壓、動脈阻塞、糖尿病，還有其他各種西方世界常見的致命疾病。

對耐吉做出上述的指控，的確令人大驚失色。但最令人吃驚的是什麼事？耐吉其實早就知道了。

二〇〇一年四月，兩名耐吉公司的代表到史丹佛大學觀看田徑隊練習。這些代表的任務，一方面是想從贊助的跑者身上收集產品意見，例如他們偏好哪些鞋等等。但這一次代表們遇到了難題，因為史丹佛選手的意見似乎是……什麼也不愛。

「維恩，選手為什麼光著腳？」他們打電話給田徑隊的總教練維恩．拉南納。「我們寄過去的鞋不夠嗎？」

拉南納教練走到一旁去低聲解釋。「我沒有客觀證據證實我的說法，」他解釋道：「但我相信選手赤腳訓練時跑得較快，也較不容易受傷。」

跑得較快，較不容易受傷？這話要是從別人嘴裡說出來，耐吉的人大概不會當一回事，只會禮貌性地嗯嗯啊啊敷衍一下。但拉南納是頂頂大名的教練。就跟魏吉爾一樣，每當拉南納的名字一出現，通常伴隨著「遠見」、「創新」之類的形容詞。他執掌史丹佛兵符不過十年，已經率領徑賽隊與越野賽跑隊拿下五次全國大學聯賽徑賽冠軍，還有二十二項個人獎項。拉南納本人也獲得年度全國大學聯賽越野賽教練的榮銜。他已經訓練出三個奧運選手，正忙著指導耐吉贊助的隊伍（隊名是「農場隊」），帶領一小群菁英中的菁英邁向奧運之路。想當然耳，一聽到公司最棒的跑鞋還不如光腳，耐吉的代表臉色不會太好看。

但拉南納仍堅持：「鞋子上的護墊太多了，讓腳部沒辦法維持在正常的位置。」正因如此，他一向要求選手必須光腳在田徑場內進行部份項目的訓練。「我知道賣鞋的公司當然不希望看到贊助隊伍不穿鞋，但人類不穿鞋已經好幾千年了，你們設計出種種補償功能，反而矯正過了頭，你們想對付的問題根本就不必應付。只要打赤腳，強化腳部肌肉，就能減少阿基里斯腱、膝蓋、足底筋膜等處受傷的風險。」

稱「風險」或許還不夠。事實上，受傷幾乎是必然發生的事實。每年約有百分之六十五到八十的跑者會受傷，換句話說，幾乎人人有獎。無論你是什麼身份，無論你跑多跑少，受傷的風險都相同。不管是男是女，跑得快或慢，腳步笨重或迅捷如風，每個人的腳都一樣時刻處於危險中。

如果學習印度瑜珈師一樣做足伸展操，也許就能降低風險吧？想得美。一九九三年《美國運動醫學期刊》上有一篇關於荷蘭運動員的論文，提到一組跑者接受了暖身與伸展的訓練，另一組則未接受相關指導。雙方後來的受傷率呢？完全沒差。隔年在夏威夷大學的後續研究中，受過訓練組成績甚至比對照組更差，先做暖身的跑者受傷的機率高出了百分之三十三。

不過幸運的是，我們活在科技發達的黃金年代。跑鞋公司花了長達四分之一世紀精進研發技術，所以我們可以合理推論，當今跑步的受傷率必然已經直線滑落。再怎麼說，愛迪達賣的跑鞋可是索價二百五十美元，腳跟處還配備了微處理器，可以立即修正每一步所需的緩衝量。亞瑟士則投入三百萬美元與八年時光（是美國當年「曼哈頓計畫」製造出首顆原子彈的三倍時間），研發出令人敬畏的金星系列，號稱具備「前足多重角度凝膠墊」、「中足加強推進器」，還有「終極腳跟調整裝置，可隔絕並吸收緩衝，減少足部外翻，增加前進推力」。以一雙三個月後就得報銷的鞋子來說，它的售價相當高昂，但至少穿上它們就可免於跛腳之苦。

對吧？

抱歉。

「從七〇年代末首批研究至今，阿基里斯腱受傷率事實上升高了百分之十，但足底筋膜炎的比率則沒什麼改變。」史蒂芬．普里柏博士如是表示。他是跑步傷害的專家，也是「美國足部運動醫學學會」的前任會長。德拉瓦大學運動傷害專科診所主任艾琳．戴維斯醫師補充道：「過去三十年來的科技進展的確驚人，動作控制與緩衝上出現了巨幅的革新，但所有這些矯治方法對病情似乎都於事無補。」

事實上，根本沒有證據顯示跑鞋對預防受傷有任何好處。二〇〇八年英國運動醫學期刊上有篇文章，由澳洲新堡大學的克雷格．理察斯博士所發表。文中指出，沒有任何研究有證據顯示——連一個都沒有——可證實跑鞋的確有助於預防受傷。

這種結論不但令人難以置信，而且居然長達三十五年都沒人注意到這回事。產值高達二百五十億美元的跑鞋產業竟然沒有任何根據，只靠著虛假的承諾與一廂情願的論調做生意，這個事實讓理察斯博士震驚不已，甚至提出了挑戰：

有沒有哪家跑鞋公司敢宣稱，穿上你們的長距離跑鞋可以降低跑步帶來的肌肉骨骼傷害？有沒有哪家廠商敢宣稱，穿上你們的跑鞋可以改善顧客的長跑成績？如果你膽敢提出上述說法，你能否提出經科學家檢驗過的數據作為佐證？

理察斯博士等了又等，甚至還設法連絡主要的跑鞋公司索取數據，但所有公司都保持緘默。如果跑鞋不能讓你速度變快，也不能防止你受傷，那你花了大把銀子究竟買到什麼？那些微晶片、「推進器」、氣墊、扭轉裝置、滾動槓到底有什麼用？

這樣說好了，如果你鞋櫃裡恰好有雙金星跑鞋的話，那麼建議你做好心理準備，準備聽點壞消息。壞消息一向接二連三，此處也不例外：

難堪的事實之一：越貴的鞋子表現越差

根據瑞士伯恩大學預防醫學專家柏納．馬帝研究顯示，穿上頂級跑鞋的跑者與穿便宜鞋子的跑者相比，受傷機率高出百分之一百二十三。在長約九點六英里的柏恩路跑賽中，馬帝醫師的研究團隊分析了參賽的四千三百五十八名跑者，每名跑者都填寫了詳盡的問卷，細述他們的練跑習慣與過去一年來所穿的鞋子。統計結果顯示，百分之四十五的受試者過去一年內曾經受傷。

但最令馬帝博士驚訝的不是這個數字，而是他在一九八九年美國運動醫學期刊上指出的事實。有很多變數會造成受傷，其中最恆定的變數不是地面狀況、跑步速度、每週練跑距離，也不是「訓練中的競爭動機」，甚至不是體重或之前的受傷史。傷者最一致的就是腳上跑鞋的價錢。跑鞋價格高於九十五美元者，受傷機率是跑鞋價格低於四十美元者的兩倍以上。其他後續研究也得到類似的結果，像一九九一年《運動醫學與科學期刊》上一篇文章就指出，穿著號稱具備特殊保護功能（如加強緩衝、矯正外翻）的跑鞋者，受傷機率遠高於穿著平價（四十美元以下）跑鞋者。

這真是個殘酷的笑話：付出兩倍價錢，買到的疼痛也是兩倍。

像拉南納教練這麼敏銳的人，早在一九八〇年代早期就注意到這個現象。「有一次我為選手訂購了高貴跑鞋，但之後兩週內，足底筋膜炎與阿基里斯腱問題接連發生，頻率之快，我從沒見過。

所以我把鞋退回去，叫他們『把我們以前穿的鞋送過來。』」拉南納回憶道：「從此之後我只買便宜鞋，不是因為我小氣，而是因為我這行就是要讓選手跑得快，又能保持健康。」

難堪的事實之二：我們的腳喜歡舊鞋

早在一九八八年，奧瑞岡大學生物力學／運動醫學研究室的貝瑞．培茨博士就收集到資料，顯示穿著舊的跑鞋比新鞋更安全。培茨與同僚在《足科醫學與運動物理治療期刊》當中指出，鞋子磨損，襯墊變薄後，跑者才能對腳部進行更佳的控制。

腳部控制與啪啦作響的舊鞋底為什麼可以避免腳部傷害？因為一項神奇的因素：恐懼。儘管鞋廠為產品取出響亮又神奇的名號，例如愛迪達「終極彈力鞋」（MegaBounce），但這些產品想灌輸給你的概念並非事實：無論什麼緩衝設計都無法降低腳部衝擊。從邏輯上看來，這點顯而易見——跑步時腳部承受的壓力可高達體重的十二倍，以我而言，我在跑步時腳部承受的力量相當於兩千七百六十磅牛肉產生的重力。這麼大的重量，如果期望半吋厚的橡膠就能達到緩衝效果，未免太過荒謬。這就好像你用鐵鎚大力敲打雞蛋前，先將蛋用厚厚的烤爐手套包起來，但雞蛋並不會因此毫髮無傷。

一九八六年，耐吉運動研究實驗室的負責人費德里克在「美國生物力學學會」的年會中投下一枚震憾彈。他在會中表示：「在軟鞋與硬鞋的實驗中，穿上兩種鞋子所受的衝擊量沒有差別。」沒有差別！「奇怪的是，」他還補充說道：「穿軟鞋的時候，在與地面垂直接觸的反應力中，第二波推進力的高峰甚至更強一些。」

這結論實在令人費解：鞋子的緩衝墊越厚，保護的功效越差。

奧瑞岡大學生物力學／運動醫學研究室的研究人員也證實了上述的研究結果。一九八八年他們在《足科醫學與運動物理治療期刊》發表論文，指出穿過一陣子的跑鞋經過磨損，足墊變硬，跑者的腳也隨之變得穩定，較不容易晃動。科學家足足花了十年才找到一套解釋，說明鞋廠要你丟掉的那些舊鞋為什麼比他們鼓吹你買的新鞋好。蒙特婁麥克吉爾大學的羅賓斯醫師與維奇德博士針對體操選手進行了一系列研究，發現地上的墊子越厚，選手著地的力道就越強，因為選手會下意識地尋求身體平衡，所以當他們覺得腳下的地面較軟時，就會用力下踩確保平衡。

兩位研究人員發現跑者也有同樣的行為。就像在冰上滑倒時手會自動揮高，腿和腳覺得腳底軟綿綿時也會自動加重力道。穿著緩衝鞋墊跑步時，你的腳會不斷地在鞋墊上加壓，試圖在鞋墊下找到硬實、穩定的平面。

「我們的結論是平衡與垂直壓力息息相關。」麥克吉爾大學的兩位學者寫道：「從研究中發現，目前市面上的運動鞋……都太過柔軟厚實。如果真要達成保護運動者的目的，這些鞋子全該重新設計。」

在讀到這篇論文之前，我一直因為某次在運動傷害專科診所的經驗而疑惑不已。那次我在測力板上來回跑步，狀態分別是赤腳、穿著超薄鞋子、還有穿上耐吉緩衝極佳的飛馬跑鞋。每次換鞋後衝擊力道都有改變，但與我的預期卻大不相同。衝擊力道在赤腳時最輕，穿上飛馬跑鞋時最大，而我跑步的姿勢也有不同，每次換上新鞋時我都會直覺地改變步伐。那次的醫生艾琳．戴維斯博士所做的結論是：「你穿上飛馬鞋時，腳跟著地的現象明顯許多。」

大衛．史密泰克決定用自創的實驗測試這項衝擊理論。大衛本身不但是名跑者，也是專精急性復健的物理治療師。他發現鼓吹他買新鞋的全是些賣鞋的，這點讓他產生了警覺。《跑者世界》與鎮上的鞋店總是不斷強調，每三百到五百英里就該換一次鞋子，但為什麼亞瑟．紐頓，史上最偉大的跑者之一，總要跑上個四千英里之後，才把腳下的薄底橡膠鞋換掉？紐頓不但在一九三〇年代五度奪得五十五英里的硬漢馬拉松賽，而且五十五歲時雙腿仍然強健，打破了倫敦到巴斯的百英里賽紀錄。

於是史密泰克決定實驗一下，看看自己能不能做得比亞瑟．紐頓更徹底。「要是鞋子的一側磨損了，」他心裡想道：「我把兩腳的鞋子掉轉來穿會如何？」這個瘋狂的鞋子實驗於是開始。每當鞋子的外側被磨到變薄，史密泰克就將左右兩腳的鞋子掉換穿上，繼續跑步。

往後十年間，史密泰克每天慢跑五英里，從未間斷。他發現掉轉兩腳的鞋子後仍然能舒服地跑步，於是開始自問：為什麼需要鞋子？他的論點是，如果他可以不照原廠設計的方式來穿跑鞋，也許這些設計根本就沒什麼用。從那之後，他只穿平價用品店的鞋子，再也不買昂貴的跑鞋。

「瞧瞧他，跑得比大部份人都勤，掉換了兩腳的鞋子卻一點問題也沒有。」他的同事李爾曼說：「這個實驗讓大家都學到了一點事情，那就是在跑鞋的世界裡，會發光的並不全是金子。」

最後一件難堪的事實：連艾倫．韋布都說：「人體構造不適合穿鞋跑步。」

艾倫．韋布是美國最快跑完一英里的人。他本來有扁平足，身材怪異，剛上高中當新生時，教練在他身上看到潛力，開始從頭到腳——這個形容絕不誇張——重新打造他。

「我一開始就飽受運動傷害之苦，而且一看就知道，我的生理缺陷會導致運動傷害。」韋布告訴我：「所以我得做腳部肌肉強化訓練，還特別赤腳練走。」逐漸地，韋布看到自己的腳一點一滴改變。「之前我穿十二號鞋，而且是扁平足，但現在我穿九號或十號鞋。腳部的肌肉變得更強壯後，我的足弓也變得更彎曲。」赤腳練習也降低了韋布受傷的機率，讓他可以進行必要的強力練習，最後創下了美國一英里賽跑紀錄，還有二〇〇七年一千五百公尺賽跑的全世界最佳成績。

「多年來，赤腳跑步一直是我的訓練哲學之一。」愛爾蘭的物理治療師哈特曼博士表示。他是打造全世界頂尖長跑選手的神奇魔術師。曾創下馬拉松賽女性記錄的寶拉．瑞克利夫每次出賽前，一定都得先見過哈特曼博士；而像海勒．蓋博賽拉希與哈立德．坎諾契這樣的賽跑名將，也將雙足交給哈特曼博士照顧。但最近幾十年來，哈特曼博士遇見的筋骨傷害案例大幅增加，而構造越來越複雜的跑鞋也令他大為不悅。

「腳部未經鍛鍊的肌肉系統，是導致傷害的最重要原因，但在過去二十五年來，我們鍛鍊腳部的機會卻少得可憐。」哈特曼博士如是表示。「現在『足部外翻』一詞讓人聞之色變，但這不過是腳部的自然動作。足部外翻原本就是理所當然的。」

如果想知道什麼是足部外翻，你可以脫掉鞋子，然後在柏油路上跑上一程。你的腳一接觸到堅硬的地面，會暫時放棄它們在鞋子裡習慣的動作，自動切換到保護模式：你會發現自己用腳部外側著地，然後從最外側的小腳趾開始微微往內側大腳趾轉動，直到腳掌平貼上地面，這就是所謂的足部外翻，一種溫和、有助吸收衝擊的輕微轉動，可以幫助你的足弓收縮。

但從一九七〇年代開始，某些跑步方面的權威開始對這種足部轉動感到憂心。心臟病學家喬治·施漢博士寫過數篇有關跑步之美的文章，因此被視為馬拉松選手中的哲學家代表。「足部過度外翻也許正是跑者膝蓋疼痛的根源」這種說法，是由他首先提出。你可以說他說的對，也可以說他大錯特錯。足部過度外翻的原因是跑者以腳跟著地，只有在腳下有襯墊時才會發生這種情況。但施漢博士的論點卻受到各大鞋廠熱烈響應，而且推出了重量級的武器來殲滅敵人——他們打造出怪獸般的超級設計跑鞋，一舉消除了腳部的所有外翻動作。

「人體天生的動作一旦受到妨礙，對其他動作必然有不良的影響。」哈特曼博士表示。「我們曾經做過研究，只有百分之二到三的人真正患有足部構造的問題。那其他那些接受矯正治療的人是怎麼回事？穿上那些所謂的矯正裝置，我們不過是在對付根本不存在的問題，而且還會製造新的困擾。」二〇〇八年間，《跑者世界》雜誌更作出令人震驚的告白。過去他們一直在無意間誤導讀者，建議患有足底筋膜炎的跑者購買矯正鞋。「但近來研究顯示，所謂的加強穩定鞋並不能紓緩足底筋膜炎，甚至可能導致症狀惡化。」

「只要看看足部構造就曉得了。」哈特曼博士解釋道。畫出腳部藍圖，而你眼前見到的便是工程師窮數世紀之力也無法做出來的精巧構造。腳部正中央是足弓，是有史以來最了不起的載重設計，你越是用力往下壓，足弓各部位就變得更緊密。稍微有點水準的泥水匠都不會在拱形的下方加上支撐，因為由下往上的力道會讓整個結構變得鬆垮。足弓四週還有嚴密的支撐網絡，由二十六根骨頭、三十三個關節、十二條有彈性的肌腱，還有十八條肌肉組成。網絡的伸縮讓足弓像吊橋般可以抗震。

「把腳塞進鞋子裡，就好比在腳的外面封上石膏。」哈特曼博士表示。「在腿上打石膏，六個禮拜內你的腿部肌肉就出現百分之四十到六十的萎縮。將腳封進鞋子裡對足部肌肉也有類似的影響。」穿上鞋子後，肌腱會變得僵硬，肌肉會萎縮。足部天生就是為了要與環境對抗，壓力越大，它們越有活力。正如艾倫．韋布發現的一樣，讓腳部肌肉閒置一旁，它們便塌陷下去。施予刺激，足弓便會像彩虹般彎起。

「跟我合作過的肯亞頂尖跑者有一百多名，他們的共通點就是腳部都非常有彈性。」哈特曼博士繼續說：「這樣的成果，是因為他們十七歲之前從未穿鞋跑步。」一直到今天，哈特曼博士仍認為在他聽過的預防受傷建議中，最棒的來自一名教練。那位教練鼓吹：「每週赤腳在沾露水的草地上跑三次。」

哈特曼博士不是唯一倡導赤腳哲學的醫學專家。保羅．布蘭得博士是路易西安那州美國公共醫療服務醫院的復健科主任，也是路易西安那州立大學醫學院的外科教授。他認為只要拋開鞋子，美國人在一代之內就可以消滅所有常見的足部傷害。早在一九七六年，布蘭得博士就指出，幾乎所有找他看診的病狀——雞眼、拇囊炎腫、錘形趾、扁平足、足弓下塌等——在人們不穿鞋的年代裡都不會發生。

「赤腳走路者不斷接收到地面的資訊，也可感覺到腳部與地面的關係。」布蘭得博士曾說過：「套著鞋的腳，則在一成不變的環境裡昏昏欲睡。」

赤足之戰的鼓聲正逐漸響起，但領頭宣戰、為腳部肌肉請命的並非醫生。事實上，這場戰爭正逐漸演變成足科醫生與病人間的階級大戰。像布蘭得博士與哈特曼博士這樣的赤足派在醫生中仍是少數。傳統的足科醫生仍舊認為雙腳是大自然的失敗品，在它們未臻完美的演化過程中，總有用得著動刀塑型或用別種技術改造的時候。

這種「天生缺陷」的思維在《跑者重建手冊》一書中發揮得淋漓盡致。這本書的作者是頂尖的足科運動醫師莫瑞．懷森費德，他在這本史上最暢銷的足部保健書籍中一開始便語出驚人：

「人類雙腳天生就不是設計來走路，更別談長距離跑步了。」

那照他看來，人類雙腳的設計究竟能做什麼？第一是游泳（雙腳是從史前魚類的魚鰭演化而來，這些魚鰭的方向全都是向後的）。再來是爬樹（雙腳的抓地力讓生物可以蹲在樹枝上不致跌落）。

還有呢？

然後，根據足科專家對演化的闡述，雙腳就沒有別的功用了。儘管身體其他部位都因應堅實的地面作出完美演化，但不知怎地，唯一真正接觸到地面的雙腳卻遠遠落後。我們發展出靈巧的大腦與雙手，足以進行精細的血管內手術，但雙腳的演化卻一直停在舊石器石代。「人類的雙足尚未完全適應地面。」《跑者重建手冊》中這麼哀嘆。「人類當中只有少數人幸運擁有適於行走的雙足。」

到底哪些人才是少數擁有適於行走雙足的幸運兒呢？嚴格說來根本沒有。「大自然尚未決定什麼才是最適合現代跑者的設計。」懷森費德醫師寫道。「在完美設計出現之前，我從行醫經驗中得知，所有人都極可能遇上足部傷害。」大自然的設計也許真的尚未定案，但這並不代表足科專家不能自己動手打造最佳設計。正因為這種盲目的自信心——相信四年的足科訓練可以抵過二百萬年的天擇歷程——推動了七〇年代不幸的足科手術風潮。

「不過幾年前，還有人用手術處理跑者膝蓋疼痛的症狀。」懷森費德醫生承認：「手術成果不佳，因為人類跑步時還是需要體內的緩衝。」病人動過手術後，發現原本是令人不快的疼痛，竟然成了狀況不斷變化的終身殘缺。失去了膝蓋軟骨後，他們只要一跑步必然感到疼痛。儘管足科醫生在試圖超越自然時遇到了這樣重大的失敗，但《跑者重建手冊》卻隻字不提如何訓練足部肌肉，只提出綑綁、矯正、手術作為治療手段。

連學有專精、心胸開放的艾琳．戴維斯博士，也到了二〇〇七年才開始把赤腳理論當一回事，而且起因還是因為一名病患完全不顧她的建議。這名病患飽受長期足底筋膜炎所苦，決定試著穿上薄底拖鞋般的鞋子跑步。戴維斯博士認為這根本是異想天開，但患者卻還是實行了計畫。

「結果令她大為吃驚。」《生物力學》雜誌後來報導：「病患的足底筋膜炎獲得改善，現在患者已經可以穿鞋跑上一段短距離。」

「病患不聽指示時，常常就是醫生學到新東西的時候。」戴維斯醫生很有風度地說。「我認為美國之所以有這麼多足底筋膜炎患者，部份原因也許是我們根本不讓雙腳發揮它們原本設計的功能。」那名叛逆病人的例子讓她留下極為深刻的印象，她甚至開始在自己的運動訓練中排入赤腳走路。

像耐吉這種每年賺上一百七十億美元的公司，不可能坐視這些赤腳人士引領風潮。前面講到的兩名耐吉代表回到公司，報告赤腳風潮已經蔓延到大學運動隊的精英中後，耐吉開始著手研究能不能從自己搞出來的大摟子中撈上一筆。

把腳傷肆虐的原因通通怪到邪惡的大公司耐吉頭上，未免太簡化問題了。不過別擔心，這真的大部份是他們的錯。耐吉的創辦是菲爾・耐特，一個什麼都能賣的奧瑞岡大學跑者，還有比爾・鮑爾曼，一個自認什麼都知道的奧瑞岡大學教練。在這兩個傢伙湊在一起前，現代跑鞋根本不存在，大部份現代腳傷也一樣。

就一個整天教人怎麼跑步的人來說，鮑爾曼自己跑得並不多。他到五十歲才開始做一點慢跑，那是在前往紐西蘭見過亞瑟・利地亞德之後。利地亞德是健身慢跑之父，也是史上最具影響力的長跑教練。他在五〇年代晚期創辦了奧克蘭慢跑俱樂部，幫助心臟手術患者復健。

當時這個舉動引起了極大爭議，醫界一致認為利地亞德簡直是在鼓吹集體自殺運動。但原本病懨懨的參加者在運動數週後都發現自己變得健康許多，而且還開始把妻兒、父母都找來，一起參加兩小時的小徑慢跑。

一九六二年鮑爾曼首次造訪俱樂部時，每個禮拜天早上的團體跑步堪稱是奧克蘭的最大派對。鮑爾曼也想加入跑步，但體力卻差到必須靠一名七十三歲、受過三次冠狀動脈手術老人幫忙扶持。「老天，當時我生不如死，恨不得倒斃在現場。」鮑爾曼後來回憶。

但他回國時，整個人已經改頭換面，不久就寫下了一本暢銷書，簡短的書名將一個新名詞介紹給世人，也帶起了美國大眾後來的狂熱：《慢跑》（Jogging）。在寫作與教人跑步之餘，鮑爾曼將時間全都花在地下室，用妻子的鬆餅機熔化橡膠，一邊毒害自己的神經系統，一邊研發新的鞋種。這些實驗導致鮑爾曼患上嚴重的神經症狀，卻也讓他做出有史以來襯墊最厚的跑鞋。出於某種黑色幽默感，鮑爾曼將這款鞋命名為「柯提茲」——與入侵新大陸的西班牙征服者同名。當年西班牙人不但掠奪黃金，而且還造成嚴重的天花大流行。

鮑爾曼最巧妙的一招就是鼓吹新的跑步方式，而這種方式只有穿上他的跑鞋才做得到。柯提茲鞋讓跑者用以前不可能安全進行的方式跑步，那就是以骨頭較多的腳跟著地。在發明緩衝襯墊鞋之前，歷史上所有跑者都用同一種姿勢跑步：傑西．歐文斯、羅傑．班尼斯特、法蘭克．薛爾特、甚至是艾米爾．哲托貝克，這些人跑步時全都挺直背脊，彎曲膝蓋，雙腳擦過臀部下方，因為他們別無選擇：唯一能夠吸收衝擊力的就只有腿部收縮與足部中央厚厚的脂肪層。

弗瑞德．威爾特在他一九五九年的徑賽經典之作《跑者訓練大觀》中也證實這一點。該書詳敘了超過八十名世界頂尖跑者的技巧：「前方的腳以一種『向後揮下』的動作貼向跑道（而非重重落下），前腳掌的外側是首先著地的部位。」威爾特如是寫道。「向前的推力落在身體重心的後方。」

事實上，一九八四年生物醫學設計師凡恩．菲利普為截肢患者設計了一組極為精巧的義肢，但他甚至懶得在上面做上腳跟。菲利普本身在滑水意外中失去了左腳膝蓋以下的部份，他非常清楚腳跟只用於支撐站立，而非幫助跑步。他設計的C字型「獵豹腳」模擬人體雙腿極為成功，兩腳截肢的南非選手奧斯卡．匹斯托瑞裝上這套義肢後，甚至可以與世界上頂尖的短跑選手一較長短。

但鮑爾曼別有一番看法：如果將踩下的施力點移到重心前方，也許跨出的距離可以變得更長。他心裡想，在腳跟處加上一塊厚橡膠，就可以伸直雙腿，以腳跟著地，將步伐拉大。在《慢跑》一書中鮑爾曼作了一番比較。他承認歷經時間考驗的「放平腳掌」跑法可以將衝擊分散到較大的平面上，對身體其他部份造成的負擔也較小，但他依然相信「由腳跟至腳尖」的跨步方式「長距離跑下來最不容易疲累」，前提是你要穿上適合的鞋子。

鮑爾曼的行銷方式堪稱一絕。奧瑞岡州一名財務專欄作家便評論道：「這人先為產品開發出市場，然後再製造出產品本身。這真是天才的作法，值得商學院好好借鏡一番。」鮑爾曼的夥伴，也就是原為跑者，現在成了企業家的菲爾．耐特在日本設廠，很快地產品便供不應求，還沒離開生產線便已銷售一空。「靠著柯提茲鞋的緩衝設計，我們一直到一九七二年奧運都還獨霸市場。」耐特後來自誇道。等到其他公司也設廠生產同樣設計時，新的跑步風潮已然襲遍全球。

初次設計產品便大獲好評，鮑爾曼因此欣喜不已，從此創造力更是一發不可收拾。他曾考慮過利用魚皮製造防水鞋，但這個主意還在設計階段便胎死腹中。不過他倒真的設計出名為LD1000訓練鞋的鞋款，鞋底部份特別加厚，穿起來彷彿是踩著烤派的大盤子跑步。鮑爾曼認為這樣可以中斷足部外翻過程，卻沒想到除非跑者的腳完全不彎曲，否則加厚的腳跟必然導致腿部扭傷。「這雙鞋不但沒有穩定步伐的功效，而且還加速足部外翻，導致雙腳與腳踝受傷。」前奧瑞岡跑者坎尼．莫爾在他為鮑爾曼作的傳記中如是寫道。鞋款的設計本意是要人們完美地跨步，換句話說，只有在步伐完美時才有作用。鮑爾曼後來發現自己不但沒有預防傷害，反而造成跑者受傷，只好改弦易轍，在改版鞋款中將腳跟改細一點。

在這同時，住在紐西蘭的亞瑟．利地亞德對於美國奧瑞岡發展出來的花俏跑法吃驚不已，忍不住懷疑他這位老朋友究竟在搞什麼把戲。跟鮑爾曼比起來，利地亞德對跑步所知更多，他不但訓練過許多奧運金牌選手與世界紀錄保持人，更開發出一套被奉為圭臬的訓練教程。利地亞德相當喜歡鮑爾曼這個人，也尊重他身為教練的成就，但是天啊！他賣的那玩意究竟是什麼垃圾？

利地亞德心知肚明，所謂的足部外翻不過是推銷東西的胡說八道。「隨便找個任何年紀的普通人，叫他脫下鞋子在走廊上跑一遭，你幾乎一定可以看出他的腳部動作沒有所謂的外翻或內旋。」利地亞德抱怨道：「腳踝的側翻動作之所以會發生，全都是因為人類穿上了跑鞋。許多鞋子的設計會馬上對腳部動作產生干擾。」

「人們過去穿帆布鞋跑步。」利地亞德繼續說：「當時沒有足底筋膜炎，也沒有所謂的足部外翻或內旋。跑馬拉松時我們也許會因粗糙的帆布磨破皮，但大致上說來，當時沒有這麼多足部症狀。

花上幾百美元買最新的高科技跑鞋不能保證你的腳不受傷，甚至肯定會讓你的腳或多或少患上毛病。」

到最後，連鮑爾曼自己也陷入懷疑。耐吉的事業蒸蒸日上，每年推出各式各樣的新鞋與改款，純粹就是為了多弄點東西來賣。鮑爾曼自覺當初純潔的初衷已然變質，被新的觀念形態所腐化。他用兩個字來概括這一新觀念，那就是「賺錢」。他寫了一封抱怨信給公司同仁，聲稱公司現在「賣的是一堆垃圾」。看來，社會評論家艾瑞克．霍夫的話套到這位耐吉創辦人的身上仍然適用，那就是「崇高的目標一開始是社會運動，然後變成一門生意，最後則淪為詐欺。」

鮑爾曼在二〇〇二年之前就已經去世，沒來得及目睹新的赤腳風潮，所以耐吉轉而向鮑爾曼以前的指導者請教，想知道正在流行的這股赤足流行是否真有道理。「廢話！」據說利地亞德回答耐吉公司時滿懷不屑：「給某個部位太多支撐，就會讓它變得軟弱。多多利用它，就能讓它變得強壯……脫下鞋子跑步，就能解決那些腳部症狀。」

「只要有鞋子能讓我的腳像赤腳一樣正常運動，那就是我要的鞋子。」利地亞德作出這個結論。

耐吉選擇以實驗數據證實了利地亞德的驚人之言。耐吉運動研究中心的資深研究員傑夫．匹茲蕭塔找來二十名跑者，拍下他們在草地上赤腳跑步的影片。將影片放大觀察時，眼前所見讓他大吃一驚：這些人的腳不再像穿鞋時一樣笨重地著地，反而像是有心智的動物般靈活動作——延伸、抓地、腳趾張開尋找地面，划向地面後停止，彷彿湖邊的天鵝。

「這景象真是太美了。」匹茲蕭塔後來向我敘述時，仍然感動不已。「我們開始認識到穿鞋限制了我們對腳部的控制。」他馬上動手派工作人員收集所有可得的赤腳文化影片。「我們收集到許多仍然赤腳跑步的民族影片，從中可以看出推進與著地時，他們腳部的動作大得多，而且用上腳趾的機會也比我們多。他們的腳可以彎曲、伸展、拉開、抓住地面，換句話說不但外翻現象較少，也更能分散壓力。」

事情幾乎已經無可否認，耐吉過去賣的東西一無是處。但耐吉隨機應變，決定將錯就錯，匹茲蕭塔成為一項最高機密計畫的負責人，專門執行一項看似不可能的任務：想辦法從赤腳上撈到錢。

匹茲蕭塔花了兩年時間才準備好讓自己的傑作面世。一支電視廣告開始在全球播出，裡面全是赤腳的運動員——沿著泥土路跑的肯亞馬拉松跑者、在跳台上縮起腳趾的游泳選手、體操選手、巴西的戰舞舞者、攀岩者、摔角選手、空手道大師、沙灘足球的參賽者。看到這支廣告時，得花點時間才想得起哪些人在穿鞋，或是為什麼穿鞋。

影像之間穿插著鼓勵人心的字句，像是「你的腳就是你的根基，讓它們醒來！讓它們變強！找回與土地的連結……自然的科技引領自然的動作，為你的腳重獲力量。」光溜溜的腳板上寫著「成就從此開始」。最後則是盛大的結尾：「漫步鬱金香叢」的音樂在背景慢慢漸強，肯亞運動員重新出現在鏡頭中，但赤腳上現在多了新型的薄鞋。這是耐吉新的「自由」鞋款，是比舊型的柯提茲還要薄的便鞋。

它的廣告標語是什麼呢？

「赤腳奔跑。」

第二十六章

寶貝，這個鎮會把你的骨頭逐根拆解。這是個死亡陷阱，是自殺的饒舌音樂。

——布魯斯・史普斯汀（Bruce Springsteen），《天生就會跑》（Born to Run）

卡巴羅的臉孔因驕傲而脹紅，所以我也試著想說幾句漂亮的場面話。

我們剛抵達巴托畢拉斯，這是一個古老的採礦小鎮，位於八千呎高山下的峽谷入口處。四百年前，西班牙探險者在滿是碎石的河底發現銀礦石，這個小鎮因此誕生。從那時至今小鎮一直沒什麼改變，仍然是一小簇房屋座落在河畔，驢子和汽車一樣多。當世界上其他地方的人正在把玩iPod時，這裡才剛安裝有史以來第一部電話。

要抵達這裡必須有鐵打的胃，還得極度信任另一個與你同為凡人的人類，也就是巴士司機。通往巴托畢拉斯的唯一道路是一條緊貼山壁、盤旋下降的泥土路，不到十英里內高度下降了七千呎。巴士在髮夾彎吃力轉向時，我們全都緊抓座位，望向下方深谷中的車輛殘骸——駕駛只要偏差了幾吋就是這種結果。兩年後，卡巴羅自己的卡車也將加入下方的汽車墳場。當時卡車滑出懸崖邊緣，滾下山谷，卡巴羅及時跳出車外，看著卡車在下方的深谷化為火球。後來他還特地下到燒焦的殘骸處，撿了幾塊碎片當成幸運的護身符。

巴士在小鎮停下後，我們爬下車來，全身僵硬，滿臉都是灰塵與汗水乾掉的痕跡，就像我第一次見到的卡巴羅一樣狼狽。「就在那裡！」卡巴羅喊道：「那裡就是我家。」

我們四處張望，但眼前唯一的建築物只有河流另一邊廢棄的佈道所，屋頂已然消失，石牆的石料取材自峽谷，崩毀後顏色變得跟紅色峽谷一樣，就像沙子築成的城堡又坍毀成沙堆。這屋子正是人間幽魂的理想住所，非常適合卡巴羅。我腦袋中忍不住想像起晚上經過這裡，看見他怪物般的影子在營火邊躍動，就像是廢墟裡的鐘樓怪人。

「哇……這房子可真……呃……有特色。」我說道。

「不是這個，」他答道：「是在這裡。」他指向我身後一條若隱若現的牧羊小徑，小徑的盡頭消失在仙人掌叢中。卡巴羅開始往山上爬，我們全都排成一列跟在他身後，沿路抓住樹叢保持平衡，一邊在石頭路上跌跌撞撞地前進。

「他媽的，卡巴羅。」路易說道：「世上就只有這麼一條路，是在開頭的兩英里就需要路標和急救站。」

前進了一百碼左右後，我們穿過一片茂密的野生萊姆叢，眼前出現一間黏土壁的小屋。卡巴羅曾經在剛才那條危險小徑上來回數百次，親手從下方的河床上搬來蓋屋子的石頭。以安居之處來說，這裡比剛才那個廢棄佈道所更適合卡巴羅；在他親手築起的孤寂堡壘中，卡巴羅可以看到河谷中的所有動靜，卻不會被別人發現。

我們漫步走進屋裡。裡面有一張小型行軍床，一疊穿壞的運動涼鞋，煤油燈旁有個架子，上面有三、四本關於十九世紀的「瘋馬酋長」及其他印第安人的書籍，這些就是他的全部家當。沒電，沒水，也沒有廁所。卡巴羅砍掉了屋子後方的仙人掌，整理出一小塊空地，供他長跑後休息，抽根菸，眺望眼前恍如史前時代的荒野。這個小屋的風格，充分反映出卡巴羅這個人的個性。

卡巴羅急著讓我們吃頓飯，安頓下來，他自己好補充一點睡眠。接下來數天會耗掉我們所有體力，而大夥兒從厄爾帕索出發後幾乎都沒什麼機會休息。他帶著我們又走下那條隱密小徑，沿著大路直到一間民宅，屋子前方的窗戶裡是個小舖面。買東西時必須探頭進窗戶，只要店主馬里歐有你要的東西你就能買到。馬里歐將他樓上的幾間小房間租給我們，走廊盡頭還有個冷水淋浴間。

卡巴羅希望我們丟下背包，直接找東西吃去，但赤腳泰德堅持先脫下衣服走到淋浴間，沖掉沿路的風塵。但一會兒之後他尖叫著衝出來。

「天啊，浴室裡的電線漏電，差點把我電到失禁！」

艾瑞克看了我一眼。「你猜是不是卡巴羅幹的？」

「這可以說是有正當理由殺人。」我答道：「沒有人能說他有錯。」離開克里爾後，赤腳泰德與卡巴羅之間的戰爭完全沒有緩和跡象，卡巴羅在途中某個休息站爬下車頂，躲到了巴士後方的小角落。「那傢伙根本不知道什麼叫安靜。」他氣呼呼地說道：「洛杉磯的人就是這副德性，他以為每吋空間都應該填滿噪音。」

把東西放在馬里歐的店裡後，卡巴羅帶著我們到他認識的另一個老媽媽家。我們甚至不必開口點菜，米拉老太太一見到我們抵達，馬上拿出冰箱裡所有材料。沒多久，鱷梨沙拉、煮豆子、仙人掌切片、浸著香料醋的蕃茄、西班牙燉飯、還有加上雞肝後更顯香濃的牛肉燉湯便一盤盤上桌。

「盡量多塞點。」卡巴羅之前曾吩咐過：「明天你們會需要這些熱量的。」他計畫明天帶我們來一場暖身健行，在附近的山上走走，熟悉一下比賽時我們必須應付的地形。儘管卡巴羅不斷強調這段路沒什麼了不起，卻又囑咐我們最好多吃點東西，直接上床睡覺。後來一名白髮的美國老人晃進屋裡與我們聊天，讓我更是擔心起明天的行程。

「老馬，準備得怎麼樣？」他招呼卡巴羅道。老人的名字是鮑伯．法蘭斯。他於一九六〇年代首次流浪到這裡，之後他的心便一直沒離開。儘管在加州聖地牙哥的家裡他還有兒孫，但鮑伯一年中大部份時間都在此地的峽谷間漫遊，有時當登山者的嚮導，有時則只是去拜訪他的塔拉烏馬拉老朋友派翠西歐．魯納。這人是馬努爾．魯納的叔伯輩，三十年前鮑伯在峽谷中迷路，就是派翠西歐幫助了他，給了他食物，還收容他在洞穴的家中過了一晚。

由於他和派翠西歐多年的友情，鮑伯是極少數參加過塔拉烏馬拉人狂飲會的美國人之一。所謂的狂飲會是馬拉松式的飲酒派對，通常在賽跑前舉行，不過偶然也會因為喝過頭導致比賽取消。就連卡巴羅也還沒被信任到可以參加這種派對，但卡巴羅聽了鮑伯以下的描述後，似乎也不是那麼想到場了。

「突然間，我多年的塔拉烏馬拉好友，那些害羞、溫和的傢伙，全都衝到我面前來，抬頭挺胸撞到我身上，污言穢語滔滔不絕，準備跟我打上一架。」鮑伯敘述道：「這時他們的妻子已經跟別的男人躺到樹叢裡，長大的女兒們則光溜溜地與人摔角。這種場合通常不讓小孩子在場，這也是想當然耳的。」

狂飲會中大家無所不為，鮑伯解釋，這都因為吃了有迷幻藥性質的仙人掌、私釀龍舌蘭酒、還有烈性的玉米啤酒。儘管這些派對狂亂不已，卻擔負著高貴與重大的任務：狂暴的情緒可以在這些場合中盡情發洩出來。因為塔拉烏馬拉人就跟我們一樣，也有私人的慾望與悲傷，但他們的社會中沒有警察，彼此又需密切合作才能生存，總得找個方法發洩渴望與怨恨。所以像狂飲會這樣的活動再適合不過了，每個人都脫下衣裳，盡情放縱，等到隔天全身是傷、因宿醉而昏沈不已，再拍拍身上的灰塵，重回正常的生活作息。

「在狂飲會結束前，我大概會被謀殺或拐上床幾十次。」鮑伯說道：「不過還好我夠聰明，在混亂上演前就放下酒葫蘆，逃出現場。」如果還有其他外界人士跟卡巴羅一樣瞭解銅峽谷，那就非鮑伯莫屬。所以當他喝了酒，開始絮絮叨叨時，我特別留心聽他教訓泰德的話。

「這些該死的玩意明天一定會報廢。」鮑伯指著泰德腳上的五趾套說道。

「我不會穿它們出門的。」泰德答道。

「這才像話。」鮑伯道。

「我明天要打赤腳。」泰德道。

鮑伯轉向卡巴羅。「老馬，他是在開我們玩笑吧？」

卡巴羅微笑不語。

隔天天色才剛亮，卡巴羅就過來找我們。「這就是我們明天前進的方向。」卡巴羅指向我房間窗戶的遠山說道。在山巒與我們所在之間，是一大片起伏的山麓丘陵，但上面滿佈著濃密的植被，實在看不出其中怎可能有小徑。「今天早上我們就來跑跑這些小傢伙。」

「該帶多少水？」史考特問道。

「我就帶這個。」卡巴羅揮著一個十六盎司的塑膠瓶，「山上有淡水可以裝瓶。」

「食物呢？」

「不必了。」卡巴羅聳聳肩，一邊和史考特一起離開去看其他人。「我們午餐前就可以回來了。」

「我要把這大傢伙帶去。」艾瑞克對我說道，一邊將泉水灌進他攜水背包裡九十六盎司的水袋。「你最好也一樣。」

「真的嗎？卡巴羅說我們只跑十英里。」

「在荒郊野外最好把所有能帶的水都帶上。」艾瑞克說：「就算你用不著那麼多水，這也是為將來有必要時做訓練。誰曉得呢？搞不好會有意外發生，讓你在野外待得比預期更久。」

我放下我的手提水壺，拿起我的攜水背包。「順便帶碘片，搞不好會需要消毒飲水。另外再帶些能量凝膠。」艾瑞克繼續說：「比賽那天你每小時需要兩百卡的熱量，補充的訣竅是一次吃一點，讓熱量源源不絕進入體內，又不致塞飽你的胃。今天是練習的好機會。」

我們走過巴托畢拉斯鎮上，兩旁商店的店主正在石地上灑水，免得灰塵飛揚。學童穿著乾淨的白襯衫，黑色頭髮因浸水而柔順服貼，看到我們走過便停下閒談，禮貌地問候我們「早安」。

「今天會很熱。」卡巴羅一邊說著，帶著我們低頭進入一間沒有招牌的店面。「電話修好了嗎？」他對招呼我們的女子問道。

「還沒有。」她無奈地搖頭答道。店主名叫克萊莉塔，她這兒有全巴托畢拉斯鎮上僅有的兩台公用電話，但線路已經壞了三天，現在唯一的通訊工具只剩下短波無線電。我這時才初次感覺到自己與外界多麼隔離。我們沒有辦法知道外面的消息，也沒辦法讓外界知道我們遇上了什麼事。我們將許多事情押注在對卡巴羅的信任上，而我忍不住再次懷疑為什麼。儘管卡巴羅熟知這附近的地形，但這傢伙連自己的命都不大在乎，我們將性命交到他手上豈非太蠢？

不過現在我的肚子餓得咕嚕響，克萊莉塔店裡的早餐又香氣撲鼻，早把我的憂慮擠到了一旁。這裡的早餐是大盤的墨西哥辣醬煎蛋，煎過的蛋佐上自製的莎莎醬，灑上剛切碎的香菜，底下則是厚厚的手捍玉米烙餅。這麼美味的食物狼吞虎嚥未免可惜，所以我們慢慢用餐，續了幾杯咖啡後才起身離開。艾瑞克和我模仿史考特，也在口袋裡裝了塊烙餅，以備稍後食用。

直到吃完飯我才想到那兩個新新人類沒有出現。我看看錶，已經快要十點了。

「別管他們吧。」卡巴羅道。

「我可以跑回去找他們。」路易主動提議道。

「不好，」卡巴羅道：「他們搞不好還沒下床。若想躲過下午的炎熱，現在就得動身了。」

也許這樣也好。他們可以利用今天補充水分，為明天儲備體力。「不管怎樣，別讓他們追過來。」路易的父親要留在鎮上，卡巴羅因此對他說道。「他們要是在裡頭迷路，搞不好永遠出不來。這可不是開玩笑的。」

艾瑞克和我扣上攜水背包的腹帶，我在頭上纏上一條大手帕。天氣已經開始悶熱起來。卡巴羅從一堵圍牆的缺口中穿出，開始在鵝卵石間找路往河邊走。赤腳泰德搶上前去跑在他身邊，存心要讓他看看赤腳的自己在石頭間跳動是多麼輕快。卡巴羅沒什麼反應，就算感到敬佩，他也沒有顯露出來。

「喂！等等！」珍和比利從我們身後的街道衝過來。比利抓著襯衫還沒穿上，珍的鞋帶則沒有繫上。

「真的要一起跑嗎？」史考特對著氣喘吁吁的兩人問道。「你們還沒吃東西呢。」

珍將一條營養棒折成兩半，塞了半塊給比利。兩人手上都拿著薄型水壺，裡面裝的水不會超過六口。「沒問題。」比利道。

我們順著碎石河岸走了一英里，然後轉進一條乾掉的水道。不發一語地，我們全都自動開始小跑了起來。滿是細砂的乾水道相當寬，有足夠的空間讓史考特和赤腳泰德併排跟在卡巴羅身後，三個人一起跑在最前頭。

「你看他們的腳。」艾瑞克說道。史考特穿著他參與設計的Brooks跑鞋，卡巴羅則穿著涼鞋，但兩人劃過地面的腳部動作跟赤腳泰德如出一轍，三人的腳步既完美又和諧，就像在看名種駿馬繞著賽場小跑。

大約一英里後，卡巴羅轉進一條陡峭的沖蝕水道，滿佈岩石的路面直通往山上。艾瑞克和我慢下來用走的，這種作法是超馬跑者的鐵律：「看不到山頂時，用走的。」在五十英里的長距比賽中，就算能衝上山頂，卻在下坡時後繼乏力，這樣根本一點便宜也佔不到。上坡時慢下來行走頂多讓你損失數秒，因為你可以在下坡路全力衝刺。艾瑞克相信這就是超馬跑者很少受傷，而且似乎從不耗盡體力的原因：「他們知道如何調整速度，不會使自己過度疲勞。」

我和艾瑞克在途中追上了赤腳泰德。路上的石頭足足有拳頭大，表面又尖銳，使他不得不慢下來小心行走。我瞇眼望向前方的小徑，至少還要在尖石路上爬坡一英里，路面才會停止上昇，希望那時路會好走一點。

「泰德，你的五趾套呢？」我問道。

「用不著。」他答道。「我跟卡巴羅約定，只要我能應付這次爬山，他就不再因為我赤腳對我發火。」

「他算是作弊吧。」我說道。「這裡跟砂石場根本沒兩樣。」

「大熊先生，崎嶇的路面本來就是大自然的一部份。」泰德說：「平坦的路面才是人類的發明。你的腳會很高興有機會在岩石上鍛鍊，只要放鬆，讓腳自然反應就行了，跟腳部按摩差不多。喂！」

我和艾瑞克繼續向前走，他在我們身後叫道：「給你一個超棒的小秘訣。下次腳酸時試著在小溪裡滑溜溜的石頭上走一走。棒透了！」

艾瑞克和我拋下泰德，留下他哼著歌，在石頭上邊跳邊小跑。石頭上反射的陽光極為刺眼，地面的熱氣不斷上昇，感覺我們彷彿正在直接爬向太陽。就某些方面說來的確如此；大約走了兩英里，我看看手錶上的高度計，發現我們已經上昇了超過一千呎。但不久後小徑平緩下來，地面的碎石也變成被人踩過的泥土地。

其他人在幾百碼之外，所以艾瑞克和我跑上前去拉近距離。就在趕上他們之前赤腳泰德從我們身邊輕快地跑過。「該喝水了。」他邊說邊晃著手上的水壺。「我到泉水處等你們。」

小徑突然再度往上攀高，路線也變成不規則的之字形。一千五百呎……兩千呎……我們在斜坡上吃力地向前走，覺得每跨一步彷彿只前進了幾吋。從出發到現在已經過了三小時，爬了六英里的辛苦山路，但我們仍未到達泉水處，自從離開河岸後，頭頂也一直沒有遮蔭。

「看吧。」艾瑞克說道，一邊搖著攜水背包的吸管。「那些傢伙一定渴壞了。」

「而且也餓壞了。」我說著，一邊拆開一條五穀燕麥棒。

爬到三千五百呎處時，我們看見卡巴羅和其他人在一棵杜松樹的樹洞前等我們。「有人需要碘片嗎？」我問道。

「不必了。」路易說。「你瞧瞧。」

樹下是一塊石頭，被數世紀來清涼涓滴的泉水沖刷成盆狀，但現在裡面卻沒有水。

「現在正在鬧旱災。」卡巴羅說道：「我忘了這回事。」

不過再往上爬幾百呎，可能還有一處泉水還在。卡巴羅自願先去查看，珍、比利和路易已經渴到受不了，跟著他一起出發。泰德把水壺交給路易替他裝水，自己則跟我們一起留在樹蔭下。我讓他從我的背包裡吸幾口水，史考特則拿出烤餅和鷹嘴豆泥和我們分享。

「你平常不吃能量凝膠嗎？」艾瑞克問道。

「我喜歡真正的食物。」史考特答道。「它們攜帶也很方便，而且裡面有真正的熱量，不是那種一下就消耗完的玩意。」身為企業贊助的頂尖運動員，史考特大可隨意選擇全世界的營養食品，但他試驗過每樣食品後（從鹿肉、快樂兒童餐到有機五穀棒），他最後決定的飲食內容與塔拉烏馬拉人相當近似。

「我在明尼蘇達州長大，以前只吃垃圾食物。」他說：「我常吃兩塊麥克炸雞加大薯條當午餐。」高中時他是滑雪選手兼越野賽跑者，教練總是告訴他劇烈訓練後必須攝取大量瘦肉，這樣才能重建肌肉。但史考特越深入研究過去以耐力著稱的選手，越是發現其中許多人都是素食者。

以他剛讀到的日本馬拉松僧人為例，他們連續七年每天都跑上相當於超馬比賽的距離，在二萬五千英里的總距離中只吃味噌湯、豆腐和蔬菜。還有派西．瑟魯提那個教出史上最長距離跑者的瘋狂澳洲天才，他相信食物根本不該經過烹煮，更別提殺害動物食用了。被他訓練過的選手每天吃三餐，內容是生燕麥、水果、堅果、起司。克里夫．揚恩也一樣。這位六十三歲的老農夫於一九八三年參加從雪梨至墨爾本的五百零七英里賽跑，打敗了當時最強的超馬選手，震驚全澳。他在比賽全程只吃豆子、啤酒、還有燕麥片。（「我過去曾經親手餵小牛，牠們都把我當成媽媽看。」揚恩表示：「牠們要被宰殺前的晚上我總是失眠。」後來他改吃穀物和馬鈴薯，不但不失眠了，跑步的功力也隨之大進。）

史考特不確定素食為什麼讓這些偉大的跑者締造佳績，但他決定先相信素食的功效，稍後再研究其中道理。從那時開始，他就再也不吃動物食品。他不吃蛋，不吃起司，甚至連冰淇淋都不吃。白糖與精製麵粉他也吃得不多。長跑時他不再攜帶士力架巧克力與營養棒。現在他腰包裡裝的是捲餅包米飯，包上豆泥和希臘橄欖的烙餅，還有自製麵包塗上紅豆與小米的抹醬。扭傷腳踝時他也不再使用消炎劑普服芬（ibuprofen），改用附子草（wolfsbane）和搗爛的大蒜與薑治療。

「當然，我一開始也很懷疑。」史考特表示：「大家都說我會越來越虛弱，無法在訓練間恢復體力，還會有疲勞性骨折與貧血。但我卻發現自己其實變健康了，因為現在我吃的食物含有更多高品質的營養素。等我贏得西部越野賽後，我就再也沒有改變的打算。」

靠著食用水果、蔬菜與穀物，史考特從最少量的食物中獲得最多的養份，因此他的身體變得結實，不必被迫攜帶或製造多餘的肌肉。因碳水化合物消化的速度比蛋白質快，他可以排出更多訓練時段，因為他不必坐等肉丸三明治消化完畢。蔬菜、穀物與豆類含有所有必要的胺基酸，足供身體製造肌肉，所以史考特就和塔拉烏馬拉跑者一樣，不論距離長短，隨時可以出發跑步。

不過前提當然是他得有水喝。

「不行。」路易一邊跑回來邊喊道。「前面的泉水也乾了。」他開始擔心了。剛剛他上了個小號，但在華氏九十五度高溫下連續流汗四小時後，他的尿液顏色就像便利商店賣的咖啡。「我看咱們得快跑到有水的地方。」

史考特和卡巴羅也同意。「盡全力快跑，大概一小時就可以下山。」卡巴羅說道。「大熊，你行嗎？」

「沒問題。」我答道。「而且我們身上還有水。」

「好吧，出發了。」赤腳泰德說道。

我們開始排成一列奔下山，卡巴羅和史考特在最前面。赤腳泰德表現著實驚人，他衝下山時緊跟在史考特和路易身後，而這兩人堪稱長跑界最厲害的下坡跑者。這麼多高手齊聚一堂，速度開始越來越快。珍和比利喊了起來：「寶貝！喔耶耶耶耶耶！」

艾瑞克道：「咱們放慢速度。跟著這個速度跑我們會累垮。」

我們調整速度，慢慢大步跑著。其他人迅速在之字形彎道間穿梭，一下就把我們遠拋在後。下坡對四頭肌造成的負擔極大，而且還可能造成腳踝骨折，所以下坡的竅門在於假裝你正在上坡：假想自己是個正在滾木頭的工人，讓腳在身後轉動，並靠著重心向後與縮短步伐來調節速度。

下午過了一半時，峽谷中的熱氣不斷累積，氣溫也超過了華氏一百度。其他人已經跑到我們看不見的地方，所以我和艾瑞克放慢速度，一邊悠閒地跑步，一邊頻頻從快速消耗的水袋中吸水，小心翼翼地在令人昏頭轉向的交織小徑中找路前進，完全沒發現珍和比利在一小時前失蹤了。

「山羊血是好東西。」比利不斷堅持：「我們可以先喝血，再吃肉。山羊血是好東西。」他之前讀過一本書，作者在亞歷桑納沙漠撿回一命的方法是用石頭砸死一隻野馬，然後再從牠的頸部吸血。「阿帕契酋長傑若尼莫也幹過這種事。」比利心裡想道。「等等，還是另一個不同的拓荒英雄兼製刀專家……」

喝生血？珍瞪著比利，她的喉嚨已經乾到連話都說不出來了。「他發瘋了，」珍心想。「我們連路都快走不動了，這蠢蛋還滿嘴抓山羊割喉嚨，我們哪來的刀？他的情況比我還糟，根本就——」

突然間她覺得胃部一陣緊縮，難過到幾乎無法呼吸。她懂了。比利不是因為炎熱而神智失常，是因為理智告訴他現在只剩一個話題，而他不願面對的事實是，他們逃不出去了。

正常的時候，世界上沒有人可以在六十英里的越野小徑上甩掉珍和比利，但今天不是正常的時候。天氣炎熱，他們還帶著宿醉，而且胃裡空空如也。這一切讓他們跑到一半時就體力不支。卡巴羅在彎過一處轉角後消失蹤影，然後他們遇上一處岔路，等到回過神來時，他們已經和其他人走散了。

不知所措的兩人在山裡茫無目的地走著，然後闖進一處錯縱複雜的岩石迷宮。從石壁上反射出的酷熱讓兩人難以承受，珍猜想她和比利根本沒有目標，只管找看起來比較陰涼的地方前進。珍覺得暈頭轉向，彷彿神智已經飄出了身體。他們除了六小時前那半根營養棒外什麼都沒吃，而且從中午就沒喝過半口水。珍知道，就算酷熱沒讓他們倒下，他們仍舊死路一條：現在氣溫雖是華氏一百多度，但溫度會在傍晚下降，而且一降就沒完沒了。等夜晚降臨，穿著衝浪短褲與T恤的兩人只能在溫度極低的野外發抖，最後在墨西哥最人跡罕至的角落因為乾渴與缺乏遮蔽處而死亡。

他倆的死相一定很怪異，珍邊掙扎著前進邊想。不管是誰發現屍體都會覺得奇怪，這兩個二十二歲，一副海灘打扮的救生員，怎麼會陳屍在墨西哥峽谷底，看起來像是被一陣巨浪捲過來的。珍這輩子從來沒有這麼渴過。她之前曾經在一次百英里賽跑中失去了十二磅體重，但就連那次也沒有現在這麼淒慘。

「妳看！」

「好你個狗屎運的蠢蛋！」珍驚嘆道。就在一塊岩石下方，比利發現了一窪水。他們奔過去，一邊拔開水壺的蓋子，然後又突然停下來。

這不是清水，而是黑色爛泥漿上浮著一層綠色渣沫。蒼蠅在旁嗡嗡飛舞，野山羊和驢多半在裡面打滾過。珍彎下腰看個仔細。噁！那氣味難聞極了。兩人心知將這玩意喝下去會有什麼下場：到了晚上，他們可能會因發燒、腹瀉虛弱到無法走路，或是染上霍亂，梨形鞭毛蟲症，或是幾內亞線蟲病。最後一種毛病沒有別的方法可治，只能從皮膚或眼窩的潰瘍處，將長達三呎的成蟲慢慢扯出來。

但他們也知道不喝水會有什麼下場。珍最近才讀到，兩個至交好友在新墨西哥的沙漠中迷路，不過一天就因缺水與太陽曝曬而失去理智，最後其中一人竟然刺死了自己的好友。她也看過死亡谷裡遇難者的屍體照片。他們的嘴裡都塞滿泥土，一直到在世的最後一刻都還試圖從炙熱的沙子中吸取一點水氣。她和比利只有兩條路：不喝水直到渴死，或是冒著死於其他疾病的風險吞下幾口爛泥漿。

「咱們先等等。」比利說道。「要是一小時後我們還找不到路，就回來喝這些水。」

「好吧。往這裡走嗎？」她隨手一指，那個方向不通往巴托畢拉斯，卻會帶著他們深入綿亙數百英里，一路直到柯提茲海邊的荒野。

比利聳聳肩。他倆早上出發時太過匆忙，而且也還沒完全清醒，根本沒注意到自己的方向。不過這也不重要，因為這裡所有東西看起來都一樣。兩人向前走時，珍腦中突然閃過出發前往厄爾巴索前一夜，她和媽媽頂嘴的對話。「珍！」媽媽的語氣中帶著懇求。「妳根本不認識那些人。妳怎麼能確定要是出了什麼事，他們會照顧妳？」

「可惡，」珍心想：「這回被老媽說中了。」

「過多久了？」她問比利。

「大概十分鐘。」

「我等不了了。我們回去吧。」

「好吧。」

回到那灘爛泥邊後，珍差點就俯下去直接低頭啜水，但比利拉住了她。他把上面的動物糞便撥開，用手抵住水壺開口，將水壺沈到泥漿的底部取水，心中暗自希望最底部的細菌也許會少一點。他把自己的水壺遞給珍，然後以同樣的方式裝滿她的水壺。

「我早知道有一天我會被你害死。」珍說道。他們輕碰水壺，說了聲「乾杯」，然後開始大口吞下泥漿，一邊試著不要作嘔。

他們喝乾水壺裡的泥漿，再次裝滿水壺，然後重新往西方的荒野走去。但還沒走遠就注意到峽谷裡深濃的陰影變長了。

「我們得回去多裝點水。」比利說道。儘管他不願走回頭路，但兩人活過今晚的唯一機會就是回到泥窪旁，在那兒躲一晚直到天亮。如果他們能一口氣喝下三壺水，也許可以補充足夠的水份，在天黑前爬上山，再度觀察附近的地勢。

他們轉過身，再一次慢慢走向前方的岩石迷宮。

「比利。」珍說道。「我們真的麻煩大了。」

比利沒有回答。他頭痛得要命，而且《嚎叫》一詩中的一段在他腦裡始終揮之不去，隨著他腦內的抽痛轟轟作響。

……他們消失在墨西哥的火山中，身後什麼都沒有，只留下工作服的陰影、岩漿、還有詩的灰燼。

「消失在墨西哥。」比利想著。「身後什麼都沒有。」

「比利。」珍再次叫道。她和「蠢蛋」比利兩人過去曾經折磨過彼此，但終於找到方法不再使對方傷心，而且也成為最貼心的知己。是她把比利拉到這裡來。比較起來，比利即將承受的痛苦，比她自己的不幸更讓她難過。

「比利，這一切都是真的，不是鬧著玩的。」珍說道。眼淚開始滑下她的臉頰。「我們要死在這裡了。我們今天就要死了。」

「閉嘴！」比利大吼。珍的眼淚讓他心亂如麻，一股暴怒昇起，完全不像平常的他。「拜託閉嘴！」

這陣突來的發作，讓兩人都大吃一驚，陷入沉默。就在寂靜中，他們聽見了身後某處傳來岩石掉落的聲音。

「喂！」珍和比利同時大叫。「喂！喂！喂！」

他們跑向前去，然後才想起，在前方等著迎接他們的，根本不知道是什麼東西。卡巴羅曾經警告過他們，如果在荒野中還有比迷路更可怕的事，那就是被你意料之外的東西找上。

珍和比利僵在原地，努力想在丘陵間的暗影中看清楚前方。是塔拉烏馬拉人嗎？卡巴羅說過，塔拉烏馬拉獵人不會輕易讓別人發現自己的蹤跡，他們會在遠方觀察，如果他們不喜歡自己看到的東西，就會悄悄消失在森林裡。也許是毒幫的殺手？不管是誰，珍和比利都得賭上一賭。

「喂！」他們大叫：「誰在那裡？」

他們仔細聆聽，直到最後一絲回音消逝。突然間一道光線劃破岩石間的陰影，直朝著他們過來。

「你聽到了嗎？」艾瑞克問我道。

我們花了兩個小時才找到路回去，途中不斷意外走出小徑，只好回頭，從記憶中搜索路標，然後繼續前進。野山羊在山區中走出一大片隱隱約約、互相交錯的小徑網絡，隨著太陽逐漸消失在峽谷邊緣下，要確認我們前進的方向也越來越困難。

最後我們終於在下方看見一條乾掉的小溪，我很確定順著走就可通往河邊。現在抵達正是時候，我半小時前已喝完隨身攜帶的水，現在嘴裡開始發乾。我發足前奔，但艾瑞克把我叫回來。

「我們再確認一下。」他說道。他重新爬到較高的懸崖處，察看附近的地形。

「應該沒問題。」他朝下對我喊道，然後開始爬下來。就是在這時，他聽峽谷深處傳出某種回音。他把我叫上去，然後我們開始往聲音的方向前進。過了一會兒後，我們找到了珍和比利。珍的臉上淚痕猶存，艾瑞克把自己的水給他們，我則把身上最後一些能量凝膠遞過去。

「你們真的喝了這玩意？」我看著泥窪裡的野驢糞問道，心中暗暗希望也許他們是搞錯了。

「沒錯。」珍答道。「我們是回頭來多裝一點的。」

我找出相機拍照。要是出了什麼事，感染病學家也許會想知道他們到底喝了什麼下肚。儘管這些泥漿讓人不敢領教，但珍和比利卻靠它們撿回一條命。要是他們沒有在那一刻決定回頭來多喝一點這種泥漿，那他們就會朝著蠻荒之地越走越遠，被吞沒在峽谷之中。

「你還能跑嗎？」我問珍道。「這裡離村子應該不遠。」

「沒問題。」珍答道。

我們開始小跑，速度不快。但飲水和凝膠恢復了他倆的體力，很快珍和比利的速度就讓我幾乎追不上。兩人從絕境中復原的飛快速度再次令我目瞪口呆。艾瑞克領著我們跑下小溪河床，然後看見峽谷一處他認識的彎處。我們轉向左跑，儘管天色越來越昏暗，我還是看得出地上的泥土有被人類踩過的痕跡。跑了一英里半後，我們離開峽谷，發現史考特與路易正在鎮外焦急地等我們。

我們從一家小雜貨店買了四公升水，在裡面丟了一大把碘片。「我不確定這樣有沒有用。」艾瑞克說：「不過也許多喝點水可以把你們吞下的細菌沖出來。」珍和比利坐在路邊，開始大口喝水。這時史考特開始解釋前情。原來所有人都下山後，大家才發現珍和比利不見了，不過每個人脫水的情況都很嚴重，若大家一起回山裡尋找，只會讓全體都陷入險境。卡巴羅抓起一罐水，自己一人回頭去找，並要求大家都待在原地不要動。他最不希望見到的事就是他帶來的白人全都在夜裡的峽谷裡走散。

約半個小時後，卡巴羅回來了，滿臉通紅，全身是汗。峽谷地勢縱橫交錯，他沒找到我們，也體會到光靠他一人搜索可說是毫無希望，於是便回來找幫手。他先看看艾瑞克和我——雖然疲倦，卻還走得動。他再看看兩位頂尖的年輕超馬跑者，已經筋疲力竭坐倒在路邊。我幾乎在卡巴羅還沒開口之前，就知道他會說什麼。

「老兄，你到底有什麼秘訣？」他問艾瑞克道，一邊朝著我點頭。「你是怎麼改造這傢伙的？」

第二十七章

我是在去年遇見艾瑞克的。當時我剛剛滿懷厭惡地丟開跑鞋，坐在一條冰涼的小溪旁。我又再度受傷，而我認為這會是最後一次了。

從銅峽谷回來後，我就開始練習卡巴羅教給我的東西。每天下午我迫不及待穿上跑鞋，想重新找回我在克里爾山巒間的感受，也就是跟在卡巴羅身後所感受到的那種輕快、流暢又迅速、讓人完全不想停下來的感覺。我在奔跑時不斷回想記憶中卡巴羅跑步的模樣，他足不點地奔上坡去，彷彿有外星人的力量綁架了他。他不知用什麼方法維持全身放鬆，瘦骨嶙峋的手肘像格鬥機器人般前後使力揮動。儘管卡巴羅身材瘦長，但奔跑時的他卻讓人想起擂台上的拳王阿里：就像隨波搖擺的海草一樣放鬆，卻又蘊藏著一股隨時準備爆發的力道。

兩個月後，我一天已經可以跑上六英里，週末時甚至可以跑上十英里。儘管我跑得不算太快，但也能持續用輕鬆的速度跑下去。但越跑我卻越是不自在；不管我如何小心翼翼，雙腿似乎總是處在叛逆邊緣。右腳舊傷常常火辣辣地抽痛，兩隻小腿肚則緊繃不已，阿基里斯腱彷彿成了拉緊的鋼琴弦。我買了一大堆教人做伸展的書，而且每次跑步前一定乖乖做半個小時伸展操，但喬托格醫生注射可體松的長長針影卻仍然在我眼前徘徊不去。

春天將結束時，測試我鍛鍊成果的時候到了。我一個當護林員的朋友告訴我一個大好機會：我可以參加一場長達三天、距離五十英里的跑步，沿著愛達荷州的「不歸河」，深入美國中部二百五十萬英畝人跡罕至的真正蠻荒。途中的安排再完美不過：所有補給品都由車輛載送，所以我和另外四名跑者唯一要做的就是每天跑上十五英里，從當天的營地跑到下一個紮營地點。

「來到愛達荷之前，我對森林完全一無所知。」護林員簡妮．布雷克邊打開話匣子，一邊領著我們跑進杜松林間一條彎曲的泥土小徑。看著她像十幾歲青少年般在小徑上輕快奔跑，很難相信從她已經在這裡服務了快二十年。三十八歲的簡妮仍然有著剛上大學時的金色瀏海，迷人的藍色眼珠，還有曬成褐色的纖細手腳。奇怪的是與當時相比，現在的她更像是個無憂無慮的年輕人。

「大學時的我暴飲暴食，非常不喜歡自己。直到來到這裡，我才找到真正的自我。」簡妮說道。那年她趁著暑假來當志工，剛抵達時別人就遞給她一把砍樹的大鋸子、兩個禮拜的食物，指向荒野某個方向要她過去清理道路。那個背包重到她幾乎背不起來，但她忍下了心中的疑惑，孤身一人進入了樹林。

每天清晨，她除了鞋子什麼也不穿，在樹林裡盡情奔跑，讓初升的太陽溫暖她赤裸的身體。「我在林子裡一待就是幾個禮拜，只有我一人。」簡妮解釋：「沒有人會看見我，所以我可以盡情奔跑，這真是你能想像最神奇的感覺。」她不需要手錶或路線圖，只靠風拂過皮膚的感覺來調整速度，順著滿是松針的小徑不斷奔跑，直到雙腿及肺部要她返回營地。

從那之後，簡妮就不知道什麼叫軟弱，就連愛達荷州被雪覆蓋時她也照常長跑。這也許是她治療自己深層心理問題的手段，不過套句柯林頓總統說過的話，不管簡妮的心理問題再嚴重，都可以被她內心的完美所醫治。

三天後，我拖著每下愈況的腿，痛苦地跑完最後一段路後，我幾乎連路都走不了。我一跛一跛到了小溪旁，坐在岸邊，滿懷怒氣，想不出自己到底是怎麼了。我足足花了三天來跑卡巴羅建議的賽跑距離，結果卻拉傷了自己一條阿基里斯腱（也許是兩條），而且腳跟上的痛處感覺不妙，很可能是跑步傷害中最致命的吸血鬼之吻：足底筋膜炎。

足底筋膜炎一旦找上你的腳，你可能就得一輩子受苦受難了。隨便到任何一個跑步論壇逛一圈，保證都能夠找到一大票患者發言，懇求大家惠賜良方。每個人都能隨口舉出大同小異的建議：夜間夾板、彈性襪、超音波、電擊療法、可體松、足部輔具等。但這些求救發言仍舊源源不斷，因為上面那些東西通通沒有用。

可是卡巴羅穿著破爛的舊涼鞋，還能應付比大峽谷更深的下坡，為什麼我才稍微跑上幾個月就大小傷勢不斷？籃球巨星張伯倫高七呎一吋，重達兩百七十五磅，但打了一輩子籃球後，六十歲的他膝蓋仍舊強健到可以跑完六十英里的超馬賽。天殺的，一八三二年間有個名叫曼森．厄斯特的挪威水手，靠岸時幾乎快忘了陸地是什麼樣子，但他仍然可以為了打賭的緣故，用十四天從巴黎跑到莫斯科，平均一天跑上一百三十英里。他當時穿的鞋子，用今天的眼光來看一定是粗重的大笨鞋，跑的一定是要命的路面。

而且這一切對水手曼森來說不過是小事一樁。那次跑步之後他乾脆從君士坦丁堡跑到加爾各答，連續兩個月平均一天跑九十英里。當然他也不是完全不覺得累，所以他先足足休息了三天，然後才展開五千四百英里的跑步回家之旅。為什麼曼森就不會得足底筋膜炎？他顯然沒有這個困擾，因為一年後當他死於痢疾時，他的腿還強壯得很，正在跑向尼羅河源頭的途中。

不管我往哪裡看，到處似乎都是無名的長跑高手。就在馬里蘭州我住處幾英里外，十三歲的麥坎姬・瑞佛正開心地跟她母親跑完五十英里的JFK超馬賽（她說：「真是好玩！」）。人稱「迪普西怪物」的傑克・科克，高齡九十六歲時還在參加惡名昭彰的迪普西超馬賽。比賽路線一開始就是六百七十一階懸崖登頂步道，換句話說，這位老先生，年紀幾乎是美國開國歷史的一半，必須先爬上相當於五十層樓高的樓梯，然後才能開始在森林小徑間奔跑。但這位怪物老伯表示：「一個人不是因為衰老才停止跑步，而是因為停止跑步才衰老。」

所以我到底是哪裡出了差錯？現在我的身體狀況比開始跑步還差，不但不能跟塔拉烏馬拉人賽跑，被足底筋膜炎蹂躪的雙腳甚至可能讓我連起跑線都到不了。

「你跟其他人一樣。」艾瑞克・奧頓對我說道。「根本不知道自己在做什麼。」

在愛達荷慘遭打擊數週後，我接受一家雜誌委託，前往採訪艾瑞克。他目前是懷厄明州傑克森荷爾地區的冒險運動教練，之前則在科羅拉多州立大學健康醫學中心擔任體適能主任。他的專長是分析耐力運動中的個別動作，從中找出可以做為其他運動借鏡的技巧。他曾經研究過攀岩，以便尋找適合皮艇選手的肩部技巧，也曾經將北歐式滑雪流暢的推進動作運用在登山腳踏車賽中。他真正研究的目標是基本的動作原則，因為他相信，未來促成體適能大躍進的不會是訓練方式或科技的改進，而是技巧的運用——能夠避免受傷的選手才能將對手遠拋在後。

他讀過我有關卡巴羅與塔拉烏馬拉人的報導，非常希望能多得知細節。「塔拉烏馬拉人達成的是純粹的身體藝術，」他表示：「地球上沒有其他人如此重視自我奔跑的技巧。」艾瑞克曾訓練過一名選手參加里德維爾賽，他回來後轉述了神奇印第安人穿著涼鞋與斗篷在曠野黃昏中飛奔的故事，從此艾瑞克就對塔拉烏馬拉人深深著迷。他翻遍了圖書館，想多找些有關塔拉烏馬拉人的書籍，但唯一找到的只有一些一九五〇年代的人類學資料，還有一對夫婦開著野營車，遊遍墨西哥的業餘報告。現實與運動史料間這麼大的落差實在令人難以索解——長距跑步是世界上最多人參與的運動，但最擅此道的塔拉烏馬拉人卻幾乎沒有任何相關書籍。

「人人都自以為知道如何跑步，但跑步其實就跟其他任何運動一樣微妙。」艾瑞克告訴我道。「隨便問個人，大家都說『人類自然而然就會跑步。』但這看法真是荒謬。難道大家自然而然就會游泳嗎？」所有其他運動都必須透過教學習得，你不可能拿著高爾夫球桿出門就揮，也不會一開始就踩著滑雪板從山上往下滑。所有運動都需要有人帶著你一步步練習，學會正確姿勢，否則動作必然缺乏效率，受傷也難以避免。」

「跑步也一樣。」艾瑞克解釋：「一開始就搞錯，你就永遠不知道正確跑步感覺有多棒。」他細細盤問我在塔拉烏馬拉小學看到那場比賽的細節。（「那顆小木球……」他沉思道，「還有他們邊踢邊學跑步的法子……這絕對不是偶然。」）然後他向我提出一筆交易：他可以訓練我，讓我有能力參加卡巴羅的賽跑。我則必須替他作擔保，將他介紹給卡巴羅。

「比賽要是真的順利舉行，我們非到場不可。」他懇切地對我說道。「這將是史上最了不起的超馬賽。」

「我實在沒有跑上五十英里的能耐。」我說道。

「每個人都有跑步的能耐。」他答道。

「每次我一增加距離，雙腳就出毛病。」

「這次絕對不會。」

「我該去買足部輔具嗎？」

「別傻了。」

我還是半信半疑，但艾瑞克篤定的態度逐漸打動了我。「我可能得先減肥，免得雙腿負擔太大。」

「你的飲食會自然改變。等著瞧好了。」

「那瑜珈？做做瑜珈應該有幫助吧？」

「別管瑜珈了。我認識的跑者當中，凡是做瑜珈的都受傷。」

聽起來越來越棒了。「你真的覺得我辦得到？」

「我說真的。」艾瑞克說道：「你完全沒有失誤的空間，你真的辦得到。」不過，我得忘記過去有關跑步的全部知識，從頭來過。

「做好回到過去的準備，」艾瑞克告訴我：「你即將學習原始的跑步方法。」

幾個星期後，一個右膝以下腳部變形的男子一跛一跛走向我，手裡拿著一條繩子。他將繩子綁在我腰間，然後將它拉緊。「跑出去！」他吼道。

我放低腰部，抵抗著繩子的拉力，一邊用力擺動雙腿，將他往前拉。他鬆開繩子，我則像箭一般射出。「很好。」那男子說道。「不論什麼時候跑步，都要記住繩子拉緊時的感覺，這樣可以讓你的腳保持在身體下方，讓髖部直接向前出力，完全不要去管腳跟。」

艾瑞克先前建議我前往維吉尼亞州，拜一名叫做坎恩・米爾克的運動生理學家為師，展開我的原始人改造之旅。米爾克本身患有肌肉萎縮，所以他被迫不斷改進自己的跑步姿勢，盡可能發揮自己每分力氣，最後甚至還拿到了鐵人三項的世界冠軍。「想知道上帝的幽默感，看看我就知道。」米爾克常這麼說：「我是個小胖子，一腳殘廢，我老爸卻是個運動教練。所以從小我這肌肉萎縮的胖小子老是慢人家一步。我只好學習觀察比賽的每個細節，找出更好的作法。」

打籃球時，米爾克不能運球上籃，所以他專練三分球，外加一招犀利的鉤射投籃。橄欖球場上他沒辦法追著四分衛跑，也無法逼進對方的陣地得分，所以他鑽研身體角度與攻擊陣線，成了不容小覷的左邊鋒。打網球時他追不上對手打過來的斜線球，所以他練出一套威力十足的發球與回擊技巧。「如果我跑不過你，我就比你多動點腦袋。」他說：「找出你的弱點，轉化成我的優勢。」

由於右小腿肌肉萎縮，米爾克剛開始參加鐵人三項比賽時必須穿著一雙沉重的鞋子跑，那是他用直排輪鞋和鋼板彈簧改造而成的。在他參加的身障組比賽中，鞋子的重量讓他吃了大虧，因為有些選手是截肢人士，重量輕得多。所以他必須大幅提高自己的動作效率，才能彌補七磅重鞋子造成的劣勢。

米爾克弄到一大疊肯亞選手跑步的錄影帶，然後一格一格慢慢檢視。鑽研後他有了新發現：世上最偉大的跑者跑步方法就跟幼稚園孩童一樣。「你可以到公園看看正在奔跑的小孩。他們的腳在身體正下方著地，靠後踢的反作用力向前。」米爾克表示。「肯亞人的跑法也一樣。他們從小赤腳跑到大，所以長大後的跑法跟孩童相似到驚人。美國人的跑法跟他們天差地遠。」米爾克抓起記事本和筆，重新看了帶子一遍，將肯亞人邁步的細節通通記下來，然後他開始找實驗對象。

米爾克運氣很好，當時他在維吉尼亞理工學院從事的運動力學研究計畫，已經進行到鐵人三項，所以他可以找來一大群運動員做實驗。一般說來，跑者都排斥別人調整他們跨步的方式，但鐵人運動的選手沒這個顧慮。「鐵人三項的選手想法非常先進。」米爾克解釋：「這項運動的歷史還很短，所以沒有一大堆禁忌。一九八八年時，鐵人三項選手率先在腳踏車上裝上『休息把』。當時自行車選手全都毫不留情地嘲笑他們。但後來葛瑞格．雷蒙也裝上休息把，而且在環法自行車賽車一口氣贏了對手八秒。」

米爾克第一個實驗對象是艾倫．梅文，一名年約六十餘歲，全球頂尖的鐵人三項資深選手。米爾克先劃下起跑線，再叫艾倫用全速跑上四百公尺。然後他在艾倫的T恤上夾了一個小小的電子節拍器。

「幹什麼用？」

「把節拍調到每秒一百八十下，然後跟著節拍跑。」

「為什麼？」

「肯亞人雙腳交替的速度非常快。」米爾克答道。「迅速、輕巧的腿部收縮比強力大幅度的步伐更經濟。」

「我不懂。」艾倫問道。「大步伐不是比短的好嗎？」

「我問你，」米爾克答道。「你見過那些赤腳選手跑十公里賽跑嗎？」

「見過啊，他們跑步的樣子像是踩在燒紅的煤塊上。」

「你有沒有贏過那些赤腳選手？」

艾倫思索了一下。「說得有理。」

練習五個月後，艾倫再次回來接受測試。他總共跑了四趟四百公尺，每次都比第一次測試時來得快。「這傢伙已經跑步跑了四十年，而且已經是同年齡組別中前十名的選手。」米爾克特別指出：「換句話說，他不是因為剛接觸跑步才有這樣的進步。事實上以六十二歲的年紀來說，他應當正處於下坡才是。」

米爾克自己也在進行練習。他的跑步成績實在太差，所以在他個人鐵人三項最佳紀錄中，儘管自行車項目領先別的選手十分鐘，總成績卻仍然敗北。但一九九七年開發出新的練習方法後，米爾克戰無不勝，接下來兩年連續贏得全球身障組冠軍。後來風聲傳出，大家都知道米爾克找到方法，不但能跑得更快，也能減輕腿部負擔。其他鐵人三項選手開始聘請他擔任教練，後來米爾克不但一口氣訓練出十一名全國冠軍，而且還有一百多名選手排隊等著接受他指導。

米爾克相信自己重新找到了失落的古老藝術。他把自己的跑步方式命名為「演化跑步」。巧的是在此同時，另外兩種赤腳跑步方式也開始受人矚目。一種是「氣功跑步」，自舊金山傳出，理論根據是太極的平衡與極簡。另一種類則是佛羅里達州一名俄國運動生理學家尼可拉斯・拉曼諾夫推廣的「POSE」跑法。這些化繁為簡的方式，並非互相抄襲而來，也不是彼此交流後的產物。相反的，這股風潮似乎證明了人們亟需新的方法克服跑步造成的傷害，也渴望其背後的單純思維。就像赤腳泰德說的，「赤腳跑步何等現成自然」；治療腳傷最好「簡單就是美」。

但簡單的方法學起來未必簡單，這是我看過米爾克為我拍的跑步影帶後，得到的結論。我一心以為自己正輕快流暢地跑步，但影片中的我仍然上下震盪，身體前伸，彷彿正朝著一股颶風前進。米爾克告訴我，我自認一下就學會了卡巴羅的跑法，這正是錯誤所在。

「每次我教人這個技巧，都會問問對方感覺如何。如果他們說『很棒』，我就在心裡說『糟了』。因為這代表他們根本沒有改變。新的跑法應該會讓你覺得不自在，每個人都會經歷這段時期，在期間你已經意識到自己應該如何跑步，卻還沒熟練到可以輕鬆自如。你要訓練的不光是自己的技巧，還有自己的身體。你正在喚醒一些一生中大部份時候都在沉睡的肌肉。」

艾瑞克也教同樣的跑法，不過他的教法保證連傻瓜都學得會。「想像你的孩子跑進街道中央，而你得赤腳追上她。」我結束米爾克的課程後，開始接受艾瑞克訓練，那時他這樣對我說。「你會自動把身體調整到完美的姿勢：重心放在腳掌前方，挺直背脊，穩定頭部，雙手拉高，用手肘驅動身體，雙腳輕快地用腳掌前方著地，然後使力踢向臀部的方向。」

然後為了讓我的身體肌肉牢牢記住這輕快流利的步法，艾瑞克開始要求我進行一系列訓練課程，其中包括許多上坡跑步。「姿勢錯誤的話絕對沒有辦法快速上坡，」艾瑞克解釋：「根本行不通。只要你腿部一直用腳跟著地，馬上就會向後仰。」

艾瑞克還要求我買個心跳錶，好改正另一個跑步時最常見的問題——速度。就跟調整姿勢一樣，大部份人對如何控制速度一無所知。「幾乎所有跑者慢跑時都太快，快跑時又太慢。」米爾克曾經這樣說道。「結果是他們訓練身體只燃燒糖分，這是遠距跑者最不希望碰到的事。人體身上的脂肪足夠讓我們從這裡跑到加州，所以越是能訓練身體燃燒脂肪而非糖分，就越能讓我們有限的糖分存量用得越久。」

啟動身體燃燒脂肪機制的方法，就是在長途跑步時，讓心跳速率維持在接近有氧臨界值附近，也就是你快要喘不過氣來的速度。在過去那個沒有軟鞋墊與柏油路的年代，保持這樣的速率簡單得多。你可以穿上露腳趾的涼鞋，到滿是礫石的小徑上試著跑跑看，包管你不會有撒腿快跑的衝動。在雙腳沒有人工保護時，跑者必然得調整速率，留心自己的速度，只要你一開始大步快衝，從腳脛上傳來的劇痛馬上就會讓你慢下來。

我本來躍躍欲試，打算丟掉跑鞋換上涼鞋，學卡巴羅學到徹底。但艾瑞克警告我，我的腳已經四十年沒有好好動過，突然撤掉保護很可能會讓疲勞性骨折找上門。目前的第一要務就是要讓我能在野外跑上五十英里，沒時間讓我在大量訓練前先慢慢培養雙腳的力量，所以我一開始還是得作好保護。我試過幾雙低跟跑鞋，最後決定穿一雙我在eBay上找到的經典鞋款：一雙公元兩千年款的庫存耐吉飛馬跑鞋，①設計上回到了舊款柯提茲鞋的平底風。

到了第二週，艾瑞克開始要求我一口氣跑兩小時，唯一的指示就是要我留心姿勢，控制速度慢到我可以偶爾閉嘴呼吸。（五十年前，紐西蘭慢跑健身之父利地亞德也曾針對心跳與速度提出同樣的建議，只不過換了個方式講：「跑步時只要快到還能聊天就行了。」）到了第四週，艾瑞克將訓練速度拉到另一個層次：「你輕鬆跑步的速度越快，」他告訴我：「所需要的能量就越少。速度快意味著你跑步的時間變短了。」接受艾瑞克的訓練八個禮拜後，我每週跑步的份量就大幅增加，速度也快了許多，這是我這輩子從未體驗過的。

就在這時我決定作個小弊。艾瑞克曾向我保證，等我跑步的英里程數增加後，我的飲食習慣自然會產生變化，但我實在懷疑這說法，不想靜觀其變。我有個朋友是自行車選手，每次上坡前都先把水壺丟掉。如果十二磅的水壺就足以拖慢他的速度，真難想像我身上三十磅的贅肉對我影響有多大。不過我若是打算在五十英里賽跑前幾個月改變飲食習慣，最好小心從事，吃得像個塔拉烏馬拉人：我必須在減肥同時讓自己變得更強壯。

我找到了一名叫做東尼·拉米瑞的園藝家，他住在美墨邊境的小鎮拉瑞多，三十年來不斷造訪塔拉烏馬拉人居住的地區，現在不但種有來自塔拉烏馬拉人的玉米株，而且還自己磨製玉米粉皮諾爾。「我是皮諾爾的忠實信徒。我愛極這玩意兒了，」東尼告訴我：「裡面的蛋白質並不完全，可是皮諾爾跟豆子一起下肚後，比丁骨牛排還要營養。塔拉烏馬拉人通常將它加水喝下，不過我喜歡吃乾的。味道像是切碎的爆米花。」

「你知道什麼叫『酚類』嗎？」東尼繼續問我：「那是天然的植物化學物質，有對抗疾病的功效。基本上它們就是能夠加強你的免疫功能。」康乃爾大學的研究人員曾經分析過小麥、燕麥、玉米與稻米，比較其中酚類的含量，結果玉米遙遙領先。而且玉米是低脂的全穀類，可以大幅降低你得糖尿病與各種消化器官癌症的機會。事實上，玉米有助預防所有癌症。根據麻省理工學院癌症研究教授、首先發現抑癌基因的羅伯·溫柏格博士表示，每七個因癌症死亡的病人中，就有一人是因體脂肪過高而致癌。這數學問題再簡單不過：減掉體脂肪，你就能減少癌症風險。

所以從防癌的角度看來，塔拉烏馬拉人傳奇倒也不是什麼難解的秘密。「改變生活方式，你就能降低百分之六十的癌症風險。」溫柏格博士曾經這樣說過。他也指出，日本人過去幾乎不知道什麼是結腸癌、攝護腺癌和乳癌，但習慣美式飲食後情況丕變，幾十年內因上述三種癌症而死的人數大幅激增。美國癌症學會二〇〇三年針對瘦子與胖子進行比較研究，結果比預期中的更加不樂觀：肥胖者比較有可能因為十多種癌症而喪命。

所以邁向塔拉烏馬拉式防癌之路的第一步很簡單，那就是少吃點。第二步說來簡單，不過實行起來困難得多：吃得好一點。溫柏格博士指出，除了運動外，我們還應該食用以蔬菜水果為主的飲食，少吃紅肉與精製過的澱粉食物。此說最有力的證據來自觀察癌細胞努力生長的過程：根據二〇〇七年美國醫學協會的研究，開刀切除癌細胞的病人中，食用「傳統西式飲食」者癌症復發的機會是食用青菜水果者的百分之三百。為什麼呢？因為動物性蛋白質似乎會刺激手術後游離的癌細胞成長。如果不吃動物性蛋白質，也許腫瘤一開始根本就不會成形。就像魏吉爾教練最愛說的，吃些窮人的東西，你就只有在打高爾夫球時才會看到醫生。

「塔拉烏馬拉人吃的東西都很容易取得。」東尼告訴我。「大概就是些花豆、瓜類、辣椒、野菜、皮諾爾，還有大量的奇異子。要買到皮諾爾也沒有你想像的難。」從網站Nativeseeds.org就可買到皮諾爾，還可另外選購源自原產地的種子，讓你可以自己栽種玉米，在家用咖啡磨豆機自製皮諾爾。蛋白質在這種飲食中也不虞匱乏；根據一九七九年《美國臨床營養期刊》一份研究顯示，傳統塔拉烏馬拉飲食中，每日蛋白質的攝取量超出聯合國建議值的百分之五十。塔拉烏馬拉婦女一般利用石灰軟化玉米，製作烙餅與皮諾爾，從中亦可取得增強骨質的鈣質。

「那啤酒呢？」我問。「像塔拉烏馬拉人那樣喝酒有什麼好處嗎？」

「可以說有，也可以說沒有。」東尼答道。「塔拉烏馬拉人的自製玉米酒只經過極輕微的發酵，所以酒精含量低，營養成份非常高。」塔拉烏馬拉啤酒是極具養分的食物，堪稱是全穀類奶昔。相較之下，我們的啤酒不過是糖水罷了。雖然我也可以試著在家自釀低酒精的玉米汁，但東尼有更好的主意。「你可以種些野天竺葵，」他建議我：「或是上網買萃取液。」學名Geranium niveum的野天竺葵堪稱塔拉烏馬拉人的萬用神藥。根據《農業與食物化學期刊》報導，野天竺葵中和致病自由基的功效，與紅酒相當。文章作者之一表示，野生天竺葵「可治一切不良反應，可以抗發炎、抗病毒、抗細菌、抗氧化。」

我買了一大堆皮諾爾和奇異子，甚至還訂了些塔拉烏馬拉玉米種子準備回去栽種，包括黃斑色玉米，還有製作皮諾爾的玉黍蜀。但我心知肚明，自己遲早會受不了種子與玉米粉，回頭大嚼雙層牛肉堡。幸運的是，我先跟茹絲・海德契博士談過。

「你有沒有試過只吃沙拉當早餐？」她問我。茹絲博士曾拿下六次鐵人三項冠軍，而且根據《健康生活》雜誌報導，她是美國最健康的女人之一。她告訴我，二十四年前被診斷出乳癌後，她開始運動，並取得健教博士學位。研究顯示運動可以將乳癌復發的機率降低到一半，所以乳房切除手術的縫線還沒取出，茹絲博士就開始進行首次鐵人三項訓練。她也開始研究較少罹癌的文化飲食有何特殊之處，最後她得到一個結論，就是必須立即放棄「傳統美式飲食」（standard American diet），她簡稱為『SAD悲哀飲食』），改採塔拉烏馬拉式的飲食。

「我的病就像一把槍指在我腦袋邊。」茹絲博士告訴我：「我當時怕得要死，要我跟惡魔交易我都願意。相較之下，放棄肉食根本不算什麼。」她的飲食守則很簡單，只要是來自植物的她就吃，來自動物的就放棄。要是這套方法有問題，她承擔的風險顯然會比我大得多，但一採取這樣的飲食後，她的精力幾乎是立即開始復原。

她的耐力有了驚人的提升，就在一年之內，她跑步的里程從十公里提升到二十六公里的馬拉松，然後又進步到參加鐵人賽。「就連我的膽固醇指數也在二十一天內從二三〇降到一六〇。」她補充道。採取塔拉烏馬拉式飲食後，她的午餐和晚餐以水果、豆類、薯類、全穀類、蔬菜為主，早餐則通常只吃沙拉。

「早上第一件事就是攝取綠色蔬菜，這樣就能減下不少體重。」她鼓勵我。一大份滿是各式蔬果的沙拉含有豐富的養分與碳水化合物，脂肪含量又低，吃完後可以讓我有飽足感，運動時不致頭昏噁心。而且綠色蔬菜含有大量水分，最適合在一夜睡眠後讓人補充水分。如果一天必須攝取五份蔬果類，那最方便的豈不就是一口氣將它們全送下肚呢？

於是第二天早上我決定試上一試。我拿著拌沙拉的大碗在廚房裡尋尋覓覓，往裡面丟進了我女兒吃剩一半的蘋果，一些保存期限不明的芸豆，一把生菠菜，一大堆花椰菜。我先將花椰菜切成細塊，希望這樣的口感會比較像涼拌菜絲。茹絲博士喜歡在沙拉上淋黑糖蜜，不過我覺得自己活動量這麼大，多吃點脂肪與糖分也不為過，所以我的沙拉比較豪華，加的是美味的罌粟籽沙拉醬。

兩口沙拉下肚，我已經完全無法自拔。最令我高興的新發現是，早餐吃沙拉可以盡情加上我喜歡的甜醬，跟鬆餅加糖漿一樣，但沙拉吃起來比冷凍鬆餅清爽得多。更棒的是我可以盡情大嚼，吃到再也塞不下東西為止，但一個小時後仍然可以輕快地出門跑步。

「塔拉烏馬拉人不是偉大的跑者。」艾瑞克在我開始第二個月訓練時傳了簡訊給我。「他們是偉大的運動員。這兩種人是大不相同的。」跑者就跟生產線上的工人一樣，擅長的只有一件事——以穩定的速度直直向前跑，不斷重複這個動作，直到過度疲勞搞壞他們的身體為止。但運動員就像人猿泰山。泰山會游泳、摔角、跳躍、在樹藤間擺盪，既強壯又有爆發力。你永遠猜不到泰山下一步會做什麼，這就是他從不受傷的原因。

「身體需要驚嚇來保持彈性。」艾瑞克解釋道。每天維持同樣的行程，你的骨骼肌肉系統很快就會學到如何適應行程，進入不需思考的自動導航模式。但只要你用新的挑戰刺激身體，像是跳過小溪、從木頭下方匍匐前進、跳躍直到肺部彷彿快要炸裂，則數十條神經與輔助肌肉就會突然間像觸電般開始反應。

對塔拉烏馬拉人而言，刺激是日常生活的一部份。他們每天離開洞穴都相當於踏進了未知的世界，因為他們不知道捕兔子時得跑多快，會有多少柴火得拖回家，冬天暴風雨中爬山會有多危險。從小他們面臨的第一項挑戰就是在懸崖邊活下來，他們最早而且終其一生的遊戲就是踢球比賽，一項完全以不確定性為基礎的運動。要能夠在亂石間踢著木球前進，你就必須有前衝、大步奔跑、後退、快跑、在溝渠間跳進跳出的準備。

塔拉烏馬拉人在長跑前先使自己變得強壯。艾瑞克警告我，如果我想保持健康，最好也跟他們一樣。所以現在我跑步前不做伸展操，而是練習各種動作，像是馬步前蹲、伏地挺身、蹲跳、仰臥起坐等。艾瑞克每隔一天就要我做半小時的肌力訓練，幾乎全部都在健身球上進行，好鍛鍊我的平衡感，刺激我的輔助肌肉。完成這些動作後我就立即往山上出發。「沒有人能在上坡路隨興亂跑。」艾瑞克如是表示。長程上坡最能刺激跑者，使他們由衷敬畏眼前的路途。我必須專心調整姿勢，像環法自由車賽選手般隨時準備換檔。法蘭克・薛爾特曾說過：「山坡路是偽裝過的速度練習。」

那年聖誕期間，我賓州家鄉的氣溫異常的高。新年那天我穿上短褲與排汗上衣，打算出門跑個五英里，在假日期間稍微舒展一下筋骨。我在樹林間慢跑了半小時，然後從一處冬天乾草場穿過，朝家裡跑回去。溫暖的陽光與太陽曬過的乾草香味實在令人舒服極了，我不斷放慢速度，盡可能拖長跑完最後半英里的時間。

當我到達家門前一百碼時，我停下腳步，脫下排汗上衣，然後轉過身再朝乾草堆跑上最後一次。等我跑完第二趟時我又回身跑了一次，這次連T恤也脫了下來。跑到第四趟時，我連襪子和跑鞋也一起脫下，和其他衣物丟成一堆，我的光腳則有乾草與溫暖的泥土作為支撐。到了第六趟時，我手已經伸到了褲腰帶上，但最後決定還是尊重我高齡八十二歲的鄰居，繼續穿著短褲。我終於找回了第一次跟著卡巴羅跑步的感覺——那種輕巧自如，流暢迅速的感受，彷彿我可以跑得比太陽還快，就這麼一直跑到隔天天亮。

跟卡巴羅一樣，塔拉烏馬拉人的神秘影響在我還沒察覺之前，就已出現在我身上。我現在吃得較清淡，而且一點傷勢也沒有，所以我可以跑得更多；因為我跑得更多，所以我睡得更好，平常更放鬆，安靜時心跳率也下降了。甚至連我的人格也發生了變化：過去我脾氣差又愛抱怨，我一直以為這是我體內根深柢固的愛爾蘭與義大利基因導致。但現在我的脾氣溫和了許多，我妻子甚至說道：「嘿，如果跑步有這麼大的好處，我會心甘情願替你繫鞋帶。」我早就知道有氧運動是非常有效的抗憂鬱方法，但我沒想到運動可以這樣從內心深層穩定情緒，而且——其實我很不想這樣講——讓人進入冥想般的狀態。不論任何問題，如果四小時的跑步沒辦法帶給你答案，那別的方式也辦不到。

我一直等著過去那些纏繞不去的惡魔回頭反撲：阿基里斯腱劇痛、大腿肌腱撕裂、還有足底筋膜炎。我在長程跑步時隨身攜帶手機，一心相信自己隨時可能傷勢發作，在路邊動彈不得。但現在只要一覺得情況不對，我就開始進行自我診斷：

背部打直了嗎？OK

膝蓋彎曲向前帶動身體了嗎？OK

腳跟是不是向後踢了？似乎沒有。

我只要一改正姿勢，不舒服的部位馬上輕鬆下來，痛苦隨之消失。到了卡巴羅的比賽前一個月，艾瑞克將我的跑步份量提高到一次五小時，那時我已經完全忘記舊傷的陰影與手機了。

在我一生中，我首次不再害怕超長程的跑步，反而期待不已。赤腳泰德是怎麼說的？那感覺如魚得水。一點也不錯。我開始覺得自己生來就該跑步。

根據三位見解獨特的科學家，事情原該如此。

---

①作者註：耐吉的作法是每隔十個月左右就將賣得最好的鞋款下架，但這種作法著實惹惱了許多顧客，從各大慢跑論壇許多激昂的叫罵文中就看得出來。以飛馬跑鞋為例，首次上市是在一九八一年，到了一九八三年時已經被神化到難以置信的程度。然後——儘管身為史上最受歡迎的跑鞋，卻在一九九八年突然停產，但公元兩千年時卻又再度全新熱

烈上市。為什麼要改款這麼多次呢？一位參與原始飛馬跑鞋開發的前耐吉設計師告訴我，不是為了改善設計，而是為了刺激銷量。耐吉的目的是誘使跑者一口氣買下兩雙、三雙、甚至五雙同樣的鞋囤積起來，以免再也買不到心愛的鞋款。這樣就可讓銷量拉高三倍。

第二十八章

二十年前，一名年輕科學家在地下室的小小實驗室裡瞪著一具屍體，看見自己的命運也正回望著他。

當時大衛·凱瑞爾還是猶他大學的大學生，他正對著一具兔子屍體困惑不已，因為他搞不清楚兔子臀部上方那些骨頭狀的小東西是幹什麼用的。那些東西令他苦惱，因為它們根本不該出現在那裡。大衛是該校演化生物學實驗室裡成績最優秀的學生，對動物腹部的解剖構造瞭若指掌。以橫膈膜上大型的胃部肌肉來說，它們必須牢牢固定在某些強韌的組織上，就像船帆必須繫在帆桿上。因此，所有脊椎動物的胃部肌肉都牢牢附在腰椎上，從鯨魚到袋熊無一例外。但這隻兔子的胃部肌肉沒有緊抓住某樣堅固的東西，反而連接在那些像雞翅般的輕薄組織上。

大衛輕輕按了那組織一下。棒透了，那個東西像彈簧圈般收縮，然後又彈了回來。北美野兔到底為什麼要在胃部裝上彈簧呢？

「我聯想到這些兔子跑步時的模樣。牠們每蹦出一步前一定會拱起背。」大衛後來告訴我：「當牠們藉由後腿力量彈起來的時候，背部也跟著伸展，可是前腿一旦著地，背部馬上又弓了起來。」許多哺乳動物都用同樣的方式彎起身體，他沉思著，連鯨魚和海豚也上下揮動尾巴，鯊魚也得左右擺動身體前進。「想想獵豹前進時身體動作的線條。」他告訴我。「那就是最經典的例子。」

很好，好極了。大衛開始有些頭緒了。大型貓科動物和小兔子以同樣方式奔跑，但其中一種橫膈膜上有彈簧，另一種沒有。其中一種跑得很快，另一種得跑得更快，或者至少暫時快一點。為什麼？道裡很簡單，如果所有山獅都跑得比兔子快，兔子就會絕種；兔子死完了，最後山獅也無法生存。但北美野兔天生還有另一個大問題，牠們有一點跟其他跑得快的動物不一樣：牠們沒有緊急時的武器，沒有像牛、鹿般尖銳的角，也沒有堅硬的蹄子可以踢人，又無法藉群體行動獲得掩護。對兔子來說，跑得比掠食者慢就是失去一切，若是不能甩掉對手，就只能當別人的嘴上肉了。

好吧，大衛心想，也許那像彈簧的玩意跟速度有關。那到底怎樣才能跑得快呢？他開始列出各種因素。首先要有流線的體形，還有迅速的反射神經、強健有力的臀腿、大量的微血管、快速收縮的肌肉纖維、小巧靈敏的足部、有彈性，可以靈活伸縮的肌腱、腳掌附近薄薄一層的肌肉、關節附近要有肥厚的肌肉……

該死。沒多久大衛就發現，這樣下去根本沒有結論。讓速度變快的因素有很多，但這些特點北美野兔和掠食者都有。他原先的思路只能找出北美野兔和掠食者相同之處，但沒辦法找到兩者相異之處。所以他使用了一個老師教過他的小技巧：將事情倒過來想。別管動物怎樣才跑得快，先想想什麼原因會讓牠們慢下來。畢竟真正的重點不在於兔子能跑多快，而在於牠找到一個洞躲進去前，能用這樣的高速跑多久。

這下可簡單了。要讓高速奔跑的哺乳類慢下來，最快的方式就是讓牠喘不過氣。沒有氧氣意味著沒有速度。你可以試著憋氣快跑，看看你能跑多快。肌肉需要氧氣來燃燒熱量，轉化成能量，換氣效率越好——吸進氧氣，吐出二氧化碳——就能維持跑步速度越久。所以環法自由車賽的選手老是被抓到血管裡含有別人的血液；這些非法輸入的血液帶來更多紅血球，可以攜帶更多氧氣進入肌肉。

等等……這就是說，如果北美野兔要在虎口前搶先一步逃脫，就需要比身後那隻龐然大物更多的氧氣。大衛眼前彷彿出現了維多利亞時期的飛行機器，造型古怪卻又似乎自有一番道理，上面全是活塞與蒸氣閥門，還有像迷宮般複雜的各式槓桿……槓桿！那些彈簧般的玩意似乎說得通了。它們一定是可以加強兔子肺活量的槓桿，像火爐風箱般讓伸縮的肺部取得更多氧氣。

大衛開始驗算，瞧瞧自己的假設能不能成立，結果是……賓果！眼前的數據完美無瑕，簡直就是經典理論：北美野兔最高時速相當於每小時四十五英里，不過因為驅動那些槓桿（還有其他部位）需要額外的能量，所以他們一口氣最多只能跑上半英里。相反地，美洲獅、郊狼和狐狸可以全速奔跑的距離長得多，但他們最高時速只有每小時四十英里。那些彈簧讓兔子扳回一城，讓沒有抵抗能力的兔子多出整整四十五秒可以逃出鬼門關。小兔子，快找掩護，你就能活久一點；對自己的速度太過自大，不到一分鐘你就會沒命。

「這樣說來，」大衛繼續思索。「拿掉這些槓桿，兔子身上的構造不就跟其他哺乳動物一樣了嗎？」也許，這就是哺乳動物的橫膈膜必須附在腰椎上的道理——不是因為腰椎堅固不移動；恰恰相反，而是因為腰椎可以伸縮。因為腰椎有彈性！

「一切都變得清楚了。動物伸展背部往前竄，除了推進身體外，還有促進呼吸的功用。」大衛表示。他想像羚羊在滿是煙塵的大草原上逃命的畫面，在牠身後是快得看不清、身上有條紋色彩的殺手。大衛將注意力集中在獵食者身上，在腦裡將畫面停格，一幕一幕地檢視獵豹的動作：

獵豹拉長身子跨出一步，肋骨外推，將空氣吸進肺部，然後……

牠的前腿快速後揮，直到前爪和後爪碰在一起。獵豹彎起背脊，擠壓胸腔，肺部也被擠扁排出空氣。然後……

這就是了！神奇機器的另一個版本，只不過加速效果沒有兔子的那麼明顯。

大衛的心跳快了起來。氧氣！我們的身體最重視的就是取得氧氣！將這個推論倒過來（就像老師教過他的），那你就能得到這個結論：也許氧氣決定了我們身體組成的方式。

天啊，這真是太簡單、卻又太令人震驚了。因為如果大衛的推論沒錯，那他已經解決了人類演化上最大的謎題。過去沒有人能說清楚為什麼我們的原始人祖先想要和其他動物不一樣，偏偏要把前肢從地面抬起，直立行走。為了要呼吸！為了要打開喉嚨，讓胸膛吸氣鼓起，比地球上所有其他生物呼吸得更好！

這才只是剛開始。大衛很快就想到，你越能有效地呼吸，就越擅長——

「奔跑？你是說人類的演化動力是跑步？」

丹尼斯．布蘭博教授頗感興趣地聽著大衛解釋他的理論，然後三言兩語就把大衛的理論完全推翻。布蘭博教授試著用比較委婉的方式告訴大衛說，他是個聰明的學生，而且很有原創性，但這一次他可能掉進了科學界中常見的陷阱：鐵錘症候群（Handy Hammer Syndrome）。簡單說，你手上有一把鐵錘，所以其他一切東西看起來都像釘子。

布蘭博教授對大衛課堂外的生活略有所知，知道在春天溫暖的下午裡，大衛喜歡鎖上實驗室的門，到校園正後方的沃薩奇山脈小徑間跑步。布蘭博教授自己也喜歡跑步，所以他能瞭解那種吸引力，但處理這種事情得很小心：生物學家最大的職業風險，除了愛上自己的實驗助理外，就是愛上自己的嗜好。你成了自己的實驗對象，開始將自己的生活反射到週遭世界，將自己的生活經驗當成所有現象的基準點。

「大衛。」布蘭博教授開口道：「驅動演化的是物種自身的優勢，而非物種的劣勢。以跑步這點來說，人類不但是處於劣勢，我們簡直就是糟透了。」不必到生物學裡找佐證，只要看看汽車和摩托車就知道，四個輪子跑得比兩個輪子快，因為直立的摩托車失去了前衝的推力、穩定性、還有空氣動力學上的優勢。同樣的道理在動物身上也適用。老虎身長十呎，輪廓線條類似巡曳飛彈，是叢林裡的障礙奔跑之王。人類跑步時卻只有細瘦的雙腿、微不足道的步距，還有表現極差的風阻。

「我懂了。」大衛答道。人類開始從地面直起身子來後，一切全報銷了。我們失去了速度、上半身的力量——

「好孩子，」布蘭博心裡想，「學得真快。」

但大衛還沒說完。那到底是為什麼，他繼續問，人類的祖先會同時放棄力量與速度？我們演化到最後，不但跑得慢、無法戰鬥，還沒辦法爬上樹篷躲藏。照理說我們早該絕種了。除非，我們演化後可以得到很大的優勢，對吧？

布蘭博教授不得不承認，大衛用這種角度來看問題，還真是他媽的聰明。獵豹速度很快，但不夠強壯；牠們只能趁白天狩獵，好避開獅子或黑豹等夜間獵食者。當鬣狗這種不入流的雜牌軍團出現時，獵豹因為力量不夠，只好放棄自己殺死的獵物，躲到一旁去。大猩猩則剛好相反，牠們壯到可以舉起四千磅重的休旅車，但奔跑的速度卻只有每小時二十英里，同樣一輛休旅車只須用一檔就能輕易輾過大猩猩。再來看看人類，我們正好兼具兩者的特色——速度慢，而且弱到不堪一擊。

「演化後的我們為什麼這麼柔弱？為什麼不變強一點？」大衛繼續問：「早在發明武器前，我們的身體就是這副構造，它的演化優勢在哪裡？」

布蘭博教授在腦裡將整個場景想像了一遍。他眼前出現一群史前人類，個兒不高，動作迅速又強壯，平常在樹林裡靈巧出沒，低調躲避危險。有一天，下一代中突然冒出個動作慢、肌肉也不甚發達的傢伙，個子只比女性大一點，成天在空曠處晃來晃去，讓自己成為老虎最佳的目標。他力氣小到無法戰鬥，速度慢到無法逃生，又弱到無法吸引異性與他繁殖下一代。從各個方面來首，這傢伙都註定要絕種。但不知怎地，這小怪胎卻成了所有現代人類的始祖，他那些強壯又迅速的兄弟卻消失在歷史中。

上述的想像場景其實正是尼安德塔人之謎的精確寫照。大多數人都以為尼安德塔人是我們的祖先，但事實上他們是當時同時存在於世上的「另一物種」（也有人說是亞種），與我們的老祖宗「智人」為了生存共同競爭。說「競爭」未免太過客氣，事實上，不管從哪個角度看，尼安德塔人都勝過我們的老祖宗。他們比較壯、體質較強韌，很可能也比較聰明。他們的肌肉比較大塊、骨格比較堅硬、天然的禦寒機制較佳，而且從化石線索看來，腦容量也比較大。尼安德塔人狩獵技巧高超，製作武器的技術也相當嫻熟，習得語言的時間甚至很可能比我們還早。在邁向統治全世界的道路上，他們也領先了我們一大截；第一個智人出現在歐洲時，尼安德塔人早就舒舒服服地在那裡定居了二十萬年。如果尼安德塔人和早期智人來場生死肉搏戰，大家全都會一面倒押注尼安德塔人勝出。

那麼，他們今天到哪去了？智人進入歐洲一萬年後，尼安德塔人消失了。事情是怎麼發生的，迄今沒人知道，唯一的解釋是有某種不明的未知因素，讓我們——比較弱小、比較笨、比較瘦弱的物種——大獲全勝，甚至將冰河時代的明星物種擠下演化舞台。原因不是力量，不是武器，也不是智能。

難道會是奔跑的能力？布蘭博教授疑惑了。大衛真的做出重大發現了嗎？確認的方法只有一個：把化石找出來。

「一開始我非常懷疑大衛的論點，大多數形態學家基於同樣的理由一定也有類似的反應。」布蘭博教授後來告訴我。形態學（Morphology）基本上是一門倒推設計原理的學問，研究的是身體構造，再試圖推測其身體運作的原理。形態學家熟知哪些設計能讓個體快速移動，人體的設計好像完全不適合快速移動。只須看看我們的臀部就能明白其中道理。「地球上脊椎動物的歷史中，從頭到尾只有人類是唯一沒有尾巴、又能奔跑的兩足動物。」布蘭博後來表示。基本上，奔跑可以說是一種「有控制的跌倒動作」，如果你沒有像袋鼠尾巴那麼具份量的尾舵，怎麼有辦法控制方向、避免自己栽向前方？

「就是這個理由，讓我跟其他人一樣，不相信人類的演化動力是奔跑。」布蘭博表示：「要不是有古生物學的專長，搞不好到今天我仍然會抱持懷疑的論點。」

布蘭博教授的第二專長是化石，讓他得以研究人類過去幾萬年來的基本構造有何改變，並跟其他動物的構造作比較。從一開始，他就發現了矛盾之處。「我沒有像其他形態學家一樣，檢查已知的東西，再找出我本來就預期會發現的東西。相反地，我特別注意預期以外之處。」布蘭博表示。「換句話說，有什麼不該在的東西出現了？」他開始把動物界分成兩大類：跑步動物與行走動物。跑步動物包括馬和狗，行走動物則有豬和黑猩猩。假如人類的生理構造適合在大部份時間走路，只有緊急時刻才跑步，那我們個別部位的構造應該近似那些行走動物才對。

黑猩猩是研究最好的起點，因為牠們不但是典型的行走動物，也是最近似我們的物種。我們分頭演化了六百萬年後，我們與黑猩猩相同的基因序列仍然高達百分之九十五。但布蘭博指出我們與黑猩猩仍有些不同，其中之一就是連接小腿與腳跟的阿基里斯腱，這是人類獨有、黑猩猩沒有的組織。另外我們的腳也跟黑猩猩大不相同：我們有足弓，黑猩猩沒有。我們的腳趾短而直，有助於奔跑，但黑猩猩的腳趾較長，向外散開，更適宜行走。再比較一下兩者的臀部：我們的臀大肌非常龐大，黑猩猩則完全沒有這塊肌肉。然後布蘭博教授又比較了一條較少人知道的肌腱，也就是位於頭部後方的頸韌帶。黑猩猩沒有頸韌帶，豬也沒有。誰有頸韌帶呢？答案是狗、馬、還有人類。

這可真叫人費解。頸韌帶唯一的功用，就是在動物快速移動時幫助穩定頭部，換句話說，行走動物不需要這玩意。巨大的臀部也只在跑步時有用。（你可以自己試試看，一邊抓著臀部，一邊繞著屋裡走。行走時臀部肌肉是柔軟放鬆的，只有在你開始跑步時才會收縮緊繃，它的任務是防止跑步時上半身衝力過大，讓你整張臉栽到地上。）阿基里斯腱也一樣，它在行走時毫無用處，所以黑猩猩沒有這東西，「南方猿人」也沒有（他們是四百萬年前的半猿人）。化石證據顯示，阿基里斯腱一直到二百萬年前才首次現蹤，出現在「直立人」身上。

然後布蘭博教授又仔細比較了化石頭骨，這次他大吃一驚。我的老天！他心裡想。這可不大尋常。南方猿人的頭骨後方是平滑的，但當他檢視直立人時，卻在頭骨後方發現了淺淺的凹槽，顯然是頸韌帶的位置。神秘卻不容置疑的時間順序呼之欲出：人類身體在演進過程中，發展出了跑步動物的主要特徵。

「怪了，」布蘭博心想。「為什麼我們發展出這些跑步特徵，其他行走動物卻沒有？」對行走動物而言，阿基里斯腱只會幫倒忙。用兩腳走路就像踩高蹺；你必須一腳踩下，將重心移轉到作為支點的腿上，然後重覆以上動作。你最不希望見到的就是重心底部出現一條鬆垮垮會伸縮的韌帶。阿基里斯腱唯一的功用就是像橡皮筋一般伸縮……

橡皮筋！驕傲又尷尬的感覺浮上布蘭博教授心頭。橡皮筋……他想起了自己，一直大言不慚，自信不會像其他形態學家一樣「只看見自己想看的東西」，但其實他跟他們一樣短視。他甚至沒有好好思考過所謂的橡皮筋因素。當大衛討論跑步時，他假設他說的是快跑，但擅長跑步的人有兩種，一種是短跑者，一種是長跑者。也許人類跑步追求的不是快，而是遠。這樣就能解釋我們的雙腿與足部為什麼有這麼多彈性肌腱——因為這些肌腱能儲存能量後再釋出，就像用橡皮筋驅動的輕木玩具飛機。將橡皮筋拉得越緊，飛機就能飛得越遠。同樣的道理，你的肌腱拉得越長，腿部向後伸展踢出時力道就越大。

如果要設計一部長距離奔跑機器，布蘭博教授心想，我一定會在上頭裝上大量的橡皮筋，好盡量延長機器的行進距離。跑步其實就是跳起，然後從一隻腳跳到另一隻腳的過程。韌帶對行走沒什麼用，卻能大幅減少跑步時能量的消耗。別管速度了，也許我們天生就是地球上最強的長跑動物。

「你得問問自己，為什麼地球上只有一種生物會出於好玩，一次聚集數萬個體，在大熱天裡跑上二十六英里。」布蘭博教授沉吟：「娛樂並非出於偶然。」

布蘭博教授與大衛開始共同著手，測試他們的「地球上最強長跑物種」理論。他們很快就發現了各式各樣的證據，有些證據甚至來自意想不到的地方。初期的一項大發現就是在大衛帶著一匹馬跑步時意外發現的。「我們想拍馬的影片，好看清楚馬的步伐如何和呼吸配合。」布蘭博教授表示：「為了讓速度均等，必須安排一個人在旁控制，所以大衛便跟著馬跑。」播放影帶時似乎有些地方不對勁，但布蘭博卻說不上來是哪裡有問題。他倒帶了好幾次後才發現：儘管大衛的速度和馬一樣，但他的雙腿移動速度卻慢得多。

「真是令人吃驚。」布蘭博教授解釋道。「儘管馬腿比較長，而且又有四條，但大衛的步距卻大得多。」雖然大衛在科學家當中體能算很不錯，但以一個中等身高、中等體重，表現一般的跑者來說，他的表現完全沒有驚人之處。這麼一來合理的解釋只剩下一個：儘管違反直覺，但一般人類的步距比馬還長。乍看之下馬蹄揮出的距離相當長，但在接觸地面前就已勾回。結論是，儘管從生理構造看來，一般人類跑者的步伐不大，但每跑一步的距離仍然比馬還長，所以人類跑者較有效率。換句話說，假設兩者儲備的能量相當，理論上人類可以跑得比馬還遠。

與其談理論，不如找出實證。每年十月，數十名跑者與騎師都會來到亞利桑納州的普雷斯考市，來場五十英里的人馬大賽跑。一九九九年，當地一名叫做保羅．班納特的跑者在明格斯山陡峭的上坡處趕過領先的幾匹馬，而且一直到終點，都沒讓那些馬有再見到他的機會。第二年，名叫丹尼斯．普爾海克的跑者創下了驚人記錄，他連續六年打敗了所有男子、女性、馬匹，直到二〇〇六年才被重獲冠軍的保羅．班納特打敗。人類首度應得該項賽跑的冠軍之後，要足足隔了八年，才終於有一匹馬將冠軍頭銜奪回。

這樣的故事對布蘭博教授與大衛那兩名科學家來說，不過是一點小趣事，因為兩人摸索許久後，終於逼近了重大突破。那天大衛瞪著兔子屍體，看見演化史回瞪著他時，他腦海裡湧現的靈感其實是對的；呼吸似乎正是演化的一大力量。物種的演化層級越高，利用氧氣的效率就越好。以爬蟲類為例，大衛將蜥蜴放上踏步器時，發現牠們甚至沒辦法一邊跑步一邊呼吸，頂多只能快速衝刺一陣，然後就得停下來喘氣。

在此同時，布蘭博教授則將眼光放到更高階層的演化歷程，開始研究起貓科動物。他發現許多四足動物跑步時，內臟會來回晃動，就像浴缸裡的水。每次獵豹的前足著地，內臟就會往前朝肺部撞過去，將空氣擠出。等牠伸展身體跨出另一步時，內部器官則往後滑，將空氣吸入肺部。但這股加強肺部伸縮的力量也有代價：獵豹受到限制，每步只能呼吸一次。

事實上，布蘭博教授驚訝地發現，所有奔跑的動物都有同樣的「一步一呼吸」限制。他和大衛找遍全世界，只有一種動物例外。

就是你。

「四足動物的奔跑，受到每次運動週期都只能呼吸一次的限制。」布蘭博教授道：「但我們測試過的人類跑者完全沒有這個現象。他們可以自行選擇每跑一步的呼吸次數，通常大家都會選擇呼吸兩次。」我們可以盡情大口喘氣的理由跟夏天需要沖澡一樣：因為我們是唯一利用汗水排掉大多數熱氣的動物。地球上大多數有毛皮的動物都以呼吸做為主要排熱方式，所以牠們的體溫調節機制完全受制於肺部。但人類有數百萬條汗腺，堪稱演化史上以空氣降溫最有效率的機器。

「身為光溜溜又會流汗的動物就是有這種好處。」大衛解釋：「只要我們不斷排汗，就能持續前進。」哈佛一個研究團隊曾經證實過一模一樣的論點。他們在獵豹肛門插入溫度計，再將牠放到跑步機上。體溫一旦昇高到華氏一百零五度，獵豹便停止動作，不肯繼續跑。這是所有哺乳動物的自然反應；一旦體內溫度高到無法吐氣散出，牠們若不停止只有死亡。

太神奇了！人類具備了有彈性的腿、細瘦的軀幹、排熱的汗腺、光溜溜的皮膚、直立後曝曬面積較小的身體——難怪我們會成為地球上最佳的馬拉松跑者。但這又有什麼用？天擇的重點全在吃人與被吃，如果眼前的鹿二十秒內就能跑出你的視線外，老虎可以在十秒內追上你，那麼可以一口氣跑二十英里的本事根本狗屁不如。在講求速度的生存戰場上，耐力到底有什麼用？

這就是布蘭博教授百思不得其解的問題。時當一九九〇年代早期，他在那一年休假前往哈佛，在那裡遇見了丹恩·李柏曼教授。當時李柏曼的研究主題正好與他完全相反：李柏曼把豬放到跑步機上，研究牠們為什麼跑得這麼差勁。

「你可以看看牠們的頭。」布蘭博指出：「豬的頭部沒有頸韌帶，所以老是搖搖晃晃。」

李柏曼豎起了耳朵。身為演化人類學家，他很清楚在演化過程中，人體改變最大的部份就是頭部，頭部是我們最顯著的特徵。就連你早餐吃的玉米餅對頭部也有影響。李柏曼研究後發現，過去數千年來，我們的食物從必須多咀嚼的根莖類與野味，慢慢變成軟爛烹煮過的基本食品，像是義大利麵與牛絞肉等。我們的臉型也因此隨之縮小。美國開國元勛富蘭克林的臉應該比今日的你大，凱撒大帝的臉又比富蘭克林大。

來自猶他州與哈佛大學的兩名科學家從一開始就相處甚歡，這主要還得歸功於李柏曼的眼睛很安分：布蘭博將人類適於奔跑的理論告訴他時，李柏曼沒有翻白眼。「學界中從沒有人願意把『人類適於奔跑』的理論當一回事。大概每四千篇討論人類行走的論文當中，才會有一篇研究人類的跑步。每次我在研討會中提出我的看法，大家總是一副『是嗎？我們明明跑得很慢』的樣子。他們只在乎速度，無法瞭解耐力為什麼會是一項優勢。」

這倒也不能全怪那些人，畢竟布蘭博自己也弄不清這一點。身為生物學家，他和大衛可以分析人類身體的設計原理，但他們需要人類學家來說明這些設計究竟有什麼用。「我對演化所知不少，對運動也略有涉獵。」李柏曼告訴我。「布蘭博滿肚子都是運動知識，但對演化的認識就沒那麼夠。」

兩人交換經驗與想法後，布蘭博可以看出李柏曼正是他理想的實驗夥伴。李柏曼相信，科學家做實驗就是要有手上染血的準備。過去幾年來，他的人類演化課程當中一直有個活動，那就是在哈佛的草坪上進行「克羅馬儂人式」的烤肉。為了讓學生體會使用原始工具必須有多麼靈巧的技術，李柏曼要求學生用尖銳的石頭將山羊解體，然後在地上挖出的大坑裡煮熟。等到烤山羊的香氣飄散出來，割山羊後的酒精也下了肚，課堂作業便成了戶外野餐。「最後這個活動甚至變成成酒神節般的狂歡。」李柏曼曾經這麼告訴哈佛的校刊。

但在解決人類奔跑之謎這件事上，還有更重要的理由，讓李柏曼成為理想的合作夥伴：問題的關鍵似乎與李柏曼的專長（人類頭部）有關。大家都知道，史上曾有一段時期，原始人學會了如何取得大量蛋白質，因此他們的腦容量大幅成長，就像乾海綿掉進水桶裡一樣膨脹。我們的腦容量不斷增加，最後與任何哺乳動物相比，我們的腦子在比例上都大上七倍。腦部消耗的熱量也因此多到驚人：儘管腦部只佔人類體重的百分之二，卻消耗了所有能量的百分之二十。相較之下，黑猩猩也不過才消耗百分之九而已。

李柏曼秉著一貫的創意熱情，全心投入人類奔跑理論的研究。不久後，有些學生跑到哈佛大學畢巴底博物館頂樓李柏曼的研究室裡，卻驚訝地發現裡面有個獨臂人滿身大汗，頭上綁著空奶油起司盒，在跑步機上奮力奔跑。李柏曼對跑步機上的人喊道：「威利，你的速度還能快上多少？」說完之後李柏曼按下控制面板上的按鍵，然後回頭說：「咱們人類怪異得很，沒有其他生物的頸子跟我們構造一樣。」

在跑步機上的威利．史都華喊道：「再快也沒問題。」接著加快腳步，他左邊的鋼製義手在跑步機的軌道上鏗鏘作響。威利十八歲時失去左手，那時他在工地打工，正在搬運的鋼纜被捲進了運轉中的渦輪機。但威利不但恢復健康，還成了鐵人三項冠軍與橄欖球員。除了頭上用來固定陀螺儀的起司盒外，威利胸膛與腿上還纏上了電極。李柏曼特別雇用他來測試自己的理論，也就是動物界中只有人類的腦袋居於頸部正上方，就跟摩天大樓頂部特別裝設的重物一樣，可以避免身體在強風中傾倒。李柏曼相信，人類的腦袋不是因為跑步技巧進步才變大，相反地，人腦變大才是跑步技巧進步的原因，因為變重的腦袋有助於跑步時平衡身體。

「腦袋跟手臂一起，可以防止你跨步跨到一半時扭動或搖晃。」李柏曼表示。手臂同時也可以提供反作用力，維持腦袋在一直線上。「這就是兩足動物具備活動頸部時，維持頭部穩定的方法。這是另一項只有用跑步理論才說得通的人類演化特徵。」

但如何取得食物仍然是不解之謎。從人腦超快的成長速度看來，李柏曼可以準確指出原始人是在何時改變飲食內容——必定是在二百萬年前。當時的南方猿人與猿類還很接近，特徵是腦容量不大，有巨大的下顎，吃的是跟山羊差不多的粗韌、多纖維植物。等他們演化成我們的老祖宗直立人後，變得身形較瘦，雙腿較長，有較大的頭部與適合食用生肉與柔軟水果的小型尖銳牙齒。只有一個因素能促成人類外形這麼巨大的改變：那就是過去從未出現在靈長類菜單上的飲食，也就是來源穩定，富含高熱量、高脂肪、高蛋白的肉類。

「媽的！所以他們吃的肉到底是哪來的？」李柏曼自問，一派興致勃勃，不愧是面不改色就能用石頭割開山羊的傢伙。「弓和箭的歷史是二萬年，矛頭則是在二十萬年前出現。但直立猿人的歷史足足有二百萬年。換句話說，在人類生存的大部份期間——將近有二百萬年——我們都只靠赤手空拳取得肉食。」

李柏曼開始在腦袋裡隨意想像所有可能的答案。「原始人會不會是搶奪其他獵食者殺死的獵物？」他自問：「趁著獅子睡覺時，飛也似地衝過去，抓了獵物就跑？」

不可能，這種快跑雖會讓我們肚子餓想吃肉，卻不是穩定可靠的取肉方法。我們得搶在禿鷹之前趕到殺戮現場，但李柏曼常說，禿鷹可以在幾分鐘內將羚羊撕到只剩骨頭，「再將骨頭當餅乾嚼」。就算我們真的能趕在禿鷹之前，可能還吃不了幾口肉，就被獅子惡狠狠的眼神盯上，或是被成群的鬣狗趕開。

「好吧，也許那時沒有長矛。但我們可以跳到野豬身上把牠們勒死，或是用棍棒把牠們打死。」

開什麼玩笑！野豬的狂暴的撕、扯、猛衝等掙扎動作，很可能踩扁你的雙腳，扯下你的睪丸，撞斷你的肋骨。你也許會獲勝，但一定會付出代價。為了晚餐在史前荒野裡受傷，你自己也很可能變成別種動物的晚餐。

最後，李柏曼的狗提供了他線索，使他不必繼續卡在這個問題上。一個夏天下午，李柏曼帶著他那隻不修邊幅的混種邊境牧羊犬「瓦什提」，到弗雷許湖邊跑個五英里。天氣很熱，跑了幾英里後，瓦什提懶洋洋地倒在樹下，說什麼也不肯再跑。李柏曼不耐煩了起來；的確，天氣是熱了點，但也沒那麼熱吧……

等待氣喘吁吁的愛犬降溫時，李柏曼的心思轉到了他在非洲做化石研究的那段日子。他回想起熾烈陽光下，大草原的草浪閃閃發光的情景，還有腳下的乾黏土是如何吸飽了熱氣發散出來，直透他的鞋跟。他的腦海裡開始充滿著幾年前讀過的人種誌報告，裡面提及非洲獵人習於在大草原上長程追趕羚羊，還有北美洲的塔拉烏馬拉印第安人如何追著鹿不放，「直到牠連蹄子都掉下來」。過去李柏曼總認為這些記述就像古老的英雄傳說一樣，全是虛構的，當成故事一笑置之就好。但現在他開始疑惑了……

要將動物追逐到倒斃要花多久？李柏曼自問。幸運的是哈佛生物系的實驗室有世上最詳盡的運動研究資料（從他們在獵豹肛門裡插進溫度計就可見一端），所以李柏曼可以輕易取得所需的數據。回到辦公室後，他開始搜尋。**好吧，咱們來瞧瞧……**一個健康的跑者每秒可以跑三到四公尺。鹿的奔跑速度也差不多是這樣。但料想不到的事來了：要達到每秒四公尺的速度，鹿必須大口喘氣，但相同速度對人類來說不過是慢跑而已。鹿在快跑時速度比我們快，但一樣處於慢跑狀態時我們的速度較快。所以小鹿班比已經跑到氧氣不足時，我們才剛開始稍稍喘不過氣來而已。

李柏曼繼續搜尋，找到了另一個更具代表性的例子：大部份馬匹全速衝刺時每秒可以跑七點七公尺，牠們可以用這個速度跑上大約十分鐘，然後慢下來變成秒速五點八公尺。但頂尖的人類馬拉松跑者可以用秒速六公尺跑上好幾小時。正如跑者丹尼斯・普爾海克在人馬大賽跑中發現的一樣，馬匹可以在剛起跑時將你遠甩在後，但只要有耐心，距離夠長，你就能慢慢縮小差距。

你甚至不用跑得太快。李柏曼領悟到，**只要將獵物保持在視線內，十分鐘內你就可以追到牠喘不過氣來**。

李柏曼開始計算體溫、速度和體重等條件。很快地，一切全都真相大白，人類奔跑之謎的答案就在眼前。李柏曼的結論是，若要將羚羊追逐至死，只須在夏天驚動牠，讓牠開始飛奔。「只要你跑得夠快，一直讓羚羊看得見你在追牠，牠就會不斷奔跑。大概跑了十到十五公里後，羚羊就會因為體溫過高倒下來。」更簡單的說法：只要你能在夏天一口氣跑上六英里，親愛的讀者，你就能成為動物界的致命殺手。我們在太陽底下可以散熱，但動物快速奔跑時卻無法散熱喘氣。

「我們可以在其他動物無法忍受的條件下奔跑。」這是李柏曼的領悟。「這樣做一點也不困難。如果一個中年教授在夏天可以跑贏他的狗，那麼一群志在必得的獵人要對付體溫過高的羚羊，根本就是手到擒來。」

不難想像，尼安德塔人，原本的天之驕子，臉上是如何帶著輕蔑，看著這些新出現的「奔跑一族」氣喘吁吁地在蹦蹦跳的小鹿身後追趕，或是在大太陽下跑了一整天，結果卻只抱了一些蕃薯回來吃。奔跑人種可以靠跑步獵得許多肉，但他們沒辦法裝著一肚子肉跑步，所以大部份時間他們還是從根莖類與水果取得熱量，等到需要大量能量的特殊場合，才來吃羊排。打獵時他們總是全族出動——跑步的男子、跑步的女子、跑步的小孩，還有老爺爺老奶奶；但儘管大家通力合作，從土裡挖東西吃的時候還是比吃肉的時候多。

嘖嘖嘖。尼安德塔人才不吃蟲和土裡的東西。他們吃肉，而且只吃肉。他們吃的也不是小羚羊那種不夠勁的東西。尼安德塔人就連肉也要吃最好的：熊類、野牛、赤鹿（牠們的紅肉裡夾著白色多汁的脂肪）、肝臟富含鐵質的犀牛、還有大腦香甜軟滑，骨髓令人吮指回味的猛獁象。但是要追逐這些猛獸，很可能下場就是換你自己被追著跑，所以你得用腦袋和武力戰勝牠們。尼安德塔人會把獵物誘進事先選定的突襲地點，然後集中火力發動圍攻，用八呎長的木槍從四面八方攻擊。像這樣的狩獵不適合弱者。大家都知道尼安德塔人受的傷就跟牛仔秀的選手一樣慘烈，被長著獠牙的野獸刺中、拋出去之後，頭部和脖子都會受重傷。但一同狩獵的兄弟們一定會為他們治傷，或是將他們備極哀榮好好安葬。尼安德塔人才是我們想像中，人類曾經一度扮演過的史前強壯獵人。我們成天亂跑的老祖宗並不是這樣。尼安德塔人在戰鬥中並肩挺立，是智慧與勇氣的團結陣線，也是聰明的戰士。儘管肌肉發達，心思卻細膩到懂得在泥爐中將肉慢慢煮軟，也懂得保護婦孺遠離危險。

尼安德塔人是世界的主宰——一直到外面的世界變得太舒適為止。大約四萬五千年前，漫長的冰河嚴冬結束，炎熱隨之到來。森林面積縮小，只留下漫無邊際枯死的草地。新的氣候形態對新興的「奔跑一族」有利；羚羊數目有爆發性的成長，大草原上到處都是肥美的植物塊根。

尼安德塔人的日子可就沒這麼好過了。他們的長矛與峽谷中的伏擊戰法，對迅捷的草原生物沒用，而他們喜好的大型獵物則已經躲到正在縮減的森林更深處去。為什麼他們不乾脆採用奔跑一族的狩獵策略呢？他們夠聰明，顯然也夠強壯。但問題來了：他們太強壯了。氣溫高到華氏九十度以上後，多出幾磅體重的就會產生很大的差異——舉例來說，在跑馬拉松的時候，一個體重一百六十磅的選手和體重一百磅的選手，若要維持同樣的體溫平衡，則一百六十磅的選手每英里會輸給瘦的達三分鐘之久。所以，在獵鹿所需的二小時跑步中，新興的「奔跑一族」可以將尼安德塔對手遠遠拋在後面。

空有全身肌肉卻施展不開的尼安德塔人，只能跟著巨象進入消失中的森林，從此被遺忘。新的世界屬於奔跑一族，跑步實在不是尼安德塔人的專長。

大衛．凱瑞爾雖然嘴裡不說，卻知道奔跑一族的理論有個致命的缺陷。這個秘密一直折磨著他，直到最後他差點變成動物界的瘋狂殺手。

「沒錯，我陷入某種狂熱。」當我在他的實驗室見到他時，他對我承認道。自從一九八二年他在解剖桌上突發靈感後，到現在已經過了二十多年，他也拿到了三個學位。現在他是大衛．凱瑞爾博士，生物學系教授，嘴上平整的鬍子已經夾雜著灰色，專注的眼睛上也多了一副無框眼鏡。「當時我一心一意想親手找出一些證據，好對別人說：『看吧！現在你們滿意了嗎？』」

大衛的困擾如下：「將獵物追逐至死」這個動作，堪稱大自然的完美犯罪。耐力狩獵（這是今日人類學家給這種方法取的名字）不會留下任何考古遺跡——沒有箭頭，也沒有留下矛傷的鹿骨；沒有屍體，沒有武器，也沒有目擊者。你要怎樣才能證明殺戮行為真的曾經發生？儘管有布蘭博教授巧妙的生理學理論，還有李柏曼教授的化石專業作為佐證，如果無法證明某人真的在某處曾經將獵物追趕至倒斃，則「人類雙腿曾經是致命武器」的說法根本無法成立。你大可提出任何有關人類體能的論調（有人可以暫停心跳，有人可以用念力使湯匙彎曲），但到頭來若是拿不出證據的話，根本無法把引人興趣的想法轉化成有佐證的事實。

「最令人沮喪的是，到處都流傳著相關故事。」大衛說道。傳說中的耐力狩獵，好像在各處都有，隨便往地圖上射一鏢都能射中一兩個。美國西部的印第安高修特族與帕帕戈族有類似的傳說，還有非洲波茲瓦納的卡拉哈里布希曼族、澳洲的原住民、肯亞的馬塞戰士、墨西哥的塞里族與塔拉烏馬拉印第安人。問題是這些故事全是口耳相傳，能聽到第四手或第五手故事已經算很不錯了。要找到這些故事的證據，就跟證明美國西部拓荒英雄小時候就能徒手殺死野豬一樣困難。

「到處都找不到曾經進行過耐力狩獵的人。」大衛表示：「甚至連親眼目睹的人都沒有。」也難怪學界仍然抱持著懷疑的態度。如果「跑步一族」這個理論正確，那麼在地球六十多億人口當中，至少總該有一人還有辦法靠跑步狩獵吧？也許這樣的傳統與需求今日已不復存在，但我們身上應該還有這樣的能力：人類的基因已經有幾千年沒有改變，而且全球人類身上的基因有百分之九十九點九九是一模一樣的。換句話說，我們的身體構造與狩獵採集的原始人仍然相同。那為什麼我們當中沒有人曾經靠跑步抓到一隻該死的鹿？

「所以我決定，乾脆自己來。」大衛說道。「大學時我曾參加山徑跑步賽，而且跑得很愉快。所以談到人類跑步的呼吸特點時，我更能體會這樣的特徵對人類這個物種有何影響。這個想法對我來說並不難接受，不過對那些足不出實驗室的人來說顯然太過詭異。」

另一個想法對他來說也很自然：如果找不到原始人，那他就自己當原始人。一九八四年的時候，他說服他哥哥斯格特前往懷俄明州協助他獵捕野生羚羊。斯格特是為全國公共廣播電台撰稿的自由記者兼作家，並不擅長跑步，但大衛體能極佳，而且滿懷名留科學史的狂熱。他估計，他們兄弟兩人聯手，只要兩個小時就能讓八百磅的羚羊累垮在他們腳下。

「我們沿著州際公路開，然後轉進一條泥土路後又開了幾英里。眼前出現一大片長滿灌木蒿的沙漠，地面乾巴巴地，四面圍繞著山巒。到處都是野羚羊。」這是斯格特後來在公共廣播電台的《老美生活紀事》節目中為聽眾進行的描述：「我們停下車，開始追趕三隻羚羊──一隻公的，兩隻母的。牠們跑得很快，但無法持續太久，過一陣子就只能停下來望著從後方趕上的我們，然後再重新舉步。牠們有時一次跑四分之一英里，有時一次跑半英里。」

太完美了！跟大衛的預測一模一樣！羚羊還沒來得及發散完多餘的體溫，大衛和斯格特就已經大吼大叫地追上前來。大衛認為，只要再這樣跑上幾英里，他就能載著滿車廂的鹿肉回到鹽湖，將決定性的錄影帶啪一聲摔到布蘭博教授的桌子上。但在這同時，斯格特卻嗅到了不對勁。

「那三隻羚羊看著我們的樣子，就好像牠們完全洞悉我們的意圖，而且一點也不放在心上。」斯格繼續說道。不久他就發現，羚羊理論上已經面臨死神，但牠們一點都不在意。羚羊沒有因為筋疲力竭而倒斃，反而擺了他倆一道。每當牠們跑到喘不過氣來，就回頭奔入羚羊群中，讓大衛和斯格特搞不清楚哪隻羚羊感到疲倦，哪一隻則精神正好。「牠們會混在群體中，離開原處，改變姿勢。」斯格特表示。「從後面根本認不出個別的羚羊，只看得到一大群羚羊奔過荒野，就像在玻璃桌上流動的水銀。」

兄弟兩人又多花了兩天，在懷俄明的平原間追逐這一群水銀般的羚羊，始終沒有意識到自己正在犯下一個非常有意義的錯誤：大衛的失算雖然顯得蠢，卻證明了自己的理論——人類奔跑的方式跟地球上所有其他動物都不同，光靠模仿其他動物不可能抓得到牠們，更別談體育運動中那些四不像的動物奔跑方法。大衛和斯格特只靠直覺、力量與耐力，卻沒察覺到，人類經演化千錘百鍊後發展出的跑步方法更加精巧，那是數百萬年來在生死關頭間逐漸臻至完美的策略與技巧，就跟其他藝術一樣，人類的長程跑步需要身體與心靈的高度結合，這是其他動物無法企及的境界。

但斯格特在未來的十年中會發現，這項絕藝已經失傳。那天在懷俄明州的草原上，奇怪的事發生了：這門古老藝術的魅力悄悄侵入斯格特心中，讓他無法忘懷。儘管那次實驗的結果一敗塗地，斯格特後來仍然投入大量時間，替大衛搜尋耐力狩獵的資料，還成立一個非營利組織，目標正是找出最後一個靠長距離跑步狩獵的獵人。他甚至邀請了頂尖的超馬跑者克雷頓・金（曾是大峽谷折返賽紀錄保持者）前往墨西哥的加利福尼亞灣地區，尋找傳說中一小群仍然保有老祖宗長途跑步藝術的塞里印第安人。

斯格特找到了賽里族人，但已經太晚了。有兩個老人曾經從父親那裡學到了長途跑步的技巧，但他們已經有半個世紀沒有跑步，而且也老到無法示範了。

一切搜尋到此中斷。到了二〇〇四年，在六十億人中尋找傳說獵人的努力已經過了二十年，仍然毫無進展。斯格特放棄了。大衛早就已經轉移目標，現在研究起靈長類進行肉體搏擊時的身體結構。尋找最後一名耐力狩獵獵人的任務，逐漸被人遺忘。

當然了，電話總是這時才響起。

「我就這麼突然發現自己跟這個陌生人講起話來了。」布蘭博教授回憶。一頭灰色亂髮的他，身穿乾淨的棉布襯衫，看起來就像是個老牛仔。這風格正適合他滿牆動物骨骼的實驗室，還有他彷彿在營火旁說故事的生動敘述風格。布蘭博教授表示，到了二〇〇四年，猶他州立大學與哈佛大學的合作小組已經找出二十六種人體適合長途跑步的特徵。尋找最後一個獵人的希望實在渺茫，他們決定以手頭的成果直接發表論文，成為重要的科學刊物《自然》的封面文章。顯然有本當期的《自然》不知怎地流傳到了南非某個海邊小鎮，因為電話就是從那裡來的。

「要將羚羊追逐至死並不難，」電話裡的陌生人說：「我可以表演給你看。」

「抱歉，請問你是……」

「路易・萊賓柏格，住在努爾霍克。」

布蘭博熟知跑步理論領域中所有叫得出名號的人物，這並不難辦到，因為跑步理論當中的佼佼者非常少。住在南非努爾霍克的萊賓柏格？沒聽說過。

「你是獵人嗎？」布蘭博問道。

「我？不是。」

「呃……是人類學家嗎？」

「不是。」

「請問你研究的是什麼領域？」

「數學。數學和物理。」

數學？「呃……請問數學家如何追趕羚羊至死呢？」

布蘭博聽到電話那端的人從鼻子裡哼了一聲笑出來。「靠意外吧，大概。」

南非的路易・萊賓柏格與美國的大衛・凱瑞爾的人生，在過去數十年間有許多相似到令人不敢相信的地方，可是兩人都不知道對方的存在。一九八〇年代早期，路易也是個大學生。跟大衛一樣，他也突然悟出人類演化令人興奮的新理論，不過沒有人相信他。

路易的問題在於專業：他根本沒有專長。當時他才剛滿二十歲，在開普敦大學主修應用數學與物理。選修科學哲學這門課時，他開始思考人類心智大爆炸的問題。人類是如何擺脫動物般的原始思考，一躍而能進行那些複雜之至的思考，像是邏輯、幽默、演繹、抽象推理，還有想像與創意？就算原始人升級了硬體，發展出更大的腦子好了，但他們的軟體程式從何而來？發展出更大的大腦是有機的過程，但能夠運用這個器官推測未來，並結合不同的事物得到新的知識（比方說風箏、鑰匙和閃電三者相加，推理出電流傳遞的概念），這簡直堪稱是魔法了。人類像這樣的靈感到底從何而來？

路易相信，答案就在南非沙漠裡面。儘管他在城市裡長大，對野外生活的知識相當粗淺，但直覺告訴他，尋找人類思考起源最好的地方，就是人類生命開始之處。「我隱約直覺到，追蹤動物的能力就是科學本身的源起。」路易說。那麼最佳的研究對象，當然就是喀拉哈里沙漠的布希曼人了。他們不但是追蹤動物的高手，而且還是史前生活的活樣本。

於是二十二歲的路易決定從大學輟學，在布希曼人身上測試他的理論，寫下自然史新的一章。這個野心勃勃的計畫實在瘋狂，因為大學中輟的他完全缺乏人類學經驗、野外求生技能、還有科學研究方法。他不會講布希曼人的母語，也不會布希曼人使用的南非荷蘭語，他甚至對「動物追蹤」這個研究目標一無所知。但這又有什麼關係？路易聳聳肩，逕自出發。他找到一個會說南非荷蘭語的翻譯，連絡了幾個狩獵嚮導和人類學家，最後終於踏上貫穿喀拉哈里沙漠的公路，穿過了波茲瓦納、那米比亞……還有其他未知的地方。

跟斯格特的遭遇一樣，路易很快就發現時間是他最大的敵人。「我一個村莊又一個村莊地找用弓箭狩獵的布希曼人，因為這樣的人才懂得追蹤野獸。」路易告訴我。但布希曼人古老的獵場已經被獵捕大型野獸的獵遊者與大農場佔據，所以他們放棄了過去居無定所的生活方式，改住在政府的安置區裡。布希曼人的衰落令人心痛：過去漫遊在大自然間的他們，現在許多人只能靠農場奴工般的薪水過活，眼睜睜地看著姊妹或女兒淪落至卡車休息站的娼館。

路易持續尋找，深入喀拉哈里沙漠，終於碰見一小群不向環境低頭的布希曼人。據他所說，這些人「堅持保有自由與獨立，不願從事卑微的勞力工作或賣淫」。事後證明，尋找最後獵人的任務的確只有六十億比一左右的成功率，因為在整個喀拉哈里沙漠中，真正的獵人也不過只有六名。

這些不向命運低頭的人允許路易留在他們身邊，而路易也盡量把握這個機會。路易安頓下來後，表現得就像那些失業的布希曼人一樣，沒有工作也沒有出路，足足在他們身邊蹲了四年。路易這個在開普敦長大的城市小子，學會了布希曼式的飲食方式，吃的是根莖類、莓果、豪豬，還有長得像老鼠的跳兔。他學會就算天氣再熱也要保持營火燃燒，並且永遠拉上帳篷拉鍊，因為成群的鬣狗會將人從開放的遮蔽處拖出來，咬斷人類的喉嚨。他還學會如果碰上憤怒的母獅帶著幼獸，最好站穩腳步逼她後退，但同樣的情況要是換成犀牛，則拔腿狂逃就對了。

最有效率的老師是求生。每天光是設法填飽肚子，還得注意不要惹毛其他動物，像是在猴麵包樹下交配的黑背胡狼，就足以讓路易開始學習追蹤大師的神奇技巧。他學會觀察成堆的斑馬糞，看出哪一團糞便屬於哪隻動物；他也發現腸道有不同的脊狀和構紋，會在糞便上留下獨有的形狀。學會分辨斑馬糞後，即使在大量成長的獸群中，他也可以靠獨特的糞便形狀連續追蹤特定的斑馬好幾天之久。路易學會觀察狐狸留下的完整痕跡，重建牠在那裡到底做了什麼事：這裡，牠正慢慢移動，用嗅覺搜尋老鼠和蠍子；看，牠就是從這裡嘴裡叼著東西離開。被掃過的泥土告訴他鴕鳥在哪裡作過沙子浴，還可以讓他沿著痕跡回頭找到鴕鳥蛋。狐獴習慣在硬地上築巢，所以牠們為何在此地鬆軟的沙地往下挖？一定是因為下面有一窩美味的蠍子……

就算學會判讀泥土上的痕跡，你還是什麼都沒學到。下一個階段是在沒有線索時仍然能追蹤，也就是較高層次的推理，在文獻中稱為「推斷狩獵」（speculative hunting）。路易發現，要達到這樣的層次，只能將自己抽離現實，看向未來，讓自己進入追蹤目標的心靈裡。一旦學會像別種生物一樣思考，你就能預測牠的下一步動作，在牠還沒動作時就先一步反應。聽起來像好萊塢電影嗎？顯然你也看了不少有關FBI的電影，裡面側寫專家的預測能力簡直到了不可思議的境界，甚至可以「從殺人犯的眼裡看出去」。但在喀拉哈里沙漠的平原上，進入其他動物的思考模式是非常實際、具有驚人殺傷力的技巧。

「追蹤動物時，你必須試著像動物一樣思考，預測牠們下一步會往哪裡去。」路易說：「看著牠們留下的痕跡時，動物當時的動作在眼前浮現，你的身體甚至可以感覺到牠們的動作。你進入一種出神的狀態，注意力高度集中。這樣的狀態其實很危險，因為你失去了對自己身體的感覺，不斷集中心神，最後可能會累到倒下。」

在腦中重現動作……溶入感覺……抽象思考與預測未來……這不就是我們運用在科學、醫藥、還有創作藝術上的心智能力嗎？「追蹤動物時，你在腦海中建立起因果關係，但你並未親眼見到動物的動作。」路易有了這樣的體會。「這就是物理學的基本精神。」靠著推斷狩獵，原始的人類獵人超越了只組織眼前線索的境界；現在他們可以在腦中描繪出看不到的線索。

有一天早上，布希曼族中的四人——名字分別是納特、納卡比、喀亞特、巴洛——在天亮前喚醒路易，邀他加入一場特別的狩獵。別吃早餐，他們警告他，喝水喝到你灌不下為止。路易匆匆灌了一杯咖啡，穿上靴子，跟在獵人們身後，一起快步穿過黑暗中的大草原。太陽昇起了，熾熱的陽光開始燒灼他們的頭頂，但獵人們沒有停下腳步。走了二十英里後，他們終於看見一群條紋羚，一種特別矯捷的羚羊。直到這時布希曼人才開始奔跑。

路易站在原地不知所措。他知道布希曼人用弓箭狩獵的模式——腹部貼地，匍匐前進至射程內，放箭。但他們現在到底在搞什麼鬼？他聽說過耐力狩獵的事，但認為耐力狩獵的故事比較像是偶發行為，或者根本是在撒謊。獵物也許真的在逃命時衰竭而死，但整件事也可能根本就是胡說八道。這些傢伙不可能光靠雙腳就抓到這些條紋羚。門都沒有。但就在他不斷在心裡複誦「不可能」時，布希曼人已經跑得越來越遠，所以路易不再多想，也跟著跑了起來。

「我們就是這麼做的。」納特對趕上前來氣喘吁吁的路易說道。四名獵人迅速但輕鬆地跑在條紋羚後面，條紋羚羊群不斷跳躍，每當牠們跑進植物叢時，一名獵人就會繞過去將羚羊趕回太陽下。羚羊群會散開，重新組合，然後再散開，但四名獵人鎖定一隻羚羊追趕，每當牠想衝入羊群時就阻擋住去路，當牠想休息時就將牠從樹叢裡趕出來。如果他們不確定該追趕哪一隻羚羊，就會俯身觀察地面的痕跡，再修正他們的目標。

路易喘著氣追在他們身後時，卻驚訝地發現納特（他是布希曼人中最強壯也最熟練的獵人）跟他一起跑在後頭。其他人身上都有帶水壺，但納特卻沒有。追逐一個半小時後，路易搞清楚為什麼了：當其他年紀較大的獵人撐不下去，落在後頭時，就把身上的水壺交給納特。納特將水喝光，等到第二個人落後時再將空壺交給他，拿走他身上半滿的水壺。

路易在最後頭踉蹌地跑著，決心要將狩獵過程從頭到尾看完。腳上笨重的叢林靴讓他後悔極了；布希曼人的傳統鞋子是長頸鹿皮做的輕巧莫卡辛鞋，但現在他們穿的是輕薄的運動鞋，有助跑步時腳的散熱。路易覺得自己的狀況就跟被追趕的動物一樣糟。他看著那隻條紋羚像喝醉酒般搖搖晃晃……牠前腿膝部彎下，然後又伸直……似乎恢復精力，跳了幾步……最後終於倒在地上。

路易也一樣。走到倒下的條紋羚身邊時，他的體溫已經高到停止排汗，隨即臉部朝下，重重栽進沙子裡。「全神貫注狩獵時，你會不自覺把自己逼到極限，無法意識到自己已經筋疲力竭。」路易後來解釋。就某方面來說這是項勝利：路易成功地進入了獵物的心靈，彷彿自己正被追趕般奮力奔跑。但他失敗的地方在於沒有回頭檢查一下自己的腳印。狩獵時很容易忽視自己的身體狀況，所以布希曼人很早以前就學會固定回頭檢查自己的腳印。如果腳印看起來跟羚羊一樣凌亂，他們就會停下來，洗洗臉，含一口水，讓水慢慢滑下喉嚨。喝完水後，他們會走上幾步，看看自己的腳印是否正常。

路易頭痛欲裂，乾燥的眼睛開始模糊。他只能勉強算得上清醒，但這樣已經足以讓他緊張不已。他正躺在華氏一百〇七度高溫的沙漠中，知道現在只有一個方法能保住性命。他摸索拿出腰帶上的小刀，然後靠向死去的羚羊。如果能劃開羚羊腹部，他就能喝羊胃裡的水。

「等等！」納特阻止了路易。條紋羚跟其他羚羊不一樣，吃的是金合歡葉，對人體有毒性。納特告訴路易再等一會兒，然後跑向別處去。儘管納特已經快走了二十英里，跑了十五英里，仍然有辦法再跑十二英里為路易取回飲水。但他不讓路易直接喝水，而是先潑濕他的頭，再為他洗臉，直到路易的皮膚溫度下降後，納特才讓他小口小口地啜水。

被納特攙扶回營地後，路易不禁對耐力狩獵無情的效率驚嘆不已。「這樣打獵比弓箭有效率多了。」他評論說：「用弓箭要嘗試許多回才能成功一次。射中獵物後還是可能被牠溜走，禿鷹也可能嗅到血腥氣，比你先抵達獵物倒地的地方。要不然就是箭頭上塗的毒藥得花上一整晚才會生效。在狩獵的天數相同的情況下，耐力狩獵的報酬率高多了。」

一直到第二次、第三次、第四次耐力狩獵後，路易才知道自己第一次有多幸運，因為只過了兩個小時，羚羊就倒斃了。通常布希曼人總得跑上三到五小時才能成功（所需時間恰好與現代版本的耐力狩獵——馬拉松——差不多。可見，人類的娛樂並非出於偶然。）

想當成功的獵人，路易必須先打造自己成為成功的跑者。中學時他曾是出色的中距離跑步選手，贏過一千五百公尺金牌，以極小的差距獲得八百公尺銀牌。但為了趕上布希曼人，他必須丟掉現代教練教給他的所有東西，從古代跑法取經。過去在賽場上，他可以垂著頭用力跑，現在成了布希曼人的見習生後，他必須抬起頭來，細心感覺自己的每一步。過去不顧疼痛蠻幹的跑步方式不管用了，現在他的全副精神都用在處理即時事件——砂粒的磨擦，額上的汗水；還有想像中的事件——他必須在心中模擬獵物的動態，搶先一步行動。

這樣跑步的速度不算太快。布希曼人平均十分鐘可以跑完一英里，但途中必須穿越許多軟綿綿的沙地與灌木叢，偶爾還得停下來研究地面痕跡。快速衝刺仍然可能用到，但他們懂得如何在衝刺之後慢下來，用慢跑來恢復體力。這是必須具備的技巧，因為耐力狩獵就像是已經站上起跑點，卻還不知道自己要跑的是半馬還是全趟馬拉松，或是距離更長的超馬賽。不久之後，跑步對路易來說就像行走對別人來說一樣簡單。他學會放鬆身體，讓雙腿以輕快的節奏小跑前進。這樣跑步成了不費力的基礎動作，讓他有餘力在必要時快速衝刺。

他的飲食習慣也改變了。採集游牧的生活當中沒有時間表可言，採了一整天的薯類後你也許已經累壞了，正慢慢走回家去。但只要奔跑的獵物進入你眼簾，你還是得丟下一切追上前去。於是路易學會像草食動物般持續進食，每次吃得不多，而不是在固定時刻把自己一次撐飽。他也學會絕不讓自己口渴，每天都過得像是處於已經開跑的比賽當中。

喀拉哈里的夏天逐漸轉涼，時序進入冬季，狩獵仍然持續進行。美國猶他州與哈佛的學者們在「奔跑一族」理論中錯估了一件事：耐力狩獵中讓獵物致死的不是體溫，而是聰明的布希曼人觀察到了動物的作息，可以在任何氣候中靠奔跑打獵。雨季時，小型的潛羚和體型較大、擁有矛狀長角的劍羚會因過熱致死，因為潮濕的沙地會使蹄子外滑，牠們揮舞四足跑步時必須用更多力氣。而體重四百磅的紅麋羚在有半個人高的草叢中如魚得水，可是冬天乾季裡草不見了，牠們因此暴露在外，易受攻擊。滿月時羚羊會通宵活動，天亮時疲憊不堪；春天剛到時，大嚼綠葉會使牠們因腹瀉變得虛弱。

當路易從沙漠歸來，開始寫作《追蹤的藝術：科學的源起》一書的時候，長途跑步對他來說已經是輕而易舉的事。他的著作幾乎沒有提及跑步或狩獵的體能條件，反而著重探討狩獵的心智要求。後來他偶然看見那期的《自然》雜誌，終於瞭解自己在喀拉哈里沙漠見到的場景有何等重大意義，於是撥了那通到猶他的電話。

人類為什麼要跑馬拉松？他問布蘭博教授。因為跑步深植在人類的集體想像中，而我們想像力的起源就是跑步。語言、藝術、科學、太空梭、梵谷的名畫《星夜》、血管內手術，這一切都奠基於我們奔跑的能力。跑步正是標記我們身為人類的超級能力——凡是人類都具備的天生能力。

「那為什麼有這麼多人討厭跑步？」路易和布希曼人的故事到尾聲時，我問布蘭博教授：「如果人類天生就該跑步，不是應該人人都要樂在其中嗎？」

布蘭博教授沒有直接回答，反而從另一個謎題講起。「這現象的確很有趣。」他說道：「我們記錄了二〇〇四年的紐約市馬拉松賽，比較不同年齡選手的表現。我們發現從十九歲開始，選手的速度越來越快，跑得最快的年齡是二十七歲。過了二十七歲後選手速度開始下降，那麼問題來了——要退步多久，你的速度才會回到十九歲時的水準？」

好吧，我算算。我在筆記本裡找個空白頁，開始加加減減。從十九歲開始，過了八年你才達到二十七歲時的巔峰水準。如果你進步的速度跟退步的速度一樣快，那麼應該在三十六歲時回到十九歲的水準。但我知道事情多半沒這麼單純，關鍵在我們退化的速度是否跟成長的速度相同。「達到巔峰後多半可以維持一段時間。」我推測道。運動名將卡立德・坎諾契在二十六歲時打破馬拉松世界紀錄，三十六歲時仍然快到足以在二〇〇八年美國奧運預賽中拿到前四名。儘管多次受傷，但十年後他的成績只退步了十分鐘。為了表示對坎諾契成就的敬意，我將答案往後延到四十歲。

「四十……」我開口道，但布蘭博嘴角浮出一絲笑意，所以我連忙再加上「五」這個音。「我猜是四十五。」

「錯了。」

「五十？」

「不對。」

「不可能是五十五吧？」

「沒錯，不可能是五十五。」布蘭博說道：「答案是六十四。」

「你說真的嗎？這樣是——」我在紙上匆匆計算。「足足隔了四十五年！你是說十幾歲的少年跑不贏有三倍年紀的老傢伙嗎？」

「很神奇對吧？」布蘭博道。「還有哪項運動可以讓六十四歲與十九歲的選手同場競技？游泳？拳擊？差得遠了。人類真的有某些特殊之處，我們不但很會長跑，而且還能維持一段極長的時間。我們天生就是跑步機器，而且這機器還沒有磨損的問題。」

人不是因為衰老才停止跑步，「迪普西怪物」總是這麼說，**而是因為停止跑步才衰老**。

「而且這個現象兩性皆然。」布蘭博繼續說道。「女性的成績也有同樣的現象。」這也挺有道理，因為自從人類脫離樹上生活後，一項奇怪的變化發生了：我們越是接近現代人類，兩性的外形就越是一致。男人跟女人的體形基本上相當，至少跟其他靈長類比較起來是如此。雄性大猩猩的體重，比雌性高出兩倍；雄黑猩猩體型則比雌性足足大了三分之一。但人類當中男性與女性的體型差異只有微不足道的百分之十五。在演化過程中，我們拋棄多餘的肌肉，變得更加結實，更懂得合作……基本上更近似女性。

「女性實在是被低估了。」布蘭博表示。「演化過程中她們一直居於劣勢。我們一貫的偏見是女性守在家中，等男人帶回食物，但其實她們完全適合加入狩獵隊伍。」事實上，女性不參加狩獵才顯得奇怪，因為她們才真正需要肉食。人體最需要動物性蛋白質的期間包括嬰兒期、孕期、哺乳期。所以女性才應該盡可能接近肉食來源。靠打獵採集維生的游牧民族隨著動物遷徙改變營地，不太可能拖著食物回營地。所有人都參與打獵顯然是比較合理的生活形態。

一邊跑步一邊照料孩子也並不是那麼困難。看看美國超馬選手卡蜜．塞密克就知道了。她喜歡讓四歲的女兒布朗妮坐在背包裡，背著女兒在奧瑞岡州班德鎮附近的山徑上練跑。新生兒呢？沒問題：二〇〇七年的硬石百英里賽中，艾蜜莉．貝爾在每處急救站都停下來讓剛出生的兒子吸奶，最後仍然打敗了九十名男女選手，獲得第八名。布希曼人已經不再過游牧生活，但剛果的姆布地匹美人仍然保持著男女共獵的傳統，丈夫與妻子會一起帶著網子，併肩追捕大林豬。「女性有能力在打獵中途開始生產，然後同一天內再次加入圍獵。」在姆布地人當中生活多年的人類學家柯林．托爾布記述道。「所以女性們也是盡全力參與狩獵。」

布蘭博教授對史前時代的敘述生動又鮮明。我眼前彷彿出現了一群獵人——老老少少，男男女女——在大草原上奔跑，不知疲倦為何物。女性一馬當先，帶著其他人跑向她們收集柴火時發現的動物痕跡，年老的男性則落在後頭，眼光注視著地面，意識已經飄往半英里外的羚羊腦裡。緊跟在他們身後的是半大不小的孩子，迫切地想多學點訣竅。再來是最健壯的男人們，這些二十來歲的年輕人是最強壯的跑者與獵人，他們注視著領頭的女性，準備將力氣留到最後的獵殺。待在最後面的是誰呢？是照顧小孩的女性們，身上背著自己的兒女與孫輩。

說到底，人類除了能一味猛跑，互相幫助外，哪裡還有什麼長處呢？在靈長類當中，人類是最懂共享也最能合作的物種。在充滿獠牙利爪的世界裡，團結是我們唯一自衛之道，面臨生活中最重大的挑戰——獵食時，我們當然更會互助合作。塞里印第安人已經不再過著耐力狩獵的日子了，他們曾對斯格特．凱瑞爾說：「過去的日子比較好。什麼事都是所有人一起完成，群體就是我們的大家庭。我們共享一切，合作無間，但現在到處都是爭吵與口角，大家變得自私自利。」

奔跑不但讓塞里人成為一體，而且就像魏吉爾教練後來在自己的選手身上發現的，跑步讓他們變成更高尚的人。

「但問題來了。」布蘭博教授說道，一邊拍著自己的前額：「而且就在這裡。我們最了不起的才能，也創造出可能毀滅我們的怪物。跟所有自然界的有機體不同，人類有互相衝突的身體與大腦。我們的身體是為了勞動而建造，但大腦卻不斷在尋找省力的方法。」耐力是決定我們生死的關鍵，但記住，要延長耐力就必須節省精力，而這正是大腦的專長。「有些人發揮了跑步的天賦，有些人沒有，這全是因為大腦的精打細算。」

過去幾百萬年來，我們都生活在沒有警察、沒有計程車、沒有達美樂披薩的世界裡，只能靠雙腿求得安全、食物與交通，而且你還不能一次只解決一個問題。就拿納特跟路易第一次野外狩獵來說好了，納特顯然沒預料到快走半天、奔跑打獵之後，他還得馬上快跑十幾英里去替路易找水，但他仍然儲備了足夠精力來救路易一命。他的祖先也同樣無法預知自己捕得的獵物，會不會馬上變成其他野獸的目標；他們從清晨開始追逐的羚羊，可能會引來其他猛獸，迫使獵人們丟下午餐，落荒而逃。要生存唯一的辦法就是隨時留下餘力，這就是大腦扮演的角色。

「大腦總是隨時計畫著如何節省成本，用較少成本獲得較高報酬，如何保存精力，應付緊急時刻。」布蘭博解釋：「這就像你有一台精巧的機器，而且控制它的人不斷想著：『好吧，我能不能不花任何燃料操作這台寶貝呢？』你我都瞭解跑步的滋味有多美妙，那是因為我們有意識地培養這種習慣。」但如果沒有這習慣，那我們腦海中最響亮的聲音就會是原始的求生本能，要我們放輕鬆，休息一下。這就是矛盾之處所在：我們驚人的耐力為大腦取得了成長所需的食物，但現在大腦卻開始妨害我們的耐力。

「我們身處的文化把耗力的運動視為瘋狂，」布蘭博教授說道：「因為大腦就是這樣告訴我們：沒有必要的話，何必開動機器？」

平心而論，在演化史上，百分之九十九的時間大腦都是對的：坐著休息是難得的奢侈，只要有機會可以休息恢復體力，千萬別放過。直到近代我們才發展出新科技，讓無所事事變成新的生活型態。我們的身體原本肌肉結實，習慣長跑，適合過採集狩獵的生活，我們卻將它移植到慵懶的人工世界裡。將生命體丟進陌生環境會有什麼結果呢？美國太空總署的科學家在人類剛開始進行太空飛行前，也有同樣的疑問。人體原本就適合生活在有地心引力的環境，拿掉重力對太空人來說也許就像是一頭栽進青春之泉，可以讓他們變得更強壯、更聰明、更健康。畢竟現在他們吸收的每分能量都可全部用在大腦與身體組織上，不必耗在對抗永不止息的地心引力上。這樣想對吧？

大錯特錯。太空人回到地球後，短短數天內像是老了幾十歲。他們的骨頭變得脆弱，肌肉萎縮，而且還有失眠、憂鬱、極度疲倦、無精打采的症狀，甚至味蕾也有退化的現象。回想一下一整個週末在沙發上看電視的感覺，你就能體會那種滋味，因為我們在地球上也給自己創造了一個無重力的小環境。我們剝奪了身體原本的任務，而且也因此付出代價。幾乎所有西方世界的前幾名死因——心臟病、中風、糖尿病、憂鬱症、高血壓，還有其他各種癌症——都是我們的老祖宗沒見過的東西。他們雖然沒有現代醫學，卻有顆治病的萬靈丹。也許該說是兩顆，因為布蘭博教授伸出了兩根手指頭。

「只要有了這個，什麼傳染病都流行不起來。」他說道。他先比了個V字手勢，然後慢慢擺動手指，直到兩根手指看起來像是奔跑中的雙腿。奔跑的人腿。

「就這麼簡單。」他說道。「只要動動你的腿就行了。如果你不相信人類天生就該跑步，你不但否認了歷史，也否認了你自己。」

第二十九章

過去永遠不死，甚至從未成為過去。

——威廉・福克納，《修女安魂曲》（Requiem for a Nun）

卡巴羅到我們前時我已經醒了，正瞪著眼前的黑暗沈思。

「大熊？」他輕聲問道。

「進來吧。」我也低聲回答。我眨眨眼睛，看向手錶：凌晨四點三十分。

再過半小時我們就要出發與塔拉烏馬拉人碰面。卡巴羅已經在幾個月前跟他們講好，要在巴托畢拉斯山某條小徑有樹蔭的山谷處會合。預定的路線是會面後繼續往山上爬，抵達山頂後從另一頭下山，越過河流前往小鎮烏里克。我不知道塔拉烏馬拉人要是沒有出現的話，卡巴羅該怎麼辦；也不知道他們要是真的來了，我又該怎麼辦。

騎馬的旅人一般要用三天才能從巴托畢拉斯走到烏里克，卡巴羅卻打算用一天走完這段路。如果我落後掉隊了，這次在峽谷中迷路的人會是我嗎？要是塔拉烏馬拉人沒有來，卡巴羅會帶著我們進入荒野尋找他們嗎？他會知道自己正在往哪裡走嗎？

這些念頭讓我無法入睡。但事實上卡巴羅也有自己的煩惱。他走進屋裡，坐在我的床邊。

「你看那兩個年輕人撐得下去嗎？」

儘管珍和比利差點在峽谷裡丟了小命，但這兩人卻健康到驚人。那天晚上他們飽餐了一頓烤餅與豆子，晚上廁所裡也沒有傳出任何身體不適的聲響。

「梨形鞭毛蟲症的潛伏期是多久？」我知道這種寄生蟲會先在腸道裡孵化，一陣子後才會引起腹瀉、發燒、胃絞痛等症狀。

「一兩個禮拜。」

「那只要今天早上他們沒有因為別的毛病倒下，應該可以撐到比賽完。」

「嗯。」卡巴羅喃喃道。「也對。」他停了下來，顯然正在斟酌別的事。「聽著，」他繼續說：「我要跟赤腳泰德把話挑明了講。」這次的問題不是他的赤腳，而是他的大嘴巴。「他要是把族人逼得太緊，會讓他們覺得不自在。他們會把他看成費雪第二，於是逃離現場。」

「那你要怎麼辦？」

「我要警告他好好閉上他的大嘴巴。我不喜歡對人發號施令，但這次非讓他聽懂不可。」

我起身下床，幫他叫醒其他人。前晚卡巴羅的一個朋友已經用驢子把我們的行李載到烏里克去，所以我們只要背負途中需要的食物跟飲水就行了。鮑伯・法蘭斯，那位擔任野外嚮導的老人家，主動提出要用他的四輪傳動小卡車載路易的爸爸過山，省下他爬山的辛苦。其他人則迅速準備就緒，五點時我們已經出發上路，一邊注意地上的石塊，一邊往河邊前進。峽谷的月光在水面上閃爍，蝙蝠還在頭上盤旋，這時卡巴羅已經帶我們抵達一條沿著河岸前進的隱約小徑。我們排成一列，開始以輕鬆的速度跑了起來。

「這兩個新新人類可真不賴。」艾瑞克說道，一邊看著他們在卡巴羅身後輕快地跑著。

「你可以改叫他們『東山再起小子』了。」我附和道：「不過卡巴羅最擔心的還是——」我指向赤腳泰德。他的跑步行頭包括紅色短褲、綠色五趾套，還有脖子上一串肖真人骨項鍊。他沒有穿T恤，只披上一件紅色雨衣，頭套的部位在下巴處打結，衣服的其他部份則像披風一樣垂在肩上。最後，他的腳踝上還有一串鈴鐺叮叮作響，因為他不知從哪聽說塔拉烏馬拉老人都戴著鈴鐺。

「好傢伙。」艾瑞克微笑道。「現在我們也有自己的巫醫了。」

太陽出來時，我們已經離開河邊，開始往山裡前進。卡巴羅將速度拉得非常快，比我們昨天還要吃力得多。我們邊跑邊吃東西，匆匆嚼著烙餅與能量棒，而且小心翼翼控制啜水的次數，以防路上沒有其他水源。天色亮到可以看清四週後，我轉身往後看，想弄清楚週遭的地勢。村子已經像傳說故事場景般消失在森林裡，連我們剛通過的小徑，彷佛也在我們踩過後迅速隱沒回到綠蔭中，感覺我們像是正在沉進深不見底的綠海裡。

「就在不遠處了。」我聽見卡巴羅說道。他正指向一個我還看不清楚的地方。「看到那一片樹林了嗎?他們就在那裡等。」

「傳說中的阿納佛，」路易說道，聲音中充滿崇敬：「比起麥可喬丹，我更想見他。」

我跑近之後也看到了那片樹林，但那裡什麼人都沒有。

「流行感冒正嚴重得很。」卡巴羅說著，一邊慢下來，頭往後略仰，瞇著眼往前方的山丘仔細看，尋找人影。

「他們有些人可能會晚點到。也許他們生了病，或是得照顧倒下的家人。」

艾瑞克和我互望了一眼。卡巴羅之前從來沒提過流行感冒。我將攜水背包從背上拿下，打算找個地方坐著休息。搞清楚下一步怎麼辦前，最好先休息一下，我心裡想著，邊將背包放到腳旁。但當我抬起頭時，身邊已經多了六、七個人，身穿白裙子與寬鬆的長襯衫。就這麼一眨眼的工夫，他們已經從樹林中憑空出現在我們眼前。

我們僵在原地，吃驚得說不出話來，等著卡巴羅下一步指示。

「他來了嗎？」路易悄聲問道。

我環視這些塔拉烏馬拉人，然後看見一張古銅色英俊面孔，上面有著熟悉的神秘微笑。哇！傳說中的阿納佛真的來了！更令人吃驚的是他的親戚，西爾瓦諾，也站在他身旁。

「就是他。」我低聲答道。阿納佛聽見我的聲音，朝我望來。認出我時他的嘴角微微一動，露出淡淡的微笑。

卡巴羅激動不已。一開始我還以為是因為他鬆了一口氣，但他踏上前去，雙手伸向一名表情憂鬱的塔拉烏馬拉跑者。「馬努爾！」卡巴羅喚道。

馬努爾．魯納臉上沒有微笑，但他也伸出雙手包住了卡巴羅的手。我走上前去。「我認識你兒子，」我說：「他對我很和善，是個真正的紳士。」

「他跟我提過你，」馬努爾答道。「他原本也想來的。」

卡巴羅與馬努爾真摯的會面，讓其他人也打破隔閡。同行者紛紛逐一與塔拉烏馬拉人交換卡巴羅教過的特別握手禮——彼此的手指輕輕擦過，跟我們熟知的西式大力握手比起來，不但沒那麼緊抓不放，也更顯得親切。

卡巴羅開始介紹我們，但不是用我們的真名。事實上，從這時起他就再也沒叫過我們的原名。過去三天來他一直在觀察我們，就像他之前在我身上看到大熊，赤腳泰德在自己身上看到猴子一樣，卡巴羅自認也看出了其他人的靈魂動物。

「這是郊狼。」他邊說邊拍著路易的背。比利成了「年輕的小狼」，安靜又觀察入微的艾瑞克則是「老鷹」。介紹到珍時，我發現馬努爾的眼裡閃過一絲好奇與興趣。「漂亮小女巫。」卡巴羅稱呼她道。塔拉烏馬拉族人都還記得他們到美國參加里德維爾賽事的那兩年輝煌戰績，也記得族人璜恩與「女巫」安．崔森之戰，這幾乎已經是傳誦不絕的故事了。對他們來說，稱一個年輕跑者「漂亮小女巫」，就跟在NBA的世界裡稱新人「喬丹第二」一樣聳動。

「珍真的是安．崔森的女兒嗎？」馬努爾問道。

「血緣不同，但靈魂一樣。」卡巴羅答道。

最後卡巴羅終於介紹到史考特。「大鹿。」他說道。連冷靜的阿納佛都因這名字而震動。這個瘋狂的美國佬是在說些什麼？卡巴羅為什麼要稱又高又瘦、神態鎮定自若的史考特「大鹿」？他是在給塔拉烏馬拉人某些暗示，教他們比賽當天該採取什麼策略嗎？馬努爾還記得很清楚，在美國參加里德維爾賽時，卡巴羅是如何教塔拉烏馬拉耐心跟在安．崔森後頭，「像獵鹿一樣追到她倒下」。但難道卡巴羅會偏袒塔拉烏馬拉人，扯美國同胞史考特的後腿嗎？也許這是個陷阱——卡巴羅搞不好想騙塔拉烏馬拉人不要拿出全力，但背地卻打算讓這美國人一口氣拉開差距……

對塔拉烏馬拉人來說，這一切顯得神秘、複雜，卻又趣味橫生。他們對賽跑策略的熱衷幾乎跟啤酒相當。這時赤腳泰德插了進來。卡巴羅不知是出於無心或不想自找麻煩，並沒有介紹赤腳泰德，所以泰德乾脆自我介紹。

「我是猴子！」他大聲說道。等等，赤腳泰德心想，墨西哥有沒有猴子？也許塔拉烏馬拉人沒看過猴子。為了以防萬一，他開始像猩猩一樣吼叫抓撓，腳上的鈴鐺叮噹作響，紅色雨衣的袖子甩到他臉上。大家都不曉得泰德在模仿什麼，但泰德似乎以為這樣就可以傳達出他的意思。

塔拉烏馬拉人目瞪口呆。他們當中剛好沒有人戴鈴鐺。

「好吧。」卡巴羅道，急著給這齣鬧劇畫下句點。「走吧？」

我們重新背起背包。我們已經持續爬坡將近五個小時，但如果要在天黑前抵達河邊，一定得趁天色亮時繼續趕路。卡巴羅在前領路，我們其他人則混在塔拉烏馬拉人當中重新排成一列。我本來想到最後面，免得拖慢其他人速度，但西爾瓦諾說什麼也不聽，一定要我先走他才肯動身。

「為什麼？」我問道。

只是習慣，西爾瓦諾答道。他是峽谷中頂尖的踢球跑者，習慣從後方觀察隊友的表現，看隊友的實力來決定比賽的速度，等到時間差不多了，他再全力衝刺最後數英里。聽他這一講，好像把我算進了美國／塔拉烏馬拉族混編超馬明星隊，讓我高興不已。但我將這段話翻譯給艾瑞克聽時，他卻有不同解讀。

「也許是你說的這樣。」艾瑞克說道。「不過也許比賽就從此刻開始。」他示意我看向前方。阿納佛就走在史考特正後方，正全神貫注地觀察著他。

第三十章

詩、音樂、海洋、孤獨……這些東西都能培養強大的精神力。我已經瞭解，精神跟體能一樣，必須在比賽前加以調整。甚至，在比賽前更應該調整精神。

——賀布・艾略特（Herb Elliott），奧運金牌選手，世界一英里賽跑紀錄保持人。他赤腳進行訓練，還創作詩篇，最後以全勝紀錄退休。

「喂，大熊！」一名店主叫道，招手要我進去。

抵達烏里克兩天後，全鎮都知道了卡巴羅為我們取的靈魂動物綽號。當然囉，「整個鎮」指的不過是方圓五百碼內，因為烏里克是個遠離塵世的小鎮，就像泉水底部的小圓石般，獨自座落在峽谷底部。第一天早上吃完早餐後，我們已經完全融入了鎮上的社交生活。駐紮在小鎮外圍的士兵巡邏經過時會對珍敬禮，喊道：「妳好，小女巫！」孩子們則對赤腳泰德喊道：「早安，猴子先生。」

「喂，大熊，」店主繼續說：「你知道阿納佛從來沒輸過嗎？你知道他曾經連續贏得三次一百公里賽跑嗎？」

不管是肯塔基賽馬、總統選舉或是名流謀殺案，全都比不上卡巴羅的比賽在烏里克居民間掀起的熱情與關注。這個採礦小鎮本身的榮光在一世紀之前就已結束，現在居民只剩兩件事情可以引以為傲：當地險惡無比的地形，還有他們的塔拉烏馬拉鄰居。現在破天荒有一群異國跑者大老遠跑到這裡來，準備同時挑戰兩者。居民的熱情一發不可收拾，這已經不是單純的比賽，而是他們畢生難逢，可以讓外界瞧瞧本地人氣魄的機會。

連卡巴羅也大吃一驚。他的比賽已經遠超出期望，簡直可以說是這群跑者眼中的終極格鬥賽。過去兩天來，來自四面八方的塔拉烏馬拉族跑者不斷三三兩兩湧入小鎮。我們穿過巴托畢拉斯山抵達的隔天早上，看見一小群當地的塔拉烏馬拉人從村子旁的山丘慢慢走下。連卡巴羅都不知道烏里克當地的塔拉烏馬拉人是否仍然維持跑步的習慣。他原本擔心，政府將此地泥土路鋪上柏油後，附近的塔拉烏馬拉人就從優秀跑者成了只會搭便車的人，就跟當年亞巴布宜納村落的悲劇一樣。眼前這些人看來的確已經變了；烏里克鎮的塔拉烏馬拉人仍然帶著球賽的木棍（當地的球賽比較像高速的野外曲棍球），但他們身上穿的不再是白裙與涼鞋，而是天主教會發的運動短褲與跑鞋。

那天下午，兩個人的出現讓卡巴羅興奮不已。一個是五十一歲、從奇尼諾鎮一路跑來的赫布里托，另一人則是四十一歲的納丘，是赫布里托鄰村的頂尖跑者。赫布里托原本因流感臥病在床，正如卡巴羅所擔心的一樣。但他是卡巴羅最早交到的塔拉烏馬拉族朋友，實在不願錯過比賽，所以身體稍微一恢復，他便抓起一袋皮諾爾，獨自踏上來到此地的六十英里路，只在順道找納丘參賽時才停了一會。

到比賽前一天，參賽人數已經從八人暴增到二十五人。烏里克的大街上隨處可以見到人們熱烈爭辯誰才是真正的種子選手：是熟知美國與塔拉烏馬拉跑步秘密、經驗豐富又聰明的卡巴羅嗎？還是本地小徑的專家，擁有主場優勢，將為家鄉榮譽奮戰的烏里克鎮塔拉烏馬拉人？有些人將賭注押在小狼「蠢蛋」比利身上，因為每當他到烏里克河裡游泳時，衝浪選手般健美的身材總是吸引不少讚嘆的目光。但最受街頭民眾歡迎的還是兩大明星：銅峽谷之王阿納佛，還有大鹿——神秘的異國挑戰者。

「我知道，先生，」我回答店主道。「阿納佛曾在峽谷裡贏得三次一百公里賽跑，但大鹿曾經在山區七次贏得一百英里賽跑。」

「但峽谷裡熱得很。」店主反駁：「那些塔拉烏馬拉人，越熱跑得越快。」

「沒錯，但大鹿曾經在夏天裡穿越一個叫死亡谷的沙漠，贏得一場一百卅五英里的比賽。他的紀錄至今無人能破。」

「沒有人能打敗塔拉烏馬拉人。」店主堅持。

「我也是這麼聽說。所以你在誰身上下注呢？」

他聳聳肩。「大鹿。」

烏里克的鎮民從小就熟知塔拉烏馬拉人超凡的能力，但眼前這個穿著鮮豔橘鞋的高大美國佬實在是前所未見。史考特和阿納佛併肩奔跑的畫面令人看了不禁全身發毛；儘管史考特從未見過塔拉烏馬拉人，阿納佛也從未見過外面的世界，文化環境相差兩千年的兩人不知怎地卻學會了同樣的跑法。他們分別從歷史的兩端開始學習奔跑的技巧，恰好在正中央相會了。

我是在巴托畢拉斯山裡頭一次注意到這件事。那時我們好不容易攀到山頂，小徑繞著山勢曲折向下，坡度變得比較平緩。阿納佛沒有放過地勢變平的機會，開始加速衝刺，史考特則緊跟在他身旁。隨著小徑往日落的方向延伸，兩人彷彿消失在餘暉裡，有一瞬間我竟然分不出他們兩人——眼前是兩個耀眼的身形，以同樣的節奏與優雅之態，和諧地跑著。

「拍到了！」路易說道，繞回來讓我看他數位相機裡的照片。他剛剛跑上前去，轉身後拍攝到這張照片，畫面裡是過去兩年來我對跑步所有理解的總結：真正扣人心弦的不是阿納佛與史考特和諧的身形，而是他們一致的微笑；兩人臉上的微笑都發自身體運動後純粹的喜悅，就像破浪而出的海豚。「這張照片回去後，一定會讓我感動到哭出來。」路易說。「簡直像拍到全壘打王貝比魯斯與米奇曼托一起入鏡。」如果阿納佛有什麼地方會使他最後獲勝，那肯定不是跑步風格或精神。

但我還有另一個理由賭史考特獲勝。接近烏里克鎮上的路，就是最辛苦的一段路。跑到這段路時他不斷落後，退到後面與我一起跑，這點讓我相當費解。他大老遠到這裡來，不就為了見見世界上最棒的跑者？他又何必浪費時間在最差勁的跑者身上呢？難道他不會責怪我拖慢了大家的速度嗎？花了七個小時下山後，我終於找到了答案。

魏吉爾教練曾經感受到優秀跑者自有其人格特質；布蘭博教授也曾經揣測過老祖宗的狩獵模式，這些全都可以在史考特的人生中找到。他理解到賽跑的意義不在於打敗對手，而是陪伴同跑者。早在史考特還是達斯提與其他男孩的跟屁蟲，在明尼蘇達州森林裡追著他們跑時，他就在別無選擇的情況下瞭解了這一點。那時他一無是處，也看不出將來出人頭地的希望，但奔跑帶給他的樂趣在於他們就像野狼般自由奔跑，身為其中的一份子自然能加強狼群的力量。其他跑者用震耳欲聾的iPod音樂使自己忘記疲倦，或是想像奧運場館中觀眾熱烈的呼叫，但史考特的方法簡單的多：將心思放在別人身上，你就會忘記自己。①

所以塔拉烏馬拉人才會在踢球比賽前瘋狂下注：這樣他們全都是賽事中平等的一份子，跑者才會感受到所有人都參與其中。霍皮族印第安人認為跑步是一種祈禱，每一步都是為了獻給所愛的人，而且祈求大神能夠對他們的付出做對等的加持。瞭解這樣的看法後，不難瞭解阿納佛為什麼對家鄉峽谷外的賽跑興趣缺缺，西爾瓦諾也不願再度嘗試：如果不是為了族人，那賽跑有何意義？對史考特來說，他的思緒裡始終存留著患病母親的影像，當他沉浸在賽跑中的競爭與同理之心時，他仍然是當年那個青澀少年。

我後來發現，塔拉烏馬拉人從他們的傳統中汲取力量，但史考特的力量來自所有跑步的傳統。

他熱心收集所有跑步史料，從中求新求變，而且不管資料來自北美洲原住民納維荷人、喀拉哈里沙漠的布希曼人、或是比睿山的馬拉松僧侶，全都照單全收，仔細思考，並拿來運用在自己身上，改進有氧程度、乳酸閥值，以及如何最佳訓練三種不同的收縮肌（是三種，而非一般跑者相信的兩種。）

阿納佛的對手不是個跑得快的美國人。即將和他展開大戰的是全世界唯一一個二十一世紀的塔拉烏馬拉人。

就在店主和我忙著討論賭注問題時，阿納佛正好從路邊走過。我抓了一把棒棒糖，作為他之前在家請我吃萊姆的謝禮。我們兩人一塊走著，想找個陰涼的地方休息。這時我看見馬努爾・魯納坐在樹下，他的神態相當憂愁，彷彿沉浸在自己的思緒中，我覺得我們實在不應過去打擾他。但赤腳猴子顯然並不這麼想。

「馬努爾！」赤腳泰德從街道另一頭大聲叫道。

馬努爾猛然抬起頭。

「好朋友，看到你我真是太高興了。」赤腳泰德說道。他正四處找輪胎皮，打算自己做一雙塔拉烏馬拉式涼鞋，但覺得還是需要專家的建議。莫名奇妙的馬努爾被他一把拉起，拖進了一間小店。後來證明泰德的想法沒錯；不是所有輪胎皮都一樣。馬努爾比著手勢告訴泰德，他需要的是中間有溝紋的膠皮，這樣鞋帶打結的部份才能塞進溝紋裡，不會被地面磨壞。

一會兒之後，赤腳泰德和馬努爾已經在店外討論了起來，先是量了泰德的腳型，然後開始用我的瑞士刀削去多餘的輪胎皮。他們足足忙了一下午，修整鞋型，反覆測量，直到晚餐前，泰德已經可以穿著他新的「魯納第一代」鞋款在街上試跑。從此之後他和馬努爾・魯納便形影不離，一塊動身用餐，一起在擠滿人的餐廳裡找位子。

烏里克鎮只有一家餐館，不過只要有蒂塔媽媽在，一間就綽綽有餘。連續四天，從天亮到半夜，這位年約六十的開朗女士四口瓦斯爐火力全開，她本人則在熱得像鍋爐間的廚房忙進忙出，端出山一般高的食物讓所有卡巴羅的跑者吃飽：燉雞與羊肉、裹上麵糊油炸的河裡鮮魚、烤牛肉、炸豆子與鱷梨沙拉醬，還有爽口的薄荷柑橘莎莎醬，所有一切上面全加上甜萊姆、辣椒油，外加新鮮香菜。早餐的菜色是炒蛋加上羊奶乳酪與甜椒，附餐則是一大份皮諾爾與味道像英式磅蛋糕的厚煎餅。有天早上我還特地自告奮勇到廚房幫忙，學到了這份獨門配方。②

比賽前晚，美國與塔拉烏馬拉跑者全部擠進蒂塔媽媽後院的兩張長桌後，卡巴羅敲敲啤酒罐，站起來發言。我還以為他要做最後的賽前指示，但卡巴羅其實另有打算。

「你們這些人實在不對勁，」他開口：「塔拉烏馬拉人不喜歡墨西哥人，墨西哥人不喜歡美國人，美國人誰都不喜歡。但現在你們聚在一起，不斷做一些不合常理的事。我看見墨西哥人熱情支持塔拉烏馬拉人，再看看這些美國佬，對大家多麼尊重。一般墨西哥人、美國人、塔拉烏馬拉人不是這樣子的。」

在一旁的角落裡，泰德不斷將卡巴羅的蹩腳西班牙語翻譯成英語夾雜著西班牙語的四不像，自以為可以幫得上馬努爾的忙。就在他咕咕噥噥翻譯時，馬努爾臉上不時閃過一絲淡淡的微笑。最後，那抹笑容終於留在他臉上。

「你們到這裡來做什麼?」卡巴羅繼續說道。「你們有玉米要種，有家人要照顧。美國人，你們知道這裡有許多危險。塔拉烏馬拉人，銅峽谷有多危險你們最清楚。我的朋友中有人失去了親人，一個很可能成為下一個跑步巨星的孩子。他很痛苦，但他是真正的朋友，所以他也來了。」

大家都靜了下來。赤腳泰德將手放在馬努爾背上。這時我才瞭解，在這麼多可以幫他做涼鞋的塔拉烏馬拉人中，他會挑上馬努爾並非偶然。

「我原本以為這場比賽會完全失敗，因為你們都太聰明了，不會來冒險。」卡巴羅環視園內，找到角落中的赤腳泰德，將視線鎖定在他身上。「美國佬本來貪心又自私，但我卻發現你們有一顆善良的心。你們的行動出於仁愛，做了善事也不求回報。你們知道有誰做事是沒有理由、不求回報的嗎？」

「卡巴羅！」眾人一起叫道。

「嗯，只有瘋子。但瘋子有個特點——他們看得到別人看不見的東西。政府建了一堆路，我們許多小徑都被摧毀。也許大地之母有時會獲勝，用洪水與土石流抹去他們的道路，但這是誰也說不準的，我們也不知道將來還能不能有這樣的機會。明天將是有史以來最棒的比賽之一，你們知道只有誰才能目睹此刻嗎?只有瘋狂的人，只有你們這些瘋子。」

「瘋子！」大家都將啤酒罐舉向空中互碰。白馬卡巴羅，這個高原上的獨行客，終於離開了荒野，被朋友圍繞。歷經多年挫折後，再過十二小時，他的美夢就要成真了。

「明天你們會見到只有瘋子才見得到的場面。比賽破曉時就開始，因為我們有很長一段路要跑。」

「卡巴羅！卡巴羅萬歲！」

①作者註：如果我對這個想法還有任何保留，那麼隔年史考特完全打消了我的疑慮。當時路易找我到惡水賽擔任他的助手。凌晨三點時，我獨自把車往前開了一段路，想看看史考特的狀況。他當時正全速衝下四英里下坡山路，之前已經在華氏一百廿五度高溫中跑了八十英里，而且正在創下比賽新紀錄。但看到我時，他的第一句話卻是：「郊狼路易還好吧？」

②作者註：蒂塔的秘方如下（不要緊，她不會介意的）：麵糊中加入煮熟的米、熟過頭的香蕉、一點玉米粉，還有新鮮的羊奶。人間美味！

第三十一章

很多時候我眼前彷彿出現一個更快的跑者，簡直就像幽魂一樣，以更快的速度在我前方奔跑。

——蓋比・詹寧斯（Gabe Jennings），公元兩千年美國奧運預賽一千五百公尺冠軍

清晨五點時，蒂塔媽媽的鬆餅、木瓜和熱皮諾爾已經上桌。阿納佛和西爾瓦諾則特別點了「波索爾」當賽前早餐，這是一種加了蕃茄與飽滿玉米粒的牛肉燉湯。蒂塔媽媽只睡了三小時，說話卻仍像小鳥般興高采烈，要她弄出「波索爾」這道菜餚簡直是易如反掌。西爾瓦諾換上了特殊的賽跑服，那是一件亮眼的天藍長襯衫，還有白色的傳統裙子，邊緣繡上了花朵。

「真漂亮。」卡巴羅讚賞道。西爾瓦諾害羞地低下了頭。卡巴羅在院子裡繞著圈，啜著咖啡，心中卻煩惱不已。他聽說有牧人會趕牛經過路線上的一條小徑，所以整晚難以入眠，盤算最後一刻如何改變路線。不過等到起床吃早餐時，他發現路易的父親和老鮑伯已經及時趕到，成了他的救星。鮑伯跟卡巴羅一樣是美國人，也常在巴托畢拉斯一帶漫遊。他倆前天在野外拍照時，剛好遇見那些牧人，而且提醒他們避開比賽路線。現在卡巴羅不必再擔心選手被牛群踩扁了。但他還有一件事情

需要煩惱，而且這個煩惱就在眼前。

「那兩個小鬼呢？」他問道。

大家聳聳肩。

「我最好去找他們，」他說道：「我可不希望他們再次空著肚子來自殺。」

我和卡巴羅一起走到街上，驚訝地發現全鎮的人都在路邊歡迎我們。我們在屋裡吃早餐時，他們沿街綁上了鮮花與綵帶；街頭樂團頭戴墨西哥帽，身穿牛仔服，正在試吹暖身的曲子。婦女與孩子已經在街上跳起了舞，鎮長則將槍口指向天上，練習鳴槍起跑的動作。

我看看手錶，突然覺得無法呼吸：再過三十分鐘就要開始了。之前到烏里克的三十五英里路正如卡巴羅所說：「將我生吞活剝，嚼爛了再吐出來。」再過半小時，我就得從頭再來一遍，而且這次還多了十五英里。卡巴羅設計的比賽路線有如地獄：五十英里的賽道上，我們得登上六千五百呎的高峰再下山，這跟里德維爾百英里賽前半段的山路一樣高。卡巴羅雖然不欣賞里德維爾的主辦單位，但談到路線規畫，他跟他們一樣冷酷無情。

卡巴羅和我爬到山丘上的小旅館。珍和比利還在房間裡，兩人正在爭吵，因為珍要比利多帶個水壺。不過後來發現，反正那個水壺也不見了。我剛好有個裝咖啡的多餘水壺，所以我連忙趕到房裡，倒掉咖啡，把水壺拋給比利。

「現在吃點東西！動作快。」卡巴羅責備道：「鎮長七點整準時鳴槍！」

卡巴羅和我抓起裝備——我的是裝滿能量凝膠與能量棒的攜水背包，卡巴羅的則是一瓶水，一小袋皮諾爾。然後我們下山回街上。只剩十五分鐘了。我們繞過街角往蒂塔媽媽的店那裡過去，發現街頭派對已經擴大成小型狂歡節。路易和泰德正抓著兩名老太太繞圈圈，一邊擋開想插進來的對手——路易的爸爸。史考特和鮑伯正盡力跟著樂隊的節奏打拍子唱歌，烏里克鎮的塔拉烏馬拉人已經組成了自己的打擊樂隊，在人行道上用隨身的棍子打著節拍。

卡巴羅非常開心。他擠進人群中，擺出拳王阿里的姿勢，邊跳邊搖擺上身，一面往空中不斷揮拳。群眾吶喊起來，蒂塔媽媽送了他幾個飛吻。

「我們要跳舞跳上一整天！」卡巴羅將手圈在嘴邊大喊道：「不過前提是沒有人掛點！比賽時自己當心點！」他轉向樂隊的方向，然後作勢用手指劃過喉嚨。停下音樂，好戲開鑼了。

卡巴羅和鎮長開始將群眾趕離街道，然後招手要跑者到起跑線上來。我們全都聚集起來，像大雜燴的人群滿是不同的臉孔、身材、裝扮。烏里克鎮的塔拉烏馬拉人穿著短褲和跑鞋，外加隨身的棍子。史考特脫下T恤，阿納佛和西爾瓦諾穿著特地為這次比賽買下的鮮豔上衣，擠到史考特身邊；這兩個獵鹿人不打算讓大鹿離開視線範圍一秒。出於某種無言的默契，我們全都站到龜裂柏油路上一條無形的線後。

我再次覺得呼吸困難，這時艾瑞克擠到我身邊。「聽著，我有壞消息要告訴你。」他說道：「反正你不可能贏的。不管你再怎麼拼命，都得花上一整天才能跑完。所以你還不如放輕鬆，慢慢來，盡情享受。記住了，只要覺得有一絲勉強，那就意味著你跑得太快。」

「所以我會慢慢來，等到別人打盹的空檔。」我啞聲說道：「然後抓住機會行動。」

「別妄想要暴衝！」艾瑞克警告我。哪怕我只是在說笑，他也不希望我有一絲一毫這樣的念頭。「比賽中氣溫可能會高到一百度。你的任務就是靠自己的雙腿回到這裡來。」

蒂塔媽媽從我們面前一一走過，眼眶含淚，握住我們的手。「小心點，親愛的。」她叮嚀道。

「十……九……」

鎮長開始領著大家倒數。

「八……七……」

「那兩個小鬼呢？」卡巴羅吼道。

我四處張望，珍和比利不見人影。

「叫他先別數！」我也回吼道。

卡巴羅搖搖頭。他轉過身，擺出準備比賽的姿勢。他已經等了許多年，甚至為這次比賽賭上性命，才不會為任何人喊暫停。

「那裡！」士兵們指向我們身後喊道。

群眾已經數到「四」了，珍和比利才從山丘上衝下來。比利穿著衝浪垮褲，沒穿上衣，珍則穿著黑色緊身短褲與黑色運動胸罩，頭髮中分緊緊紮著兩條辮子。士兵粉絲的歡呼讓珍一時分心，不小心將裝著食物與備用襪子的袋子一甩而出，往街道另一端飛出去。嚇一大跳的旁觀者全都往袋子撲過去，但它直飛向地面，消失在人群中。我衝過去，抓起袋子，交給旁邊急救桌旁的人。就在這時鎮長扣下扳機。

砰！

史考特一躍而起放聲大叫，珍發出長嚎，卡巴羅尖聲高嘯。塔拉烏馬拉人逕自衝出，烏里克鎮的塔拉烏馬拉人成群跑在泥土路上，消失在天亮前的陰影中。卡巴羅警告過我們，塔拉烏馬拉人會全力以赴，但不得了，他們可真是猛啊！史考特落在他們身後，阿納佛和西爾瓦諾則緊跟在史考特後面。我慢慢跑著，讓眾人越過我身旁，直到我落在最後。有人在身邊當然不錯，但現在我覺得還是獨自一人比較安全。比賽中我可能犯下最嚴重的錯誤就是一時心動，跟著別人的速度跑步。

一開頭的兩英里是出鎮後通往河邊的泥土路，還算平坦。烏里克鎮的塔拉烏馬拉人最先抵達河邊，但他們沒有直接衝進五十碼寬的淺水處過河，反而突然停下，在河邊的岩石間四處翻找東西。

怎麼回事……？鮑伯心裡疑惑著。他先和路易的父親趕過來，正在河的另一端拍照。他看到塔拉烏馬拉人從石頭底下掏出塑膠購物袋，這是他們前晚先過來藏好的。然後這些人將棍子夾在腋下，將塑膠袋套到腳上，拉住束繩往上提緊，然後才涉水過河。行之萬年的古老傳統被新科技取代後就是有這種結果：鎮上的塔拉烏馬拉人怕弄濕他們寶貴的跑鞋，只好穿著自製的防水套過河。

「天哪。」鮑伯喃喃自語道：「我從來沒見過這種事情。」

烏里克鎮的塔拉烏馬拉人還在滑溜溜的石頭上拼命前進，這時史考特到岸邊了。他直接嘩啦啦衝進水中，阿納佛和西爾瓦諾這個昆馬利家族雙人組緊跟在後。烏里克鎮的塔拉烏馬拉人抵達對岸後踢掉腳上的塑膠袋，再將它們塞進短褲備用。他們開始登上陡峭的沙丘，史考特則迅速逼近，飛快移動的雙腳下只見沙土飛揚。等到烏里克塔拉烏馬拉人踏上通往山上的泥土小徑時，史考特和昆馬利雙人組已經趕上了他們。

珍則在一開始就遇上難題。她和比利、路易已經與一群塔拉烏馬拉人併肩過河，但珍衝上沙丘時，她的右手開始製造麻煩。超馬跑者隨身只帶輕便的小水壺，上面有帶子可以將水壺固定在手臂上，便於攜帶。珍本來有兩個水壺，但她給了比利一個，自己則用運動貼布和礦泉水瓶另外做了個水壺。當她努力奔上沙丘時，固定在手臂上的自製水壺讓她覺得又黏又礙手礙腳，這不是什麼大問題，但如果不解決的話，接下來八小時內每分每秒都會讓她感到困擾。她該留下這個水壺嗎？還是再冒一次險，只帶幾口水就往峽谷裡闖？

珍開始咬掉膠帶。她知道碰上塔拉烏馬拉人，自己唯一的勝算就是全力一搏。她寧可賭上一把，就算失敗也甘心。要是因為畏手畏腳輸掉這場世紀大賽，她知道自己會後悔一輩子。珍丟掉瓶子，立時覺得舒服得多，甚至更有勇氣。她馬上做了另一個危險的決定。眼前是路線上第一個困難的關卡——三英里長的陡峭上坡山路，途中幾乎沒有遮蔭。太陽一旦昇起，要與習慣高溫的塔拉烏馬拉人賽跑的她根本不會有勝算。

「啊！去他媽的。」珍心想：「我還是趁涼快時快衝吧。」跨出五大步後她已經超出人群一段距離。「待會見！」她對身後叫道。

塔拉烏馬拉人馬上展開追逐。兩名年紀較長的老練跑者，塞巴提諾與赫布里托，堵住了珍前方的去路，另外三名塔拉烏馬拉人則從旁邊圍住她。珍抓住一處空檔衝出重圍，拉開距離，但塔拉烏馬拉人馬上包抄上來，讓她再次陷入重圍。塔拉烏馬拉人平常也許愛好和平，但一到跑步場上，他們對敵人可是毫不留情。

「我很不想這麼說，但看來珍會被累死。」看到珍第三次搶上前去想脫出重圍，路易對比利說道。現在不過是五十英里賽跑的第三英里，但她已經和塔拉烏馬拉族的五人追逐小組展開肉搏戰。

「像那樣跑是撐不到終點的。」

「不過她總是可以找到辦法撐下來。」比利說道。

「在這種路線上行不通。」路易說道。「對上這些傢伙更是不會贏。」

多虧卡巴羅巧妙的規畫，大夥兒可以看見比賽的即時進展。卡巴羅的路線呈Y字型，起點則在正中央，這樣選手在路線上來回折返時村民可以看見比賽進度，跑者也看得到前方的對手領先多少。Y型路線還有一個意料之外的好處——現在卡巴羅非常懷疑烏里克鎮的塔拉烏馬拉人作弊。

卡巴羅落後領先群約四分之一英里，所以史考特和獵鹿雙人組過河後逼近烏里克鎮的塔拉烏馬拉人時，他看得一清二楚。烏里克組第一次折返朝他逼近時，他大吃一驚：就在短短四英里內，這些人已經領先長達四分鐘，甩開的不光是當代最優秀的兩名塔拉烏馬拉跑者，還有美國西部百英里賽史上最快的爬坡選手。

「他媽的！怎．麼．可．能！」卡巴羅怒吼道。他和其他人，包括赤腳泰德、艾瑞克、馬努爾．魯納跑在一起。跑到五英里處的折返點，也就是塔拉烏馬拉小村落瓜達佩．科羅納時，卡巴羅和馬努爾開始問村裡的旁觀者問題，很快他們就弄清到底是怎麼回事：烏里克塔拉烏馬拉人抄了小徑，少跑了一段距離。卡巴羅沒有大發脾氣，反而感到一陣憐憫。烏里克鎮的塔拉烏馬拉人已經遺忘古老的跑步藝術，連自尊心也一併失落。他們再也不是奔跑一族，而是不擇手段想保住一絲昔日榮光的可憐蟲。

卡巴羅身為他們的朋友，能夠體會他們的悲哀，但身為比賽主辦人他不能姑息他們。他要眾人把話傳出去：烏里克鎮的塔拉烏馬拉人失去資格了。

趕到河邊時輪到我大吃一驚。我一直專心注意自己在黑暗中的腳步，一邊在心中重複注意事項（膝蓋放彎……腳步放輕……不要留下痕跡）。開始過河時我才突然想到：我已經跑了兩英里，卻一點感覺也沒有──不，比沒有感覺更棒，我覺得身體輕快自如，甚至比剛開跑時更輕盈、精神更好。

「大熊，幹得好！」鮑伯從對岸對我喊道：「前面有一點他媽的小山丘，沒啥大不了的。」

我涉水上岸，開始登上沙丘，隨著每步跨出，我的期望便越來越高。的確，我還有四十八英里要跑，但照這樣下去，也許在開始覺得累之前，我可以跑上十幾英里。跑到上山的泥土路時，太陽剛從峽谷邊緣露臉，一瞬間週遭景物全都明亮了起來，河面波光粼粼，綠色森林微光閃閃，還有腳下蜷曲的帶紋赤蛇……

我大聲尖叫，一躍從小徑跳開，但結果卻滑下險峻的斜坡，還得抓住矮樹叢止住跌勢。我看得見蛇就在我頭頂，沉默、蜷曲，準備發動攻擊。我要是重新爬回小徑，可能會遭到致命的蛇吻；要是往下朝河邊的方向爬，可能會從懸崖邊墜下，唯一的出路就是設法從旁邊過去，雙手交替抓住坡邊樹叢，慢慢移動身子繞過去。

第一次抓住的樹叢撐住了我的重量，然後是下一個。當我這樣移動了十呎遠後，我小心翼翼回到小徑上。那條蛇仍然盤踞在小徑上，原因一點也不令人驚訝──牠已經死了。有人已經用棍子打斷了牠的脊骨。我抹掉眼睛上的塵土，開始檢查自己的狀況：兩邊腳脛都被岩石磨得紅腫，植物的尖刺插進手上，心臟在胸腔裡不斷狂跳。我用牙齒將尖刺咬出，然後從水壺裡倒點水，草草沖洗一下傷口。該重新動身了，我可不希望有人撞見我因為一條死蛇嚇得驚慌失措，甚至受傷流血。

一路往山上爬，太陽越來越高，陽光也越來越烈，但經過清晨的刺骨寒意後，陽光不但不影響鬥志，反而令人精神抖擻。我牢牢記著艾瑞克的忠告：「只要覺得有一絲勉強，那就意味著你跑得太快。」所以我決定不再緊張兮兮、一直注意著自己的步伐。我把注意力轉移到週遭的峽谷風景，看著陽光下金色的山谷頂端。沒多久我就發現，自己已經跟金色的谷頂幾乎一樣高了。

一會兒之後，史考特從前方轉角處冒出來。他對我燦然一笑，豎起大姆指，然後便消失在小徑上。阿納佛和西爾瓦諾緊跟在他身後，他們飛奔通過我身旁時襯衫就像船帆般劈啪作響。我這才想到我一定就在五英里折返處附近了。再往前爬上一個山坡，折返處赫然出現在我眼前：瓜達佩．科羅納村。這裡只有一間漆成白色的學校教室，幾間屋舍，還有一間小店，裡面賣的是沒有冷藏的汽水與沾滿灰塵的袋裝餅乾，但即使遠在一英里外，我仍然可以聽見那裡傳來的歡呼與鼓聲。

一群跑者正衝出瓜達佩，往史考特與昆馬利二人組的方向追。獨自一人跑在最前頭的正是小女巫。

珍一逮到機會，馬上撒腿猛衝。在橫越巴托畢拉斯山的路上，她注意到塔拉烏馬拉人下坡的跑法和上坡一樣，步調維持一貫的自制與穩定。但珍卻最喜歡在下坡時放馬狂奔。「這是我唯一的長處。」她後來說：「所以我決定死抓住這個機會不放。」於是上坡時她沒有浪費精力與赫布里托單挑，反而決定讓他主導上坡的步調。等到抵達折返點，開始長長的下坡路時，她甩開追著她不放的對手群，開始加速下坡。

這次塔拉烏馬拉人放過了她。這段路讓她拉開老長一段距離，等她開始第二個上坡——一條單線岩石小徑，這是Y字型的第二個分叉，一路往上至十五英里——赫布里托和其他人還在後面，已經沒辦法像先前那樣包抄她。珍開始充滿自信，抵達第二個折返點時，她甚至還停下來休息了一下，重新裝滿水壺的水。到目前為止她補水的運氣好極了。卡巴羅已經拜託過烏里克鎮民，請他們帶著瓶裝的過濾水分散在峽谷各處，每次珍只要一喝完水，似乎就會遇見下一個有水的志工。

她還在往瓶裡注水時，赫布里托、塞巴提諾，還有其他追逐者終於趕上了她。他們沒有停留，隨即轉身往反方向跑，但珍沒有馬上追上前去，直到裝完水她才開始下坡的猛衝。兩英里後她已經重新趕上他們，而且將他們拋在身後。她開始在心裡模擬前方的路線，盤算著她還有多長的路可以拉開距離。讓我瞧瞧……前面還有兩英里下坡路，然後是通往村裡的四英里平地，然後——

砰一聲大響，珍臉部著地重重摔在石地上，胸部成了支點，讓她滑出一段距離，最後才驚魂未定地停住。她躺在原地，痛得看不清眼前的情況。膝蓋骨感覺像已經裂開，一隻手臂則滿是鮮血。

她還沒來得及起身時，赫布里托和其他人已經從小徑另一端狂奔而至。他們一個接一個跳過珍的身子繼續前進，連看都沒有回頭看一眼。

「他們一定在想，這就是妳不知道如何跑石子路的下場，」珍心裡想道。「好吧，算他們有理。」她小心翼翼地重新站起身來，檢查自己的傷勢。她的小腿像五彩繽紛的披薩，但膝蓋骨似乎只是瘀青，而原本以為流得滿手的鮮血不過是綁在瓶上、後來被壓爆的巧克力口味能量凝膠。珍先小心試走幾下，然後輕輕跑了兩步，傷勢似乎比預期中好多了。事實上，她的狀況好到衝到山腳時，所有從她身上跳過的塔拉烏馬拉人都已經被她甩在身後。

「小女巫！」沾著血，卻仍面帶微笑的珍跑回村中，抵達二十英里處時，烏里克的群眾幾乎全為她瘋狂。她在急救站停了一會，從自己的袋子裡又摸出一條能量凝膠，開心得又叫又跳的蒂塔媽媽則用圍裙擦著她血淋淋的腳脛，一邊高興的大嚷出一句西班牙文。

「我什麼東西？我是個房間？」她對西班牙文只略通皮毛，直到她衝向鎮外，才想通蒂塔媽媽的話：她是第四名，只有史考特、阿納佛、西爾瓦諾在她前面，而且她正持續拉近與他們三人間的距離。卡巴羅給她取的暱名真是再適合不過：里德維爾賽後十二年，重現江湖的女巫果真來勢洶洶。

但她還得先克服當天的高溫。珍抵達路線中最嚴厲的試驗時，氣溫已經幾乎高達一百度。前方是忽上忽下的崎嶇山路，通往小村羅斯．艾利索。小徑先繞著垂直的山壁行進一段，然後陡然下降、急速昇起、再次陡降，高度差距達三千多呎。通往羅斯．艾利索小村的道路上，山峰之險峻堪稱珍這輩子之僅見，而且數目高達六座，巍然聳立在小徑上。從岩壁蒸散的熱氣彷彿快要將她燙出水泡，但她必須緊挨著岩壁前進，否則就可能滑落崖邊，墜入下方的萬丈深谷。

珍登上其中一座山峰頂端時，突然得緊急貼到岩壁上：阿納佛和西爾瓦諾肩併肩，正朝她急衝過來。這兩名塔拉烏馬拉族獵鹿人讓所有人大吃一驚；大家都以為他們會全程跟在史考特身後，直到最後才加速超越他，但他們卻加快節奏，在中途便搶佔領先位置。

珍貼住岩壁，讓他們兩人先通過。她還沒來得及細想史考特究竟在哪裡時，馬上又被迫退到岩壁旁。「史考特拼了命在跑這場該死的比賽，我從來沒見過有人這麼專注在跑步上。」珍後來說道。「他埋頭猛衝，呼呼呼地飛快前進，根本已經渾然忘我。我正在想不知道他還認不認得我時，他抬起頭來開始狂吼，『呀呀呀啊！小女巫！喔喔喔喔！』」

史考特停下來，簡單告訴珍前面的路況，還有哪裡有山上滴下的泉水。然後他便盤問起阿納佛與西爾瓦諾的情況。他們在前面多遠的地方？神態看起來怎麼樣？珍告訴史考特，他和雙人組之間大概有三分鐘的距離，而且他們正全速奔跑。

「好極了。」史考特點頭道。他在珍背後用力拍了一下，然後再次飛奔而出。珍看著他離開，注意到他跑在小徑的最邊緣，而且緊貼著彎道前進，這是馬歇爾．烏利奇的老招數：這樣領先的人比較難回頭，注意到你從後方慢慢逼近。阿納佛突來的奇襲並未使史考特吃驚，現在大鹿反過來追起獵鹿人了。

「打敗賽程就行了。」我告訴自己：「不要管別人，只要跑完賽程就行了。」

踏上通往羅斯・艾利索的山路前，我稍作停留，重新調整自己的狀態。我將頭埋進河裡，在裡面停了一會，希望河水能降下我的體溫，而缺氧的感覺能將我重新拉回現實。我才剛通過路線中點，而且我已經跑了四小時——溫度高如沙漠，路線狀況非常嚴苛，而我只花了四小時！這比我的預期成績好太多了，我開始有了挑戰別人的野心：「要贏過赤腳泰德會不會很難？他的腳在這段石子路應該不會太好過。還有波菲利歐，他看起來似乎快累垮了……」

幸運的是，在河裡泡了一下後，我的腦袋清醒過來，然後我才領悟到，今天我之所以這麼有精神，全是因為我用喀拉哈里沙漠布希曼人的方式跑步。我的目標不是追過羚羊，而是保持牠在視線範圍內。上次在巴托畢拉斯山之旅讓我慘不堪言，全是因為我一直想趕上卡巴羅與其他人的速度，但今天到目前為止，我一直只以賽程為目標，從來沒想過與其他選手較量。

在我被眼前的成就沖昏頭前，該是試試另一樣布希曼技巧的時候了。我開始逐一檢查全身各處的狀況。我發現自己的狀況比原先以為的還糟。我又渴、又餓，而且只剩下半瓶水。我已經超過一小時沒有小解，這個徵兆似乎不太妙，因為我喝下的水著實不少。如果不趕快補足水分，吞些卡路里，待會兒在雲霄飛車般上下的山路可能會遇上大麻煩。開始涉水五十碼到對岸時，我用河水裝滿攜水背包，然後再丟進幾顆碘片，淨化河水大概要花上半小時，所以我趁此時吃了一根能量棒，是用燕麥片、葡萄乾、棗子、糙米糖漿製成的軟質雜糧棒，配上我最後一點清水一起下肚。

好在我先做了上述準備，因為我過河後遇見艾瑞克跑回來時，他對我喊道：「作好心理準備。那裡的路況比你記得的還要難纏得多。」那段山路實在難跑，艾瑞克承認自己也差點退出比賽。聽到這樣的壞消息就像被人在腹部狠狠揍了一拳，不過艾瑞克的信念是，對跑到中途的跑者打擊最大的就是錯誤的期待。未知的事物會使你全身緊繃，不過只要明白自己即將面對的事物，你反而能放鬆心情，一點一滴完成任務。

艾瑞克沒有誇張。接下來一個多小時，我一一上下各座山峰，相信自己已經迷失方向，即將葬身曠野，一去不返。這裡只有一條小徑，而我就在小徑上，但羅斯·艾利索村那座該死的葡萄園在哪裡？照理說那裡離河邊只有四英里，但感覺上我似乎已經跑了十英里，卻仍然看不到它。最後我跑到大腿像火燒，而且抖得很厲害，我還以為自己要倒下了，這時我終於看到前方山坡上有一叢葡萄樹。我努力爬到山坡頂部，然後倒在一群烏里克鎮的塔拉烏馬拉人身邊。他們聽說自己已經失去資格，決定在樹蔭底下休息一會，然後再慢慢走回村子。

「沒關係，」其中一人說道：「反正我也累得不想再跑了。」他遞給我一個舊錫杯，我從大家共享的皮諾爾鍋裡大大舀了一杯，管他有沒有梨形鞭毛蟲症。食物是冰冷的，有著甘美的穀類滋味，彷彿是爆米花冰砂。我先大口喝下一杯，然後又舀了一杯，一邊看著我剛剛跑過的路程。遙遠的遠方裡，河流淡得像是人行道上模糊的粉筆字。我無法相信自己居然從那麼遠的地方跑到這裡，而且等等馬上就要再來一遍。

「太驚人了！」卡巴羅驚嘆道。

他現在全身是汗，雙眼因興奮而神采奕奕。大口喘著氣的他抹了汗水淋漓的胸膛一把，我眼前飛過一大堆汗珠，在墨西哥的烈日下閃閃發光。「我們眼前的是世界級比賽！」卡巴羅喘著氣道：「就在這鳥不生蛋的荒郊野外裡！」

比賽進行到四十二英里處，西爾瓦諾和阿納佛仍然領先史考特，珍則在後面逐漸逼近三人。第二次通過烏里克鎮時，珍倒在一把椅子上喝可樂，但蒂塔媽媽抓住她的手臂，將她拉起身來。

「妳辦得到的，甜心！」蒂塔叫道。

「我沒有放棄。」珍反駁，「我只是想喝東西。」

但蒂塔的手就在珍背上，把她推回街上。她回來的正是時候；赫布里托和塞巴提諾趁著回鎮上這段平地的機會拉近距離，現在就在四分之一英里外；「蠢蛋」比利則甩開了路易，離他們兩人也只有四分之一英里。

「大家今天都過癮極了！」卡巴羅說道。他落後領先群大約有半小時，這點讓他焦躁不已，不是因為自己落敗，而是因為他怕錯過結果揭曉的時刻。提心吊膽的感覺實在難過，卡巴羅最後終於決定放棄比賽，趕回烏里克鎮，以便親眼見證最後的大決戰。

我望著他跑開，恨不得自己也能跟上。我已經疲倦不堪，甚至找不到過河的小吊橋，不知怎的竟然跑到了下游，最後不得不第四次涉水渡河。過河後我在沙堆間勉強前進，浸濕的腳重到幾乎提不起來。我已經在野外跑了一整天，現在又再次到達山腳下，也是我早上被死蛇嚇壞時差點跌下的地方。我不可能在天黑前登頂又下山，換句話說，我得摸黑走山路了。

我垂下頭，開始步履維艱地慢慢前進。抬起頭時，我發現身邊圍繞著一群塔拉烏馬拉小孩。我閉上眼睛，然後再次睜眼，他們沒有消失。確定他們不是幻覺後，我高興得幾乎要哭出來。我完全不曉得他們從哪裡來，又為什麼選擇跟著我，但我們就這樣結伴慢慢前進，一步步往上坡爬。

這樣前進半英里後，他們閃進路旁一條幾乎看不見的小路，招手要我跟上。

「不行。」我滿懷遺憾地拒絕他們。

他們聳聳肩，奔進樹叢間。我啞著聲驚嘆出聲，因為他們一下子就跑得不見蹤影了。我繼續在上坡路上勉力前進，小跑的速度幾乎不比走路快。好不容易抵達一處小平台時，那些孩子就在那裡等著我。原來這就是烏里克鎮的塔拉烏馬拉人可以領先一大段路的秘密。孩子們蹦蹦跳跳地在我身邊一起跑，然後再一次消失在樹叢中。半英里路後，他們又冒了出來。慢慢地整件事變得像場惡夢：我跑了又跑，卻什麼也沒改變。山峰依然綿延不斷，不管我朝哪裡看，這些玉米的子孫總是會突然冒出來。

卡巴羅會怎麼辦？我忍不住想道。他在峽谷裡不斷遇上各種近乎絕望的難關，但他總是能跑出一條生路。他一開始會放輕鬆跑，我告訴我自己，因為如果你還有力氣這麼做，事情還不算太糟。然後他會輕快地跨出腳步，不花力氣，彷彿他一點也不在乎山有多高，路有多遠——

「大熊！」朝我迎面跑來的是赤腳泰德，他看起來神色倉皇。

「有幾個小孩給我一些水，水很冷，所以我就用它們來沖涼。」赤腳泰德說道。「所以我把水灑到身上，噴濕全身……」

我幾乎聽不懂泰德在說些什麼，因為他的聲音聽起來忽遠忽近，就像收訊不良的收音機。我這才意識到我的血糖已經太低，幾乎快不支倒地了。

「……然後我才發現，糟糕呀糟糕，我沒水了——」

我從赤腳泰德的嘮叨中拼拼湊湊，得知這裡離折返點大概還有一英里。我急著趕到休息站去，在那裡吃根能量棒，休息一下，挑戰最後五英里，根本無心聽他說些什麼。

「……所以我告訴自己如果要撒尿的話，最好撒在這些瓶子裡，這是最後，你也知道，最後迫不得已的手段。所以我把尿撒進瓶子裡，顏色呢，居然是橘色的。這看起來可不太妙，而且氣味臭得很。我覺得看見我撒尿進瓶子裡的人都在想，『哇，這美國佬可真不是蓋的。』」

「等等。」我打斷道，終於開始聽懂他在說什麼。「你該不會是喝了尿吧？」

「味道糟透了！這是我這輩子喝過最難喝的尿。把這玩意裝瓶拿去賣，連死人喝了都會跳起來。我知道人可以喝尿，不過前提是這些尿不能在腎臟裡保溫搖晃上四十英里。這次實驗完全失敗，下次就算全地球就只剩這些尿，我也不會喝半滴。」

「拿去。」我說道，把自己最後一點水給他。我想不通如果他這麼緊張，為什麼不回急救站去裝點水，但我已經累到問不出其他問題了。赤腳泰德倒空他的瓶子，裝進我的水，然後就跑開了。這傢伙怪歸怪，他的應變能力與決心還是不容否認：穿著橡皮五趾套的他，再差五英里就能結束這場五十英里賽跑，而他為了抵達終點，甚至不惜喝下自己的尿。

直到抵達瓜達佩村後，我渾沌不清的腦袋才終於弄懂赤腳泰德一開始為什麼會沒有水：水全都沒了，當地人也全部消失。村民已經下山到烏里克鎮參加比賽後的派對。小商店已經關門，沒有人可以指點泉水的方向。我癱倒在一塊大石上，腦袋天旋地轉，嘴裡乾到嚼不下食物。就算我拼命吃下一點東西，身體也已經缺水到無法再花一個小時跑回村裡。要回烏里克唯一的方法就是靠雙腳，但我已經累到走不動了。

「所謂的慈悲心也不過如此。」我喃喃自語道。「我把水給了別人，自己得到了什麼？不過落得個完蛋大吉。」

就在我垂頭喪氣地坐在那裡時，爬山後急促的呼吸慢了下來，我也開始注意到附近的聲響——一種像是鳥囀般的特殊口哨聲慢慢接近。我抬起身子來看個究竟。就在前方，老鮑伯正爬上這絕望的山峰。

「嘿，好朋友。」鮑伯一邊叫道，一邊從肩袋上找出兩罐芒果汁，舉到頭頂上搖晃。「我想你大概用得著這個吧。」

我吃驚得說不出話來。老鮑伯在九十五度的高溫下爬了五英里艱難的山路，就為了給我帶果汁？然後我想起另一件事：幾天前，鮑伯對我借給赤腳泰德造涼鞋的刀子稱賞不已。那是我之前到非洲探險的紀念品，但鮑伯對大家親切有加，所以我就把刀子送給他。也許鮑伯奇蹟般的現身純屬偶然，但當我大口吞下果汁，準備踏上最後一段路時，我忍不住覺得這正是拼湊塔拉烏馬拉之謎的最後一塊拼圖。

卡巴羅和蒂塔媽媽擠在終點線前的人群中，伸長了脖子，期待領先者的第一道身影出現。卡巴羅從口袋中掏出一只破舊的天美時錶確認時間。六小時。現在還早，但也許——

「他們來了！」有人大喊道。

卡巴羅猛然抬起頭，在興奮的群眾腦袋間瞇著眼，望向筆直道路的盡頭。看走眼了吧，只是一陣煙塵而已——不，真的有人來了。來人黑髮飛揚，身穿深紅色長襯衫——阿納佛仍然領先。

西爾瓦諾位居第二，但史考特正快速逼近。就在最後一英里處，史考特追上了西爾瓦諾，但他沒有快速超越西爾瓦諾，反而用力拍了他的背一把。「快來！」史考特大叫道，揮手要西爾瓦諾跟他一起前進。大吃一驚的西爾瓦諾彎低了身子，趕上史考特的步伐，兩人一起朝阿納佛追過去。

三名選手朝終點線做最後的衝刺，尖叫與歡呼的聲浪蓋過了街頭樂隊。西爾瓦諾慢了下來，然後又重新加快腳步，卻跟不上史考特的速度。史考特繼續狂奔。過去他也曾有同樣的經驗，也就是在逼近終點時發現自己還有餘力猛衝。阿納佛往後一瞥，發現擊敗過世界上最強高手的男人豁出一切朝他追來。阿納佛直衝進烏里克鎮中央，隨著他越來越接近終點線，群眾的尖叫也越來越高昂，當他終於衝破終點線時，蒂塔媽媽已然淚流滿面了。

第二名的史考特抵達終點時，群眾正團團圍住阿納佛。卡巴羅連忙趕過去恭喜他的表現，但史考特一言不發地走開。他不習慣失敗的滋味，尤其不習慣在荒郊野外臨時湊合的比賽中，輸給從沒聽過名號的無名小卒。這樣的事從未發生過，但他知道該怎麼辦。

史考特走到阿納佛身前深深鞠躬。

群眾完全為比賽瘋狂了。蒂塔衝向前擁抱卡巴羅，卻發現卡巴羅正擦著眼淚。在一片混亂當中，西爾瓦諾奮力奔至終點線，在他之後則是赫布里托和塞巴提諾。

珍到哪去了？她不顧生死放手一搏的決定，終於讓她吃到苦頭了。

抵達瓜達佩村時，珍已經快要昏倒了。她跌坐在樹旁，將昏頭轉向的腦袋擱在膝蓋中間。一群塔拉烏馬拉人圍上前來，鼓勵珍重新站起來。她抬起頭來，做出喝水的動作。

「水？」她問道。「乾淨的水？」

有人塞了一罐溫可樂到她手中。

「有這更好。」她虛弱地微笑說道。

她還啜著可樂時，眾人突然一陣呼叫，塞巴提諾和赫布里托正跑進村裡。村民湧上前將他們團團圍住，稱讚他們的表現，問他們要不要來點皮諾爾，珍連他們的身影都見不著。然後赫布里托突然站在她身前，一邊伸出他的手，一邊指向跑道。她要一起跑嗎？珍搖搖頭。「再等等。」她答道。赫布里托原本已經開始跑開，卻突然又停下走回來，他再次對珍伸出手。珍面露微笑，擺手示意要他先走：「快出發！」赫布里托只好揮手道別。

他消失在小徑上不久，眾人又叫了起來。有人告訴珍最新消息：小狼來了。

蠢蛋！珍將自己的可樂留了一大口給他，當比利灌下可樂時，珍勉力站起身來。儘管兩人在許多比賽中互相陪伴過對方，又在維吉尼亞海灘上的落日下併肩奔跑過許多回，他們從來還沒有併肩完成過一場比賽。

「準備好了嗎？」比利問道。

「你說走就走。」

兩人一起跑下長長的下坡路，奔過搖搖晃晃的吊橋，一邊高聲吶喊，一邊進入烏里克鎮。兩人的表現大大提昇了眾人對他們的評價：儘管珍的腿受傷流血，比利在比賽前還幾乎睡過頭，但他們打敗了除了領先四人外所有塔拉烏馬拉人，也勝過了路易和艾瑞克這兩名經驗豐富的超馬跑者。

馬努爾中途就退出了比賽。儘管他已經為了卡巴羅盡量努力，但他兒子的不幸讓他無法將心神投注在比賽上。不過雖然無心比賽，他卻盡心盡力幫忙另一位跑者。馬努爾在比賽路線上來回奔跑，尋找赤腳泰德的蹤影。不久之後，先抵終點的跑者也都出來一起尋找其他人，阿納佛、史考特，然後是珍和比利都出動了。接著不尋常的事發生了：儘管後來抵達的跑者速度越來越慢，迎接他們的歡呼卻越來越響亮。每次一名跑者勉力衝過終點線——包括路易和波菲利歐、艾瑞克和赤腳泰德——他們馬上轉身回到賽道中，開始尋找還在比賽的跑者，陪著他們跑回來。

我正在山峰高處，看得見通往烏里克鎮的道路上閃爍成串紅紅綠綠的微光。太陽已經下山，留下我在峽谷深處銀灰色的薄暮中獨自前進。一絲月光般的微光靜靜灑落，週遭事物彷彿凝結在時間裡，除了我之外沒有任何東西改變。然後就從薄暮矇矓的陰影裡，高原上的獨行俠突然出現在我面前。

「要人陪伴嗎？」卡巴羅道。

「歡迎之至。」

我們一起跑過吱嘎作響的吊橋，河面上的清涼空氣讓我有種異樣的飄飄然感。我們轉過通往烏里克鎮上最後一處轉角時，小喇叭開始響起，我和卡巴羅就這麼肩併肩，一步步地跑進鎮上。

我不知道自己有沒有真的越過終點線。我只見到一個甩著馬尾的模糊影子，那是珍從人群裡朝我飛奔過來，撞得我差點站不住腳。艾瑞克在我跌倒前拉住我，將一瓶冷水貼在我後頸。阿納佛和史考特兩人已經紅了眼眶，各自塞了一瓶啤酒到我手上。

「你真是太驚人了！」史考特道。

「是啊，慢得驚人。」我答道。我花了超過十二小時才結束，換句話說，史考特和阿納佛可以來回跑上兩趟，仍然比我早抵達終點。

「沒錯，我就是這個意思。」史考特堅持：「老兄，我以前也有過同樣的經驗。我常常有同樣的經驗。跑得慢時更需要勇氣的支持。」

我一跛一跛走向卡巴羅，他在一片歡聲震耳中懶洋洋地坐在樹下。再過不久，他就會站起身來，用他的蹩腳西班牙話發表一篇動人的演說。他會將恰好即時趕回的鮑伯介紹給眾人，並送給史考特一條塔拉烏馬拉的典禮腰帶，再將鮑伯的一把小刀送給阿納佛。然後卡巴羅會頒發獎金，儘管兩名新新人類連回美國的車票錢都快付不出來，他們仍然當場將自己的獎金轉贈給在他們之後跑抵終點的塔拉烏馬拉族跑者，這個高貴的行為也讓卡巴羅感動到不禁哽咽。然後赫布里托和路易會跳起機器人舞，逗得卡巴羅哈哈大笑。

但這些都是待會的事了。現在卡巴羅正滿足地坐在樹下，一邊微笑一邊啜著啤酒，看著他的夢想在眼前成真。

第三十二章

長期以來，現代社會種種無法解決的問題一直令他苦惱，但他仍然憑著善良的心與無窮的精力繼續奮戰。他的努力不會白費，但他卻沒機會見到他的努力開花結果。

——西奧・梵谷（畫家梵谷之弟），一八八九年

「你一定要過來聽聽。」赤腳泰德邊說邊扯住我的手臂。

糟糕。我正想從瘋狂的街頭派對開溜，跛著腳回旅館睡覺時，赤腳泰德逮住了我。我已經聽過他的超長完整版比賽後評論，包括他認為人類的尿液不但營養豐富，而且還是有效的牙齒美白劑。我實在想不出他的高談闊論中，還能有什麼比在旅館柔軟床鋪大睡一場更有吸引力。但這次要說故事的不是泰德，而是卡巴羅。

赤腳泰德把我拖回蒂塔媽媽的後院，在那裡史考特、比利和其他數人正聽故事聽得如痴如醉。「你有沒有在急診室醒來，」卡巴羅正說道，「卻覺得自己不太想甦醒過來的這種經驗？」從這裡開始，他開始述說起一段我足足等了兩年的故事。聽了不久後我就瞭解他為什麼選擇此刻才說。明天破曉時我們就將各奔東西，踏上歸途。卡巴羅不希望我們忘記共同擁有的記憶，所以他破天荒地表白了自己的身分。

他的本名是麥可・蘭道夫・希克曼，海軍陸戰隊槍炮士官之子。由於父親的駐地不斷調動，全家人因此跟著他在西岸四處搬遷。瘦弱孤獨的麥可總是得在新學校為自己而戰，因此小麥可每到一處的第一要務，就是找到最近的警察運動聯盟，報名參加拳擊課程。

個子大點的孩子往往面露嘲笑，一邊拍擊著他們的拳擊手套，一邊看著這個黑色長髮的怪胎笨手笨腳爬上擂台。但等到怪胎長長的左臂開始往他們的眼上猛揮拳時，他們的臉上的笑容便會驟然消失。麥可・希克曼是個敏感的孩子，痛恨傷害別人，但這樣的心態不足以阻止他成為拳擊高手。「我最喜歡的對手是那些肌肉發達的大個兒。因為他們總是不停來招惹我。」他回憶道。「不過第一次擊倒對手後我哭了，而且從那之後，有老長一段時間我都不曾擊倒其他對手。」

高中畢業後，麥可進了洪堡州立大學，研讀東方宗教與美國原住民史。為了籌學費，他開始參加地下戰鬥，使用的假名是吉普賽牛仔。他出入的場合罕見白人，但儘管麥可身為白人，而且崇尚素食，滿口宇宙和諧與麥草汁，登場戰鬥卻毫不畏懼，而且很快地便在這行嶄露頭角。不入流的墨西哥主辦者喜歡將他拉到一旁，在他耳邊低聲吩咐該如何比賽。

「喂，老兄。」他們會說道：「朋友，仔細聽著。我們會放出點風聲，一點耳語，讓大家以為你是東部來的厲害業餘者。那些美國佬會愛死你，在場每個人都會傾家蕩產下注在你身上。」

吉普賽牛仔聳聳肩。「我沒意見。」

「應付一下對手，第四回合前不要被打倒。」他們會這樣警告他——也許要等到第三或第七回合，總之就是事先講好的局數。面對重量級黑人選手時，吉普賽牛仔可以盡量防衛，左閃右躲，直到約定的回合數再出手，但對上敏捷的拉美裔中量級選手時，他得拿出全力奮戰才能保住小命。「嘖嘖，有時他們得把全身是血的我拖出場外。」他回憶道。畢業後，他仍然靠這行混飯吃。「我跑遍全國巡迴打鬥，賭賭運氣。有時小勝，有時落敗，還有些時候贏得漂亮之至。大部份時候只求將戲演得逼真，邊打邊避免受傷。」

在地下戰鬥的世界打滾幾年後，吉普賽牛仔帶著存下的錢前往夏威夷的茂宜島。抵達後他沒有進入渡假旅館，反而繼續向東前進，進入島上陰暗潮濕的地區，目的是神秘的聖地哈納。他想尋找生命的意義，但最後找到的卻是一位名叫史米地的人，史米地是住在隱秘洞穴裡的隱士。史米地指引麥可到另一個洞穴住下來，然後領著他探索島上不為人知的神聖地點。

「史米地是第一個教我跑步的人。」卡巴羅告訴我們。有時他倆會在半夜出發，沿著卡波小徑跑上二十英里，登上高達一萬呎的哈里卡拉山頂等待日出。他們靜靜坐著，直到早晨的頭幾道陽光在太平洋面閃爍，然後再往回奔，沿路只吃從樹上敲下來的野生木瓜。慢慢地，以前在隱秘隔間裡打鬥的麥可·希克曼消失了。現在他成了米卡·真實，這名字的靈感有兩個：首先是來自舊約中「擁有勇敢無懼靈魂」的先知彌迦，其次是一隻名叫「真實」的忠誠老狗。「有時我的所作所為仍然比不上老狗『真實』的榜樣。」卡巴羅說：「但這是我努力的目標。」

在一趟穿越雨林、尋找異象的奔跑中，新生的米卡·真實碰見了一個來自西雅圖，前來渡假的美麗年輕女性。兩人之間天差地別——梅琳達是心理系的研究生，富有的投資銀行家之女；米卡則是名符其實的洞窟野人。但他倆仍然陷入愛河。在荒野中渡過一年的米卡決定重回外面的世界。

砰！吉普賽牛仔擊倒第三名對手……

然後是第四名……

第五名……

有了在身邊鼓勵他的梅琳達，還有在雨林中奔跑鍛鍊出來的腿力，米卡現在幾乎無人能敵。他可以在場上不斷移動閃躲，直到對手因疲倦而雙手沈重得就像水泥塊。一旦對手抬不起拳頭，米卡就可以陡然前衝，將他打到擂台邊繩上。「老兄，這全是愛情的力量。」米卡如是說道。他和梅琳達定居在科羅拉多州的巨石鎮，這樣他就可以在山路上練跑，又到丹佛去比賽。

「他看起來的確不像拳手。」當時洛磯山輕量級自由搏擊冠軍唐恩·多賓後來告訴我道。「他留著長長的頭髮，戴著一副硬邦邦的舊手套，彷彿是電影拳王洛基直接傳給他的。」多賓和吉普賽牛仔成為好友，偶爾也互相過個幾招。到今天他對吉普賽牛仔的自律精神仍然印象深刻。「他的自我訓練真是了不得。三十歲生日那天，他到外頭跑了三十英里。足足三十英里！」在美國，就算是馬拉松選手也很少跑這麼長的距離。

等到他的戰績達到十二勝零敗，吉普賽牛仔已經頗有地位，足以登上丹佛的週報《西方之聲》。斗大的標題「拳擊之城」下是米卡的全頁照片，裸著胸膛，汗水淋漓，舉著拳頭，甩著頭髮，眼裡散發的光芒就跟我在克里爾讓他大吃一驚時一模一樣。「只要有足夠的報酬，我願意跟任何人戰鬥。」雜誌如是引用吉普賽牛仔的話。

任何人是吧？這篇文章被ESPN頻道的自由搏擊籌辦人看到，馬上找到了吉普賽牛仔，提出交易。雖然米卡打的是拳擊而非自由搏擊，她仍然願意為他安排一場全國轉播的比賽，對手是賴瑞・薛佛，美國排名第四的輕中量級選手。儘管報酬優渥，又有大出風頭的機會，米卡卻在其中嗅到不對勁的氣息。不過才幾個月前，他還是個在山頂冥想，無家可歸的嬉皮；現在他們卻想把他丟上擂台，和腦袋硬得可以撞破磚頭的功夫高手比賽。「對他們來說這不過是一場大玩笑。」米卡說道：「我只是個留著長髮，可以丟進場內引人發笑的嬉皮。」

接下來發生的事幾乎就是卡巴羅一生經歷的縮影：在安全與自尊中，他毫不猶豫決定挺身捍衛自尊。當ESPN「超級決戰夜」的鈴聲響起，吉普賽牛仔完全不管平日閃躲移動的戰術，反而氣勢高昂地衝向前去，憤怒的左右拳輪番雨點般落在薛佛身上。「他不知道我有什麼打算，所以躲到角落去想弄個清楚。」米卡後來回憶道。他勾起手臂，想要重重揮拳，不過後來有了更好的主意。「我在他臉上大踢特踢。我的腳趾折斷了。」米卡道。「他的鼻子也是。」

叮叮叮！

裁判將米卡的手舉向空中，宣布他獲勝。醫生則開始檢查薛佛的眼睛，看看他的視網膜是否還在原位。吉普賽牛仔再次贏得擊倒勝，他迫不及待要回家和梅琳達一起慶祝，卻發現原來梅琳達也已經準備好了重重一擊在等著他。梅琳達說她已有另一段戀曲，她打算搬回西雅圖。兩人的對話還沒說完，米卡的腦袋裡已經開始想下一步的問題：他想問的不是她，而是他自己。

他上電視打爛別人的臉，為了什麼？為了在別人眼中顯得了不起？難道他的表現出色與否，只能靠別人對自己的感情來決定？他並不傻，他看出了過去那個與嚴厲父親共同生活的緊張孩子，與今天這個寂寞、渴求關愛的邊緣人其實是同一個人。他究竟是個偉大的戰士，還是個只能靠戰鬥填補空虛的打手？

不久後《跆拳道》雜誌來了聯絡。記者告訴他，年度排名即將出爐，而吉普賽牛仔出人意料的表現讓他成為全美第五名的自由搏擊輕中量級選手。他的事業即將蒸蒸日上；等到雜誌上了書報攤，邀請出賽的信函就會如雪片般飛來，他多得是機會一邊賺大錢，一邊自省自己究竟是真的喜愛打拳，還是只是靠打拳尋求被愛的感覺。

「抱歉。」米卡告訴記者。「我已經準備要退休了。」

讓吉普賽牛仔消失，甚至比讓麥可・希克曼消失更簡單。所有米卡帶不走的東西全都被拋下了。電話斷了線，公寓被棄置，他以一輛一九六九年的老雪佛蘭卡車為家。晚上他在車子後面裹著睡袋睡覺，白天他則做些整理草地、幫忙搬家的零工，其他時候他全部用來練跑。如果得不到梅琳達，他寧可將自己累垮。「我會在凌晨四點三十分醒來，跑上二十英里，然後覺得一切是多麼美麗。」米卡說道。「然後我就工作一整天，期望再次感受那樣的感覺。等我回家後喝杯啤酒，吃點豆子，我就可以再多跑一點。」

他不知道自己跑得究竟是快是慢，是才華洋溢或糟糕透頂。直到一九八六年一個夏天週末，他才開著車到懷厄明州的拉瑞米，參加洛磯山雙重馬拉松。最後他的成績是六小時十二分鐘勝出，連他自己都嚇了一跳。他發現參加超馬比賽甚至比為了獎金而打拳更辛苦。在擂台上，決定出拳輕重的是對手，但在賽道上，你的痛苦程度全由自己決定。對像他這樣自我懲罰、只想陷入麻木的人來說，長距的極限跑步顯得異常有魅力。

「也許如果能克服那些該死的傷，我就能成為職業選手……」米卡腦中一邊盤算著這樣的可能性，一邊騎著腳踏車滑下巨石鎮一處陡峭的街道，然後便人事不知。等他重新恢復意識時，眼前是巨石社區醫院急診室刺眼的燈光，血塊凝結在眼睛上，前額縫得密密麻麻，他唯一記得的就是自己似乎輾過一灘街上的油漬，從手把上飛了出去。

「你還活著算你命大。」醫生告訴他道。這當然是看事情的一個角度，不過從另一個角度來看，死亡的陰影仍然在他頭上揮之不去。米卡剛滿四十一歲，儘管他擅長超長距跑步，但躺在急診室上的擔架上，一切都變得大不相同。他沒有保險，沒有房子，沒有近親，也沒有固定的工作。他甚至沒有錢可以留在醫院再觀察一晚，如果他現在就離開醫院，也沒有一張床可以躺下休養。

貧困而自由，這是他自己選擇的生活方式，但難道他也要用同樣的方式死去嗎？一個朋友讓米卡到她家的沙發上休養，接下來幾天中他就在那裡思考自己的未來。他很清楚，只有極少數離經叛道者曾經享有一瞬榮光。從小學二年級起，他的偶像就是歷史上的阿帕契族英雄傑若尼莫。這名勇敢的阿帕契人曾經在亞歷桑納州險惡的地形中奔跑，躲過美國騎兵隊的追捕，但傑若尼莫的下場又是如何呢？被囚禁起來，最後是醉死在一處灰暗的原住民保留區水溝裡。

米卡復原後便前往里德維爾。在那裡，一個神奇的夜晚裡，他和馬堤麥諾共同在樹林裡奔跑，而他也找到了答案。傑若尼莫沒辦法永遠自由奔跑，但也許他這個「印第安美國佬」可以。這樣的人什麼也沒有，誰也不需要，就算自己這麼毫無聲息地消失在地球上，他也不在乎。

「那你靠什麼維生？」我問道。

「揮汗工作。」卡巴羅答道。每年夏天他都會離開他在峽谷內的小茅屋，搭巴士回巨石鎮去，他的老卡車就在一個親切的農夫家後院等著他。在接下來兩三個月內他會恢復米卡・真實的身份，打些零工例如搬家，等他存到足夠的錢、能在峽谷裡度過另一年，他便離開美國，消失在墨西哥的峽谷深處，重新穿上卡巴羅・白馬的涼鞋。

「等我老到不能再工作，我就要做一件傑若尼莫當年有機會也會做的事。」卡巴羅說：「我要走進峽谷深處，找個安靜的地方躺下來。」卡巴羅的語氣中沒有煽情或自憐，只透露出他明確意識到，有一天，他這種這自我選擇的生活方式，終將演出最後一幕。

「也許我們有機會再相見。」卡巴羅最後作出結論。蒂塔媽媽已經開始熄燈，攆我們去睡覺。「也許永遠見不到面了。」

隔天太陽昇起時，烏里克鎮的士兵們全等在蒂塔餐廳外的老舊巴士旁。當珍現身時，他們全都立正站好。

「再見了，小女巫！」他們叫道。

珍用力一揮手，獻出螢幕女星般的大飛吻，然後爬上車去。赤腳泰德是下一個，上車的動作顯得小心翼翼。他的腳裹滿了粗布繃帶，幾乎塞不進他的日本夾腳浴鞋裡。「我的腳沒問題。」他堅持：「只是有點小痛。」他擠到史考特身旁，史考特則毫不遲疑地往旁邊挪，讓出空間給他。

剩下的人逐一上車，盡可能讓我們酸痛的身體坐得舒服點，準備應付等下顛簸的旅程。村裡的烤餅師父（他也身兼理髮師、製鞋匠、巴士司機）坐進駕駛座，原本怠速時轟轟作響的引擎轉速變得更快。卡巴羅和鮑伯慢慢從巴士頭走到巴士尾，一一將手貼在窗戶玻璃上。

巴士駛離時，馬努爾·魯納、阿納佛、西爾瓦諾站在他們兩人身旁，目送我們離去。其他塔拉烏馬拉人已經啟程踏上遙遠的歸途，但儘管他們三人要走的路最長，他們卻留下來送我們離開。後來有長長一段時間我眼前彷彿都還看得見他們站在路中間，揮著手，直到我們身後整個烏里克鎮消失在煙塵裡。

後記

二〇〇五年時，文字經紀人賴瑞，魏斯曼讀完一疊我在各個雜誌發表的文章，然後總結出一個聰明的問題。「你每篇報導的核心都在強調耐力，」他這樣說道，或是說了些類似的話。「你有什麼還沒說過的故事嗎？」

「嗯，我聽說墨西哥好像要舉行一場比賽……」

從那時開始，賴瑞和他了不起的妻子莎斯嘉便成為我的經紀人，解決了許多我能力未及的事，指導我如何將一堆雜亂無章的點子轉化成可讀的文章，在我錯過截稿期限時毫不留情地督促我。要是沒有他們，這本書現在仍然不過是我酒後閒嗑牙的一則故事。

《跑者世界》（Runner's World）雜誌，尤其是當時的主編傑．海瑞奇（Jay Heinrichs），首先將我派進銅峽谷，甚至一度考慮（雖然時間非常短）採用我的建議，製作一本塔拉烏馬拉專題雜誌。我尤其感謝詹姆士．瑞斯羅（James Rexroad），他是一流的攝影師，陪伴我成行，而且拍下許多精采的照片。《跑者世界》榮譽前總編安比．柏福特（Amby Burfoot）知識淵博，肺活量也極大，我很榮幸有這樣的人物願意慷慨投注時間、專業與藏書來幫助我。我還有二十五本書還沒還給他，我在此承諾，如果他願意再次與我一起跑步，我就在那時把書還給他。

但我尤其感謝《男性健康》（Men's Health）雜誌。如果你沒讀過這本雜誌，你錯過的是品質最佳、信譽最卓著的雜誌。裡面成員全是像麥特・馬里恩（Matt Marion）和彼得・摩爾（Peter Moore）這樣的優秀編輯。他們慷慨地鼓勵一些離譜的構想，例如派遣我這個經常受傷的作家，到荒郊野外與不存在的印第安人賽跑等等。《男性健康》雜誌也贊助我進行賽前訓練，然後又幫我將之後的故事打造成形。我每次交給麥可的原稿像一張亂糟糟的床，他卻總是能將稿子修成旅館床鋪般一絲不苟。

對一群總是被媒體描述得面目全非的人來說，超馬社群對我的研究與個人實驗異常支持。坎恩、派特、和寇爾總是熱情歡迎我抵達里德維爾，並且教了我令人永生難忘的驢子賽跑。里德維爾賽的負責人馬瑞里・歐尼爾（Merilee O'Neal）滿足了我的一切詢問，儘管我不曾完成比賽，卻仍給我一個大大的擁抱。「野人」大衛・霍頓，還有「天跑者」麥特・卡本特、莉莎・史密巴琛與丈夫喬、馬歇爾與海瑟烏里奇夫婦、東尼・克魯皮卡——這些人全都與我分享了精采的故事與賽道上的秘密。還有頂尖的超馬營養師桑妮・布蘭迪，二〇〇六年我與珍、比利、赤腳泰德組成笨拙的支援小組，陪伴路易參加惡水賽時，要是沒有她，恐怕難免發生沙漠慘劇。她也對這項運動下了我聽過的最佳定義：「超馬就是吃與喝的比賽，再加上一點運動與看風景。」

如果各位閱讀這本書時，沒有被各種題外話搞得昏頭轉向，你和我都該感謝我在克諾夫出版社的編輯艾德華・卡斯坦默（Edward Kastenmeier），還有他的助理提姆・歐康奈（Tim O'Connell）。另外還要感謝經典叢書資深編輯蕾西・布魯姆（Lexy Bloom），她寶貴的卓見與深入的評論使我獲益良多，也幫我刪節了書中繁瑣的細節，卻又神奇地保留了原汁原味。我同樣要感謝我的朋友，傑出著作《狼吞虎嚥的美國人》（Horsemen of the Esophagus）的作者傑森．法貢（Jason Fagone），他讓我認清了說故事與自娛的差別。麥克斯．波特（Max Potter）首先讓我在雜誌《5280》發表有關里德維爾的文章，也是作家中少數幾位願意真心鼓勵其他作家繼續努力的高尚人士。《5280》的研究員派崔克．道爾（Patrick Doyle）證實了白馬卡巴羅神秘一生中的許多事件，甚至找到一張「吉普賽牛仔」塵封在舊報紙中的照片。幾年前蘇珊．李尼（Susan Linnee）讓實力不足的我進入美聯社任職，並且教會了我如何從事新聞寫作。如果有更多人認識蘇珊，就不會有這麼多人猛力抨擊媒體這一行。

要成為偉大的運動員，你得先有一對好父母。但要在寫作這一行存活下來，你連其他家人都要好好選擇。我的兄弟姊妹、姪子姪女都大力支持我，並且包容我在生日或其他場合的疏略。我最要感謝的是我的妻子米嘉，還有我可愛的女兒，蘇菲和瑪雅，她們帶給我的快樂希望，各位從字裡行間就能感受到。

現在我知道塔拉烏馬拉人與我們那群到烏里克鎮賽跑的瘋子之間，為什麼能處得這麼好，他們都是罕見的好人，能和他們一起相處是我這一生中最大的榮幸。我多麼希望自己還有機會，能與親切的印第安美國佬鮑伯再次共享芒果汁。比賽之後不久他就去世了，死因為何我並不知道。就跟銅峽谷裡大部份的死亡一樣，他的死因也是個謎。

白馬卡巴羅還在哀悼忠實老友鮑伯，但他同時碰上了個天大的好機會。著名的戶外運動品牌The North Face主動希望成為他的比賽贊助商，卡巴羅的下半生與未來的比賽似乎可以高枕無憂了。

卡巴羅仔細地思考一番。大約經過一分鐘。

「不，多謝了。」他決定：「我什麼都不要，只希望大家都能來跑一跑、吃吃喝喝、跳跳舞、熱鬧一下。跑步不是為了向別人推銷東西。老兄，跑步應該是自由的。」

「白馬卡巴羅」的個人網站，以及年度「銅峽谷超級馬拉松」報名方式、賽事報告，可見http://caballoblanco.com/。二〇一〇年的銅峽谷超級馬拉松賽，已於三月七日舉行完畢。賽事報告可參見卡巴羅的網站。目前銅峽谷正在舉行二〇一〇冬／春季超馬訓練營及體驗營，相關資訊亦見白馬卡巴羅的網站。

「超馬之神」史考特・傑瑞克的個人網站，請見http://scottjurek.com/

比利「蠢蛋」的部落格：http://billybarnett.blogspot.com/

「赤腳泰德」的個人網站，可見http://barefootted.com/。其中有大量他對於赤腳跑步、Vibram鞋的評述，以及他參與銅峽谷超馬的經驗談。

作者麥杜格的網站及留言版，位在http://chrismcdougall.com/

重要人名中英文對照（按書中出現順序排列，不重複出現）

第二章

喬托格醫師（Joe Torg），運動傷害專家。

艾琳·戴維斯（Irene Davis），生物力學專家。

羅傑·班尼斯特（Roger Bannister），世上第一個在四分鐘內跑完一英里的人。

蘭斯·阿姆斯壯（Lance Armstrong）傳奇腳踏車選手。

葛倫（Dale Groom），美國生理學家。

丹尼爾·諾維克博士（Daniel Noveck），人類學家。

第三章

阿納佛·昆馬利（Arnulfo Quimare），塔拉烏馬拉跑者。

卡爾·倫霍茲（Carl Lumholtz），著名挪威冒險家。

安東尼·亞陶（Antonin Artaud），法國劇作家。

費德里克·舒亞卡（Frederick Schwatka），十九世紀美國冒險家。

第四章

西爾瓦諾（Silvino），塔拉烏馬拉跑者。

第六章

馬努爾・魯納（Manuel Luna），塔拉烏馬拉跑者，他的兒子馬瑟利諾（Marcelino）不幸命喪槍下。

第八章

里克・費雪（Rick Fisher），攝影師，將塔拉烏馬拉人帶到美國參賽。

克拉考爾（Jon Krakauer），名著《超越巔峰》的作者、冒險專家。

梅斯納（Reinhold Messner），義大利籍的登山專家。

艾德・威廉斯（Ed Williams），超馬跑者。

第九章

迪恩・卡納茲（Dean Karnazes），希臘裔美國跑者。

史提夫・彼得森（Steve Peterson），曾五度奪下里德維爾耐力賽冠軍，也是高層意識教派「神聖瘋狂（Divine Madness）」的教徒。

馬歇爾・烏利奇（Marshall Ulrich），超馬選手，用手術摘掉腳指甲振作意志。

艾隆・羅斯頓（Aron Ralston），著名登山專家，有次右手被石塊壓住動彈不得，於是他用刀將右手切斷脫困。

第十章

維克里諾（Victoriano Churro），塔拉烏馬拉族跑者。

塞利多（Cerrildo Chacarito），塔拉烏馬拉族跑者。

第十一章

安・崔森（Ann Trason），女性超馬跑者。

第十二章

馬堤麥諾（Martimano Cervantes），塔拉烏馬拉族跑者。

璜恩（Juan Herrera），二十五歲的塔拉烏馬拉族跑者。

東尼・波斯特（Tony Post），Rockport副總裁，後擔任Vibram美國分公司總裁。

第十三章

魏吉爾博士（Dr. Joe Vigil），著名教練。一九九八年漢城奧運美國長跑教練。
派特・波特（Pat Porter），八次全美越野賽冠軍得主。
法蘭克・薛爾特（Frank Shorter），奧運馬拉松金牌選手。
梅布・卡弗列吉（Meb Keflezighi），奧運馬拉松銀牌選手。
寶拉・瑞克利夫（Paula Radcliffe），曾以二小時十五分二十五秒創下馬拉松女子世界紀錄。
保羅・特傑（Paul Tergat），馬拉松男子世界記錄創造人。
唐恩・卡東（Don Kardong），一九七六年的奧運馬拉松賽選手，《跑者世界》雜誌作家。
史考特・堤利（Scott Tinley），全球鐵人三項冠軍，美國廣播公司體育播報員。
史提夫・普利方頓（Steve Prefontaine），一九七二年奧運美國長跑選手。

第十五章

比爾・羅傑斯（Bill Rodgers），世界馬拉松名將。
艾伯托・薩拉札（Alberto Salazar），波士頓、紐約馬拉松及南非鐵人馬拉松冠軍。
羅德・迪哈文（Rod Dehaven），公元兩千年奧運美國長跑選手。
艾米爾・哲托貝克（Emil Zatopek），捷克跑者，一九五二年奧運馬拉松金牌得主。
吉姆・彼得斯（Jim Peters），一九五〇年代英國跑步名將。

羅恩・克拉克（Ron Clarke），廿世紀中期澳洲跑者，外表帥氣。

第十七章

卡爾・梅爾哲（Karl Meltzer），三度硬石百英里賽（Hardrock 100）冠軍得主。卡妲拉・寇柏特（Catra Corbett），里德維爾百英里賽跑者。

東尼・克魯皮卡（Tony Krupicka），里德維爾百英里賽跑者，身上通常只穿緊身短褲。

飛奔史卡格斯兄弟（Flying Skaggs Brothers）」，里德維爾百英里賽跑者。

史考特・傑瑞克（Scott Jurek），有「超馬之神」美譽的運動員。

麥特・卡本特（Matt Carpenter），率先以科學知識分析跑步，而刷新里德維爾百英里賽記錄者，創下十五小時四十二分的超級記錄。

史考特・傑瑞克（Scott Jurek），三度年度超馬冠軍得主，美國最著名跑者之一。

迪恩・卡納澤斯（Dean Karnazes），美國著名跑者。

潘蕾得（Pam Reed），美國著名跑者。

第十八章

唐恩・艾利森（Don Allison），《終極跑步》（UltraRunning）雜誌資深編輯。

迪娜・凱斯特（Deena Kastor），二〇〇四年奧運馬拉松銅牌選手。

寶拉・瑞克利夫（Paula Radcliffe），英國跑者，曾是馬拉松紀錄保持人。

第十九章

達斯提・歐森（Dusty Olson），運動員，史考特・傑瑞克的長年老友。

莉莎・史密巴琛（Lisa Smith-Batchen），著名美國跑者。

麥可・史威尼（Mike Sweeney），夏威夷超馬百英里賽（H.U.R.T. 100）兩度冠軍得主。

福爾格・霍克（Ferg Hawke），加拿大籍跑者，惡水賽（Badwater Ultramarathon）著名跑者。

路易・艾斯克博（Luis Escobar），夏威夷超馬百英里賽冠軍得主、攝影師。

桑妮・布蘭迪（Sunny Blende），耐力運動專家、營養師，史威尼的助跑團隊成員。

第二十章

「傻妞」珍・雪頓（Jenn "Mookie" Shelton），著名超馬選手。

「蠢蛋」比利・巴奈（Billy "Bonehead" Barnett），著名超馬選手。

第二十一章

艾瑞克・奧頓（Eric Orton），冒險運動教練。

第二十二章

凱魯亞克（Jack Kerouac），廿世紀中葉詩人。

查理．布考斯基（Charles Bukowski），當代詩人作家。

第二十三章

阿貝貝（Abebe Bikila），衣索匹亞馬拉松選手，一九六〇年以赤腳贏得奧運馬拉松金牌。

查理．羅賓斯醫生（Charlie Robbins, M.D.），認為現代跑鞋會傷害人足。

麥可．法蘭奇（Michael French），鐵人三項選手。

第二十五章

丹恩．李柏曼（Daniel Lieberman），哈佛大學生理人類學教授，認為當代跑鞋傷害人腳。

維恩．拉南那（Vin Lananna），史丹佛大學田徑隊總教練。

史蒂芬。普里柏（Stephen Pribut），跑步傷害專家，「美國足部運動醫學學會」前會長。

克雷格．理察斯博士（Craig Richards），澳洲新堡大學學者，認為跑鞋無法預防受傷。

柏納．馬帝（Bernard Marti），瑞士伯恩大學預防醫學專家，發現昂貴跑鞋較易令人受傷。

貝瑞．培茨（Barry Bates），奧瑞岡大學生物力學／運動醫學研究室的學者。

E. C. 費德里克（E. C. Frederick），耐吉運動研究實驗室負責人。

羅賓斯醫師（Steven Robbins），蒙特婁麥克吉爾大學的學者。

維奇德博士（Edward Waked），蒙特婁麥克吉爾大學的學者。

大衛・史密坦克（David Smyntek），專精急性復健的物理治療師。

亞瑟・紐頓（Arthur Newton），一九三〇年代五度奪得五十五英里硬漢馬拉松賽（Comrades）的選手。

艾倫・韋布（Alan Webb），美國最快跑完一英里的人。

哈特曼博士（Gerard Hartmann），愛爾蘭物理治療師。

海勒・蓋博賽拉希（Haile Gebrselassie），賽跑名將。

哈立德・坎諾契（Khalid Khannouchi）賽跑名將。

喬治・施漢博士（George Sheehan），心臟病學家。

保羅・布蘭得（Paul W. Brand），路易西安那州美國公共醫療服務醫院復健科主任。

莫瑞・懷森費德（Murray Weisenfeld），足科運動醫師。

菲爾・耐特（Phil Knight），比爾・鮑爾曼（Bill Bowerman），耐吉創辦人。

亞瑟・利地亞德（Arthur Lydiard），紐西蘭健身慢跑之父。

傑西・歐文斯（Jesse Owens），美國籍的奧運金牌得主。

弗瑞德・威爾特（Fred Wilt），《跑者訓練大觀》（How They Train）作者。

凡恩・菲利普（Van Phillips），生物醫學設計師。

奧斯卡・匹斯托瑞（Oscar Pistorius），南非選手，曾受節肢手術。
坎尼・莫爾（Kenny Moore），運動員，傳記作家。
艾瑞克・霍夫（Eric Hoffer），社會評論家。
傑夫・匹茲蕭塔（Jeff Pisciotta），耐吉運動研究中心資深研究員。

第二十六章

鮑伯・法蘭斯（Bob Francis），業餘登山者嚮導。
派翠西歐・魯納（Patricio Luna），塔拉烏馬拉族人。
派西・瑟魯提（Percy Cerutty），澳洲教練。
克里夫・揚恩（Cliff Young），著名高齡澳洲跑者。

第二十七章

簡妮・布雷克（Jenni Blake），護林員。
曼森・厄斯特（Mensen Ernst），十九世紀挪威水手。
麥坎姬・瑞佛（Mackenzie Riford），年輕的超馬賽選手。
傑克・科克（Jack Kirk），高齡超馬賽選手，綽號「迪普西怪物」。
坎恩・米爾克（Ken Mierke），運動生理學家。

葛瑞格・雷蒙（Greg Lemond），環法自行車賽選手。

艾倫・梅文（Alan Melvin），全球頂尖鐵人三項資深選手。

尼可拉斯・拉曼諾夫（Nicholas Romanov），俄國運動生理學家。

羅伯・溫柏格博士（Robert Weinberg），麻省理工學院癌症研究教授。

茹絲・海德契（Ruth Heidrich），鐵人三項冠軍運動員。

第二十八章

大衛・凱瑞爾（David Carrier），生物學家，找出人類演化與跑步有關的線索。

丹尼斯・布蘭博教授（Dennis Bramble），大衛的老師，與大衛共同發展「人類是地球上最強長跑物種」理論。

保羅・班納特（Paul Bonnet），亞利桑納州普雷斯考市五十英里人與馬賽跑的選手。

丹尼斯・普爾海克（Dennis Poolheco），亞利桑納州普雷斯考市五十英里人與馬賽跑的選手。

丹恩・李柏曼教授（Dan Lieberman），哈佛大學演化人類學家。

克雷頓・金（Creighton King），頂尖超馬跑者。

路易・萊賓柏格（Louis Liebenberg），南非作家，曾參與布希曼人徒步追逐獵物，著有《追蹤的藝術：科學的源起》（The Art of Tracking: The Origin of Science）一書。

卡立德・坎諾契（Khalid Khannouchi），摩洛哥裔美國長跑名將，曾是世界馬拉松紀錄保持人。

卡蜜・塞密克（Kami Semick），美國超馬選手。
艾蜜莉・貝爾（Emily Baer），美國超馬選手。
柯林・托爾布（Colin Turnbull），人類學家。

第三十章

赫布里托（Herbolisto），奇尼諾鎮的頂尖跑者。
納丘（Nacho），住在赫布里托的鄰村的頂尖跑者。

第三十二章

麥可・蘭道夫・希克曼（Michael Randall Hickman），白馬卡巴羅的真名。
唐恩・多賓（Don Tobin），洛磯山輕量級自由搏擊冠軍。

書中重要賽事（按字母順序排列）

【安磯斯百英里耐力賽】（Angeles Crest 100-Mile Endurance Run），一九八五年起在加州聖蓋伯山區舉辦的百英里耐力賽。二〇一〇年賽事於八月二十八日舉行。網址http://www.ac100.com/

【德州奧斯汀馬拉松賽】（Austin Marathon），下次賽事於二〇一一年二月二十日舉行。網址http://www.youraustinmarathon.com/

【惡水馬拉松賽】（Badwater），一九八七年起舉辦，號稱「全球最難的跑步賽」，全長一百三十五英里，起跑點低於海平面兩百八十二呎，終點高於海平面八千三百呎，沿途溫度最高可達五十五度攝氏。網址http://www.badwater.com/

【波士頓馬拉松】（Boston Marathon），全球最古老的馬拉松賽之一，第一百一十四屆於二〇一〇年四月十九日舉行。網址http://www.bostonmarathon.org/

【硬石百哩賽】（Hardrock 100），科羅拉多舉辦的百英里賽跑，與里德維爾等其他共四項賽事構成「洛磯山大滿貫」賽程。二〇一〇年賽事於七月九日舉行。網址http://www.hardrock100.com/

【夏威夷超馬百哩賽】（H.U.R.T. 100），於夏威夷舉辦的超級馬拉松賽，下次賽事訂於二〇一一年一月十五、十六日舉行。網址http://www.hurt100trailrace.com/

【洛杉磯馬拉松賽】（L.A. Marathon），一九八六年起舉辦，賽址為洛杉磯市內。每年號稱有一百萬

人夾道歡呼，參賽者約兩萬五千人。網址http://www.lamarathon.com/

【里德維爾百英里耐力賽】（Leadville Trail 100），科羅拉多州洛磯山脈里德維爾鎮舉辦的賽事。賽事包含百英里山路賽跑、百英里腳踏車競賽、五十英里賽跑及其他各種距離的賽事及訓練營。每年都是選在較不寒冷的六月到九月間舉辦賽事。二〇一〇年的百英里賽事訂於八月二十一到二十二日舉辦。網址http://www.leadvilletrail100.com/Home.aspx

【公路之母百哩賽】（Mother Road 100），奧克拉荷馬州舉辦的超馬賽，參賽登記網址http://motherroad100.com/

【山區被虐狂】（Mountain Masochist），在美國維吉尼亞州舉辦的超級馬拉松賽，二〇一〇年登記截止日期為五月一日。參賽登記網址http://ultracup.montrail.com/overview.aspx

【聖塔・克拉利塔馬拉松賽】（Santa Clarita），加州聖塔・克拉利塔市舉辦的馬拉松賽，二〇一〇年賽事於七月一日開始登記，需繳交十至六十五美元不等的金額。參賽登記網址http://www.scmarathon.org/

【瓦沙契百英里賽】（Wasatch Front 100），美國猶他州每年秋季舉辦的百英里超馬賽，二〇一〇年賽事於九月十日舉行。網址http://www.wasatch100.com/

【西部百英里賽】（Western States 100），每年六月最後一個週末在加州內華達山脈舉行的百英里賽。賽事共進行一天一夜。網址http://www.ws100.com/home.html

【西部山路耐力賽馬】（Western States Trail Ride），一九五五年起在加州西部與內華達州接壤的普雷瑟郡舉辦之百英里耐力賽馬，號稱是全球最著名、最困難的百英里耐力賽。網址http://www.teviscup.org/